JN066066

SNS VIDEO MARKETING

最速で結果を出す

「SNS動画マーケティング」実践講座

MUB㈱ ソラコマ㈱ 代表取締役
天野裕之 Amano Hiroyuki

日本実業出版社

「良い商品やサービスなのに売れない」「好きや得意なことを収入に繋げたい」

そんな悩みを解決したい。希望を叶えたい。そのためには、SNSを掛け合わせて、動画を効果的に活用するのが近道。そのやり方をお伝えするために、本書を執筆いたしました。

はじめまして。著者の天野裕之と申します。
本書をお手にとっていただき、ありがとうございます。

私はSNSマーケティングの専門家として、売上ゼロの個人事業主から年商800億円の大手企業まで、集客と売上UPのサポートをしてきたため、本当に多くの方から切実なお声をいただきます。

「コロナ以降、お客様が減る一方。何とかしたい！」
「SNSを頑張って更新しているのに伸びません！　なぜ伸びないのでしょう？」
「SNS出遅れました。今からでは遅いですよね？」
「SNSをビジネスにどう活用していいのかわかりません！　本当に売上に繋がるのでしょうか？」

特に、これまでSNSに力を入れてこなかった後発組の方は、「今さらSNSを頑張っても、たくさんの先発組がいるから厳しい」と考えてしまいます。

ですが、ビジネス活用という面では、まだまだ全然遅くありません。
なぜなら、後発組こそ伸ばしやすいやり方があるからです。

それが、SNSを掛け合わせて、動画を効果的に活用すること。

特に、ショート動画とライブ配信の機能が充実してきた近年、始めて1ヶ月の人でも売上を立てられるようになりました。

　私自身、YouTubeやInstagram、TikTok、Twitterなどで数十万人のフォロワーや登録者がいるインフルエンサーではありません。
　ですが、代表的なSNSはどれもかなり力を入れて、どうしたらビジネスに繋げられるか、4,200万円の自己投資をしながら研究と実践を繰り返してきました。

　そのため、Instagramだけが強い、YouTubeならできるなどの特定のSNSに偏ることなく、各SNSの特徴や時代の流れを汲んだうえで、全体を見てビジネスに繋げることを得意としています。

　具体的には、「この業種の人ならこの掛け合わせが売上に繋がる」「得意なことがこれならこの掛け合わせが良い」という判断に特に長けているため、お客様にご好評をいただいています。

　私自身も、SNSをきっかけにした売上だけで3億円を超えるまでになりました。
　起業家や会社経営者がSNS活用するうえで重要なのは、よく言われるようなフォロワーを増やすことではなく、SNSから売上を上げること。
　そのためには、「SNSの掛け合わせ」と「動画の活用」が効果的なのです。

　例えば、私のクライアントで、女性向けにSNSを教えるコンサルタントがいましたが、なかなか集客ができず、売上が上がらないという悩みを抱えていました。

　コンセプトを聞いてみると、SNS全般を教えるという漠然としたもので、誰に何をどのように教えるのかという大切なことが明確でなかったのです。

　その理由を聞いてみると、FacebookやInstagram、Twitter、YouTube、LINE公式アカウントなど、色々なSNSをやっているけれど、自分の"ウリ"にな

るやり方が思いつかないとのこと。

　よくよく深堀りするなかで、私のアンテナに引っかかったのは、LINE公式アカウントでアニメーション動画を配信したことがあるという話でした。
　私は「これだ！」と思い、彼女に「アニメ動画のつくり方に絞りましょう！」と提案し、やり方を指導しました。
　具体的には、女性起業家向けに、アニメ動画による集客講座を作成し、YouTubeやInstagramなどのSNSからLINE公式アカウントに集客して販売したのです。
　すると、翌月から200万円以上の売上UPという結果に。

　そんなに難しいことはやっていません。
　ターゲットを絞り、SNSを掛け合わせて動画を活用しただけです。
　SNSは本当に使いようなのです。

　本書を手に取ってくださったあなたも、SNSに動画を取り入れ、SNSを掛け合わせて活用していただくことで、必ず成果を上げることができるようになります。
　しっかりと結果を出すために、本書を1回目は流し読みし、2回目は必要な箇所を確認しながら実践してみてくださいね！

　それでは、あなたのビジネスが成長発展することを期待しながら、さっそくページをめくっていきましょう！　本書があなたのビジネスの集客や売上UPに繋がることを楽しみにしています。

はじめに

私が実践する
"動画"を集客、売上UPに使う方法

▶ VIDEO

| 第 2 章

伝わりやすい“動画配信”①
【動画共通編】

▶ VIDEO

| 第 3 章

伝わりやすい“動画配信”②
YouTubeなど【ロング動画編】

▶ VIDEO

i 第 **4** 章

伝わりやすい"動画配信"③
【ショート動画編】

その場で売れる"動画"による
生配信「ライブコマース」!!

「SNSの掛け合わせ」と"動画活用"
で売上UP！

▶ VIDEO

i 第 7 章 **LINE公式アカウント×動画活用法**

▶ VIDEO

i 第 8 章 **SNSオンラインコミュニティと "動画"を「組み合わせ」る！**

その他のWEBと"動画"を「組み合わせ」る！

高単価商品は"動画"だから売上が伸びる！

▶ VIDEO

i 第11章

SNS動画マーケティングで最後に伝えたいこと

おわりに

カバーデザイン／志岐デザイン事務所(萩原 睦)　　本文デザイン・DTP／初見弘一　　編集協力／上平薫里

http://tanurl.net/t/amyosyo　　http://tanurl.net/t/otoi

第 1 章

私が実践する
"動画"を集客、売上UPに
使う方法

私が実践する動画の活用法

まずは、動画で「個人」を認知してもらう

■ 動画の3つの役割

　私は2007年に市役所を辞めて起業して以来、あらゆるWEBメディアで情報発信することを仕事としてきました。

　最初はWEBサイトを作成して、テキストで発信していました。Facebookや TwitterなどのSNSが登場した際も、テキストや写真で投稿を行ってきました。そして、動画の伝わりやすさをYouTubeで実感した2019年から、動画を中心に発信しています。

　私はWEBマーケティングのコンサルティング会社とSNS及びライブコマースの企業支援をする会社の2社を中心に経営しています。

　そんななか、「小規模な会社や個人事業主が、会社名または屋号を認知してもらうことは、とても大変なことだ！」と実感しています。

　実際、**会社や屋号を認知してもらうよりも先に、社長や事業主自身が「個人」を周知し、興味をもってもらって信頼を得る。その後、会社やビジネスについて知ってもらうほうが、労力が少なくて済む**ということを知りました。

　私自身、この例に漏れず、会社やビジネスの知名度を上げる前に、「私個人」の認知や興味、信頼獲得のために発信を続けています。

　そして、**この流れに最適なのが、現在は「動画」なのです。**その役割を大きくわけると次の3つになります。

① ショート動画＝認知、接触頻度、興味関心

　SNSなどのWEBをビジネスに活用する際、自分を知ってもらうことからスタートします。しかし、**ロング動画は毎日のように投稿するのは大変で**す。そこで、30秒〜1分程度のショート動画を継続して投稿していきます。

すると、自分を知ってもらえ、接触頻度が上がり、興味や関心をもってもらえるようになります。

②ロング動画＝信頼獲得

ロング動画は長時間視聴してもらえるので、自分の思考や行動、ビジネスなどについて、深く知ってもらうことができます。特に、20分や30分などの動画を作成して長時間視聴してもらえたら、**信頼を獲得する**ことができます。

③ライブ配信＝ファンづくり

ライブ配信はリアルタイムに動画で発信するため、特に**人間性が伝わります**。人間性と共に、その場で質問に答えるなど、コメントでやり取りできるので、共感を得たり、気づきや納得に繋がったりします。これにより、ファンになってくれる可能性が高まるのです。

	動画の種類	目的・効果
①	ショート動画	認知・接触頻度・興味感心
②	ロング動画	信頼獲得
③	ライブ配信	ファンづくり

現在、私はショート動画は再利用して認知拡大と接触頻度UPに活用しています。具体的には、**ショート動画を作成したらTikTok、Instagramのリール、YouTubeショート、LINE公式アカウントのVOOM、Facebookのリールに投稿しています**。

そして、知識やノウハウを伝える情報発信型の動画のため、**動画から音声だけを書き出して、PodcastやSpotifyなどの音声メディアに配信しています**。さらに、音声の文字起こしを行う、または、先に文章にしておいて、**Ameba**ブログなどの記事に活用しています。

これにより、認知を高めて興味をもってもらい、他のSNS投稿を見てもら

ったり、YouTube動画を視聴してもらったり、LINE公式アカウントに登録してもらったりしています。そして、私の会社の事業であるSNSやWEBマーケティングの講座、企業コンサルティングというビジネスを知ってもらい、学んで実践したい方に参加していただいています。

　本書をご覧のあなたには、私が行っている動画の活用法を実践していただき、ぜひ、ビジネスの発展にお役立ていただけたら幸いです。

1つの動画を再利用するバリエーションの例

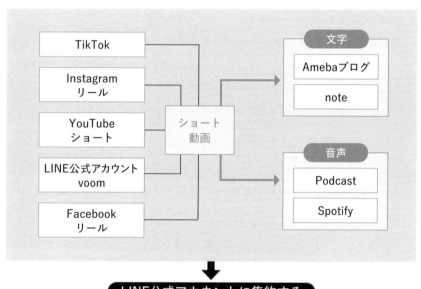

　TikTokやInstagramのリールなど、ショート動画の時間制限は徐々に長くなってきています。これは、運営サイドから見ると、長尺のほうが広告を掲載しやすいという面があります。私たち発信者は、本書で後述するように、多くの人に知ってもらう周知や認知拡大などの目的で1分以内の短尺の動画を活用し、一方で信頼関係を構築するために長尺の動画を活用する、というように使い分けましょう。

SNSを活用する目的を決める

誰に向けて、何を発信するのか

■ SNSの活用目的を決めましょう！

SNSの本来の使い方はコミュニケーションツールです。趣味で楽しむ場として使うのも当然良いです。

とはいえ、コロナ禍以降、SNSのビジネス活用は以前にも増して盛んになりました。誰でも無料で簡単に始められるSNSを、ビジネスの集客で使用する、商品の販売に利用する、企業のプロモーションで使用する、コミュニティづくりに活用するなど、活用目的は多岐にわたります。

しかし、誰でも無料で簡単に始められるSNSだからこそ、**活用する目的とズレたアカウント運営を行ってしまうと、それを見たユーザーが誤った印象を受け取り、本来の活用目的とは違った印象を与えてしまう**というデメリットがあります。これがSNSのもつ影響力です。

また、この影響力や拡散力の大きさがSNSの魅力でもあり、ビジネス活用が増えた理由なのです。

SNSをビジネス活用する場合、その影響力と拡散力をメリットとして利用したいところです。そのためには活用する目的を定め、その目的に従ってアカウント運用を行いましょう。

■ SNSの活用目的の例

ここで、どんな活用目的があるのか、例をご紹介します。

● 何よりも知名度を上げて有名になりたい

知名度を上げて有名になることでビジネスのメリットがある人、例えば、**講師やインフルエンサー、タレント、エンタメ系**の人などには大きなメリットがあります。

講師であれば知名度が上がり、有名になることで講師料の単価がUPしま

すし、セミナーなどの集客も楽になります。

　インフルエンサーなら有名になることで企業からのオファーが舞い込んでくるようになり、企業とのタイアップも見込めます。

● 自身のビジネスの集客、売上 UP に繋げたい

　個人事業主やフリーランス、副業など、自分でビジネスを行っている人にとっては集客や売上 UP は切実な願いです。

　SNSで多くの人に知ってもらうことは、**リアルで出会わない人にも認知してもらえる**ということです。またクチコミが集客に繋がり、そして売上へと繋がっていきます。SNSの拡散力に可能性を感じるからこそ、SNSをビジネスで使用するのです。

● フォロワーを増やして企業案件で稼ぎたい

　パラレルワーク（複数の収入の柱を立てる）という考え方が浸透してきた昨今、SNSで収入を得たい！　と考える人も増えてきました。その**SNSで収入を得る代表的なものが企業案件**と呼ばれます。

　案件を依頼する企業サイドも、フォロワーの多いアカウントに広告や採用の案件を依頼することで、メディアに莫大な広告費をかけずに済み、経費削減のメリットがあります。

　案件を依頼する際、企業サイドは、どんな人がアカウントを運営しているのか、企業イメージと合う投稿内容なのか、またSNSのフォロワー数やどんな人がフォローしているのかといったフォロワーの質などをチェックし、依頼を決める基準にしています。

● アフィリエイト広告で稼ぎたい

　SNSでのマネタイズの一つとして、**アフィリエイト広告**も人気の稼ぎ方です。ASP（アフィリエイト・サービス・プロバイダー）に登録し、企業の広告を紹介して紹介手数料を得られます。

　アフィリエイト広告で収入を得る場合、より多くの人に投稿を見てもらうことも不可欠ですが、自分が良いと思った商品やサービスの広告を紹介することと、その商品などに興味のあるターゲット層へアプローチすることが必要です。そのうえで、「商品を使ってみたい」「もっと商品について知りたい」

という購入意欲を促すために、商品の魅力やお悩み解決法などをSNSで発信し、購入に結び付けていきます。

●世の中に影響を与えるインフルエンサーになりたい

インフルエンサーの影響力はタレント化しており、世の中のトレンドを生み出しています。

インフルエンサーというとフォロワー数がものすごくたくさん必要で、ハードルが高いと思われるかもしれません。

ですが、インフルエンサーは、メガインフルエンサー（フォロワー数が100万人以上）、ミドルインフルエンサー（フォロワー数10万人以上）、マイクロインフルエンサー（フォロワー数1万人以上）、ナノインフルエンサー（フォロワー数1000人以上）というように分類され、**数千人のフォロワー数でもインフルエンサーになれるのです。**

●テレビやメディア出演に繋げたい

昨今のエンタメ業界は、SNSで新しいキャラクターやスター性、話題性のある人を探しています。

タレントになりたい！　デビューしたい！　人にとっては、「SNSで話題になる」「SNSでバズる」が業界へのアプローチになり、オファーが届くという「最新・最速のデビューへのロードマップ」が確立されたように感じます。

SNSで注目され、テレビやメディアの出演に繋がり、ビジネスチャンスが広がったという事例も多数あります。

テレビやメディア出演は、SNSでは関わることのない年齢層にアプローチでき、知名度が幅広くアップし、信頼を獲得できるため、SNSからテレビやメディア出演に繋げたい人が増えています。

●政治家になりたい

コロナ禍でSNS活用を求められるようになった職業の一つは、政治家の方々かもしれません。今の政治家に求められている「**発信力**」に、SNSは欠かせません。SNSの拡散力や影響力を味方にできることが政治家への近道にもなることでしょう。

政治家を志す人は、どんな思想をもち、どんな政治活動を志すのか、どんな想いで社会に貢献したいのか、といったメッセージをSNSで発信し、アピールすることで、より多くの人に自分を知ってもらい、共感してもらい、支持者を増やすことができます。

　このように、SNSを活用する目的は様々ですが、目的を定めずにSNSを活用すると、誰に向けて何を発信するのかがボヤけてしまい、誰の心にもとどまらない投稿を繰り返してしまいます。そして、そのイメージが拡散されます。
「一生懸命投稿しているのにユーザーからの反応が得られない」という悩みは、**アカウント設計や投稿内容が定まっていないことが原因**です。あなたのSNS活用の目的に沿ってアカウントを運営しましょう。

SNSの活用目的を決めましょう！

VIDEO 3

GIVE！GIVE！視聴者にメリットを与えて信頼貯金を貯める

コツコツ貢献し、信頼貯金を貯めていく

■ SNSは知らない人と繋がれるメディア

SNSは知らない人と繋がれるメディアです。知らない人と繋がれるから、そこに新たなビジネスチャンスが生まれます。しかし、対面で出会う時よりもSNSから得られる情報は一方的なので、投稿内容によっては誤解を与えてしまうこともあります。顔が見えないSNSだからこそ、丁寧に人間関係を築くことを心がけたいところ。

SNSをビジネスで使いたい人のなかには、集客や売上に繋げたいと考えているため、人間関係が築けていないにもかかわらず、ビジネスの案内などを投稿し、ガツガツ売り込んでしまう人もいます。売り込み内容の投稿は発信者の想いの押し付けになり、投稿を見たユーザーが得られるメリットはありません。これでは人が離れてしまうため、ビジネスに繋げたいと思っても逆効果になるので注意しましょう。

■ SNSでユーザーに貢献する

私が集客や売上を上げるのに一番再現性が高く、有効だと考えるSNSの使い方は、ユーザーに貢献できる投稿を続けること。

「貢献」と、ひと言で言っても様々な貢献があります。例えば、投稿を見たユーザーが「役に立った」「楽しかった」「勉強になった」「共感できた」「見て良かった」と思えるもの、「発信者の言うことなら、聞いて損はない！」と思えるものを繰り返し投稿していくことです。

GIVE！GIVE！を繰り返してユーザーにメリットを与え、信頼貯金を貯めていく、そんな投稿だからこそ、ビジネスの集客や売上に繋がるのです。

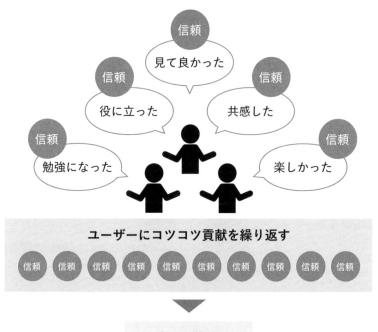

■ 信頼貯金を貯める5つのステップ

　ここで、SNS投稿で私が最も大切にしている考え方「**信頼貯金を貯める5つのステップ**」をご紹介します。

　知らない人と繋がれるメディアであるSNSですが、知らない人と信頼関係を深める過程は、対面で繋がった時と、さほど変わりはありません。「信頼貯金を貯める5つのステップ」をご覧いただくと、そのことに気づくのではないでしょうか。

　知らない人と繋がれるメディアであるからこそ、丁寧に人間関係を築いていく。**信頼関係はすぐには築けないので、焦らず時間をかけながらSNSの投稿を通じてコミュニケーションを繰り返していきます。**

　気を付けたいことは、SNSに投稿するときは相手の顔が見えないということ。目の前にあるのはスマホやPCです。だから、ふと気が緩んで、スマホやPCの先にユーザーという相手がいることを忘れがちになり、一方的な発信をしてしまいます。しかし、投稿したものが、あっという間に拡散されて

しまうのがSNSです。ユーザーに誤解を与えない対策として、投稿をアップする前に**ユーザー目線で確認すること**を心がけましょう。

それでは、「信頼貯金を貯める5つのステップ」を解説します。

ステップ❶ 存在を知ってもらう（周知）

信頼を積み上げる5つのステップの1つ目は、あなたやあなたのビジネスの"存在を知ってもらう"ことです。すでに知り合いならば、あなたやあなたのビジネスの存在を知っていますが、知らない人を対象にすることでビジネスの可能性が広がります。

例えば、ネット物販を行う、サービスを提供する、店舗に集客する、コンサルティングやセミナーの参加者を募集する、または自分の商品ではなく、アフィリエイト広告で報酬を得るなど、稼ぎ方は様々です。ですが、どれも**存在が知られなければ、売上や収入に繋がらない**のは同じです。

物販であれば、商品または販売者の存在が知られていなければ、買いたいニーズがあったとしても売れません。

コンサルティングやセミナーへの募集を行う場合も、セミナーや講師、コンサルタントの存在が知られていない限り、ユーザーからのアクションはありません。

アフィリエイトなどの広告業なら必要なさそうに見えますが、世の中にたくさんあるサイトや媒体の中から、あなたのサイトの存在を見つけて知ってもらわなければなりません。

ステップ1の段階では、ユーザーからの信頼はほぼゼロです。あなたやあなたのビジネスを初めて見て、他にたくさんあるものの一つとして**"存在を知った"だけ**だからです。

しかしながら、このユーザーが"あなたの存在を知った"というのは、とても大きなことです。なぜなら、**存在を知られていないあなたの同業者が、世の中にはたくさん存在するからです。**

まだまだ信頼を積み上げるには程遠いですが、存在を知ってもらうことで初めの一歩を踏み出せたことになります。

【例：YouTube】それまで存在を知らなかったが、初めて動画を見つけて、タップやクリックしたとき。

ステップ❷ 特徴を知ってもらう（認知）

　次の段階は"特徴を知ってもらう"です。存在を知ってもらえたことは、ご縁があったと言えるのですが、このご縁は吹いたら飛んでしまうぐらいの希薄なご縁なので、すぐに忘れられてしまいます。あなたも一瞬見たけど、すぐに見るのをやめてしまって存在も覚えていない、そんなSNS投稿や動画がたくさんあるのではないでしょうか？　そこで、できるだけ覚えてもらえるように、こちらから特徴を伝えなければなりません。

　例えば、「どんな人なのか？」「何をやっているのか？」「どんなメリットを得られるのか？」など、大きな特徴を伝えて深く知ってもらうのです。

　SNSの投稿や動画で自分の特徴をユーザーに伝えて、次の段階の「興味をもってもらう」に繋げるようにします。

【例：YouTube】動画のオープニング部分で「この動画の話し手は誰なのか？」「どんな話をするのか？」「見続けたらどんなメリットがあるのか？」を伝える。

ステップ❸ 興味をもってもらう（興味・関心）

　次は"興味をもってもらう"段階です。**存在を知って少しは特徴も知ってもらえた、そのうえでSNSの投稿に興味をもってもらえれば、引き続き投稿を見てもらえます。**逆に、興味をもってもらえなければ、途中で投稿を見るのをやめてどこかへ行ってしまいます。

　例えば、誰かがマーケティングを勉強したいと思って私のSNSを見始めたとして、勉強になりそうと思えば興味をもって見続けるし、勉強にならない、全然面白くないと思えば、興味がなくなって別の投稿に移ってしまうということです。

　そうなる原因は、ユーザーとの間で、まだ信頼を積み上げていない状態だからです。すでに信頼を積み上げている相手ならば、「〇〇さんが言うことなら聞いて損はない」と考えます。したがって、**「信頼貯金」が貯まると興味・関心の段階を通り越し、最後まで見続けてもらえる**のです。

【例：YouTube】1つの動画を見始めて、発信者や話の内容に興味をもって見
続ける。

ステップ❹ ユーザーに貢献する（小さな信頼・GIVE）

あなたの存在を知り、特徴を知り、そのうえで興味をもってもらえたら、
次にやらなければいけないのが"**貢献**"です。

例えば、ユーザーにSNSの動画投稿を最後まで見てもらえて、「役に立っ
た」「楽しかった」「勉強になった」「共感できた」「見て良かった」と思って
もらえれば、それは**あなたがユーザーに貢献できたということ**です。

逆に、「つまらなかった」「時間の無駄だった」「得るものが何もなかった」
と思われたら、ユーザーに貢献できなかったことになります。

一度の貢献で大きな信頼は稼げませんが、大切なのは**小さな信頼を稼ぐと
いうこと**。

すると、「次の動画を見ても良いかな」や「フォローしておこう」と思って
もらえるようになり、もっと知りたくなって、「LINE公式アカウントに登録
しておこう」と思われるかもしれません。そのためにもユーザーに貢献する
ことが、とても大切なのです。

【例：YouTube】「他の動画はないかな」「チャンネル登録しておこう」「LINE
公式アカウントに登録しよう」などの行動に繋がる。

ステップ❺ 貢献を繰り返す（信頼貯金が貯まる）

存在を知り、特徴を知り、そのうえで興味をもってもらい、小さな信頼を
得られたとしても、単発の貢献だけでは収入に繋がるまでの信頼は得られま
せん。**重要なのは"貢献を繰り返す"こと**。貢献を繰り返すあなたの姿を見
たユーザーは、あなたの人柄にも良い印象をもち、好感を覚えます。

逆に、次の投稿、またその次の投稿がくだらない内容、つまり、視聴者に
貢献できないものを届けていたらどうなるでしょうか？　信頼を積み上げる
どころか、せっかく小さな信頼を稼いだのに信頼を失ってしまい、フォロー
も解除されてしまうでしょう。

そうではなく、5回、6回と貢献できると、「次の投稿も見たい」と積極的

に見にきてくれるようになります。

　さらに繰り返し何度も貢献できたとしたら、投稿を過去まで遡って全部見てくれて、「次の投稿はまだかまだか」と楽しみにしてくれるのです。ここまでくれば、**繰り返し何回も貢献して信頼を稼いでいるので、信頼が積み上がった状態になります。**

　そうなると、「誰の投稿を見たいですか？」と聞かれたときに、貢献を続けて信頼を積み上げているあなたの名前を挙げるようになります。これが**SNSでのクチコミ**です。

　さらに、何かを購入しようとする際も、「あの人が言うなら買ってみようかな」となるのです。つまり、**貢献が信頼を稼ぎ、貢献を繰り返すことで信頼を積み上げていくことができて、信頼が積み上がれば収入が増える**ということとです。

【例：YouTube】動画を5本や10本しかアップしていない場合は、積み上げられる信頼は小さい。数を上げれば上げるほど、ユーザーに動画の存在を知ってもらえる確率が上がり、それに伴って特徴を知ってもらい、興味をもってもらえれば、貢献できる確率も上がる。そして、貢献できればできるほど、信頼貯金が貯まる。信頼を積み上げていけばいくほど、あなたが商品やサービスを販売するときに購入の確率が上がり、収入が増えるようになる。

信頼貯金を貯める5つのステップ

ステップ❶ 存在を知ってもらう（周知）
見知らぬ人にあなたの存在を知ってもらうことが初めの第一歩

ステップ❷ 特徴を知ってもらう（認知）
特徴を覚えてもらい、次のステップへと繋げる

ステップ❸ 興味を持ってもらう（興味・関心）
興味をもってもらい、引き続き投稿を見てもらう

ステップ❹ ユーザーに貢献する（小さな信頼・GIVE）
ユーザーに「見て良かった！」と思ってもらえる貢献ができたら、小さな信頼を稼げる

ステップ❺ 貢献を繰り返す（信頼貯金が貯まる）
ユーザーに繰り返し貢献できたら信頼貯金が貯まり、集客や売上に繋がる

■ 信頼貯金を貯める5つのステップを使ったFacebookの例

　ここで、個人向けにハンドメイドを教える先生が、Facebookで信頼貯金を貯めていく例をご紹介します。

ステップ❶　あなたの存在を知ってもらう

　Facebookは友達申請を送り、相手に申請が許可されて相互フォローの形になります。まずは、ハンドメイドや自宅でできる副業に興味がありそうな人に「友達申請」をして、投稿に「いいね」や「コメント」をします。

ステップ❷　あなたの特徴を知ってもらう

　Facebookのプロフィールに、あなたの専門分野やハンドメイドに関する実績、ミッション、与えられるメリットなどを記載します。

ステップ❸　あなたに興味をもってもらう

　プロフィールに加えて、Facebookの投稿で興味をもってもらいます。ハンドメイドの魅力や種類、作成した作品、自身の思考やビジネス論、教え子の声や作品紹介、実績、あなたのノウハウの強みやメリット、他との違い、それによって将来どうなるのかなどを投稿していきましょう。

ステップ❹　ユーザーに貢献する（小さな信頼・GIVE）

　ステップ3で紹介した投稿内容に加え、つくり方や作成場面の動画、収入を得る方法などの無料ノウハウ、役立つ情報をライブ配信も含めて投稿していきます。同時に、他の人の投稿に「いいね」や「コメント」をするGIVEも行います。

ステップ❺　貢献を繰り返す（信頼貯金が貯まる）

　上記のステップ4の貢献を繰り返し行いましょう。

　このように信頼を積み上げていくなかで、ハンドメイドのセミナーやコミュニティに参加してもらったり、個別相談に申し込んでもらったりします。
　そのなかで、希望者にはハンドメイド教室やコンサルティングを案内して、生徒やコンサル生を獲得していきます。

YouTubeとFacebookでの2つの例を参考に、あなたのビジネスに当てはめ、できる限り多くの貢献をして信頼貯金を貯めていきましょう。

友達申請を送り、相手に申請が許可されたら友達になる

プロフィールや投稿をチェックして興味をもつ

貢献を繰り返す

信頼貯金を貯める

VIDEO
4

【失敗談】
"貢献"の落とし穴

.ııll 「ノウハウのファン」と「あなたのファン」の違い

■ 人柄が良い人ほど貢献に徹してしまう

　私はセミナーや講座で「信頼貯金を貯める5つのステップ」を基本の考え方としてお伝えしているのですが、ここでは、その際に注意してほしいことを「私の失敗談」としてご紹介します。

　「信頼貯金を貯める5つのステップ」でお伝えした通り、投稿を見たユーザーが「役に立った」「楽しかった」「勉強になった」「共感できた」「見て良かった」と思えるものを繰り返し投稿していくことで、ユーザーからの**信頼貯金**は貯まります。

　しかし、セミナーなどで「SNSの本来の使い方はコミュニケーションツールですので、SNSのビジネス活用では、自分の宣伝ではなく、ユーザーに貢献できることを発信しましょう！」とお伝えすると、**人柄が良い人ほど「役に立とう！」「役に立とう！」と思いすぎて、それだけに徹してしまう傾向**にあります。人柄が良い人は、貢献を"役立つこと"だけと捉えてしまうからかもしれません。

　貢献の中には魅力的に見せることも含まれます。良い商品やサービスを販売することが前提ですが、ユーザーがワクワクしたり、気になったり、欲しいと思ったり、自分もやりたいと思ってもらうのも、貢献に含まれます。

　SNSを活用する目的は、**ユーザーに貢献しながらあなたのビジネスの集客や売上に繋げること**です。"SNSを活用する目的のなかでユーザーに貢献する"と捉えないと、売上に繋がらないので注意しましょう。

■ 私自身も失敗した「貢献の落とし穴」

「貢献している」「貢献していない」を判断するのは発信者ではなく、投稿を視聴するユーザーです。ユーザーが嬉しいと思ってくれることが「貢献している」ということです。ですが、なかには**ユーザーに求められていない貢献**

を行っているケースがあります。

　例えば、マーケティングの知識や事例を発信する私のアカウントで、ダンスを踊る動画を投稿したらユーザーに貢献しているでしょうか？　ユーザーに求められているでしょうか？

　私の投稿を見てくれるユーザーは、私が発信する考え方やノウハウ、事例などに興味があるのであって、踊っている私には興味がありません。それゆえ、求められていないものは、いくら貢献しているつもりでも「貢献していない」と評価されてしまいます。

　繰り返しになりますが、**大事なのは、「貢献している」「貢献していない」の基準は、その投稿を見ているユーザーが判断する**ということ。ユーザーに合わない自分よがりな貢献にならないようにしなければいけません。

　また、私自身はノウハウを知りたい！と思うタイプなのでノウハウの投稿が好きなのですが、ノウハウの貢献ばかりしてしまうと、ユーザーは"私"ではなく、"私のノウハウ"にしか興味をもたなくなります。

　そうなると、**私にファンが付くのではなく、ノウハウにファンが付く状態**になり、「ノウハウ系のイベントなら参加するけど、それ以外の講演には参加しない」という"ノウハウのファン"を育てることになってしまいます。

　そうではなく、**"私のファン"を育てることが大切**で、そうすれば「天野さんのイベントなら、どんなものも間違いないから参加したい！」という反応になります。

　特に、今のネット社会では、ノウハウの情報はどこかしらに掲載されていて、誰かが真似をして同じことが言えてしまいます。**「調べたらわかる貢献」**だけを発信していたら**「私でなくてもいい貢献」**となり、私のファンを育てることにはならないのです。

　実はこれらの出来事は、私も失敗として痛感してきたことなのですが、逆に言えば、こういった出来事を通じて、自分の投稿のどの部分にユーザーが興味をもっているのかを知るきっかけになりました。ここが**「貢献の落とし穴」**として気付いた点です。

　そして、「ノウハウのファン」ではなく「発信者のファン」、つまり「**あなたのファン**」を育てるには、ノウハウの貢献だけでなく、そこに"あなたのミッション"や"あなたの想い、考え方"を乗せた貢献を行うことがポイン

トです。そうすることでノウハウの貢献のうえに、"あなたの人間性"が追加されます。

「誰にでも真似できるノウハウの貢献」に人間性が加われば、「あなただからできる貢献」や「あなたにしかできない貢献」に生まれ変わり、あなたのファンが育っていくのです。

ファンづくりの失敗談

私のファン？

誰にでも真似できる ＋人間性
ノウハウの貢献

あなただからできる貢献
あなたにしかできない貢献

私のノウハウの
ファン？

誰にでも真似できる
ノウハウだけの貢献

あなたでなくてもいい貢献では
あなたのファンにならない

動画ブランディングが
売上UPの近道

後発組の闘い方は動画とライブ配信

■ SNSの先発組と後発組

　SNSの歴史を見ると、YouTubeが日本語化して公開されたのが2007年、FacebookとTwitterが2008年、Instagramが2014年、TikTokが2017年です。また、スマホの普及で、誰もが気軽にSNSを始められる環境が整ったこと、コロナ禍のステイホームも、SNSの一般化が加速した要因です。

　昨今ではSNSが生活の一部に浸透しているので、すでに何かしらのSNSのアカウントを所有している人が多いと思います。

　TikTokはまだ比較的最近のSNSと言えますが、他のSNSは流行り始めてから相当時間が経過しています。つまり、**本書を手に取っていただいた方がこれからSNSに力をいれるとしたら、SNS後発組ということになります。そして、私は「後発組には後発組の闘い方がある！」と考えています。**

　例えば、SNSで投稿できるものにはテキスト、画像、動画などがあります。そのなかで、テキストと画像のみの視覚からのアプローチによる発信は、すでにSNS先発組が大量に行ってきました。後発組が同じことをするのは、たくさんのライバルがいる状態のレッドオーシャンです。

■ 後発組には後発組の闘い方がある！

　これに対し、**動画やライブ配信**は、視覚（映像）と聴覚（音）両方からアプローチできる投稿コンテンツです。したがって、**テキストや画像に比べ、ユーザーが受け取る情報量が多い**のが特徴です。

　また、ライブ配信は**リアルタイムの空気感**が魅力です。**臨場感が伝わり、ユーザーは参加する楽しさ**を味わうことができます。

　そして、あなたの姿や表情を見てもらい、身振り手振りで伝えれば、**内容や想いや人柄**が伝わりやすくなります。見ている人は**共感や親近感**を覚えやすく、ファンになりやすいのです。

　先ほど、「後発組には後発組の闘い方がある！」とお伝えしましたが、後発組はより効果が高い方法で発信しなければ、先発組に追い付けません。逆に言うと、**効果５倍のやり方で発信すれば、４年先発組の人に１年で追いつくことも可能です。**

　本書を手に取ってくださった**SNS後発組の方にこそお勧めしたいのが、動画とライブでの情報発信です。**動画とライブ配信は、先ほどお伝えした通り、テキストや画像よりも何倍も伝わりやすいコンテンツです。またテキストや画像と比べると、動画やライブ配信は、まだレッドオーシャンにはなっていないので、これから攻めやすいマーケットです。

　このような特徴を踏まえると、動画での情報発信が売上ＵＰの近道だと言えます。動画とライブ配信で「**後発組には後発組の闘い方がある！**」を実践してみましょう。

VIDEO
6

SNSからLINE公式アカウントに繋いで売上UP

売上を上げるツールは、LINE公式アカウント

■ どこで売上を上げればいいの？

SNSの本来の使い方はコミュニケーションツールですが、SNSをビジネスで使いたい人は、自身の集客や売上に繋げたいと考えますよね。それゆえ、人間関係が築けていないにもかかわらず、SNSでビジネスの案内を投稿し、ガツガツ売り込んでしまう間違った使い方をする人もいるとお伝えしました。

また、「信頼貯金を貯める5つのステップ」の中でも、できる限り多くの貢献をして信頼貯金を貯めていくことをお勧めしました。

では、一体どこで売上を上げればいいの？　と疑問に思った人もいるかもしれません。

ビジネスの集客や売上に繋げるためのSNSのゴールは、極端に言ってしまえば、「LINE公式アカウントへの登録」です。これはYouTube、Instagram、TikTok、Facebook、TwitterなどのSNS全般です。

あなたのSNSの投稿を見る人は、あなたのことをすでに知っていて、信頼貯金が貯まっている人ばかりではなく、あなたのことを全く知らない人もいます。そう考えると、**SNSは、あくまでもユーザーに貢献する場所**なのです。

SNSで貢献を繰り返して信頼貯金を貯めていくあなたの姿を見て、あなたに好感をもち、あなたのビジネスに興味をもった人は、より多くのあなたの情報を求めてLINE公式アカウントやメルマガに登録してくれます。登録してくれた人は、それだけ**あなたに興味がある**ということです。

そして、LINE公式アカウントやメルマガの特徴は、オープンの情報ではないということ。**登録してくれた人以外は情報を見ることができないクローズドの場**なのです。そういった**クローズドの場所だからこそ、SNSのオープ**

ンの場所よりもビジネスの案内や商品の情報を発信しやすい環境になります。

　LINE公式アカウントやメルマガについては、また別の章で詳しく解説することとしますが、ここでは実際にSNSからどのようにしてLINE公式アカウントへ繋いでいくのかをご紹介します。

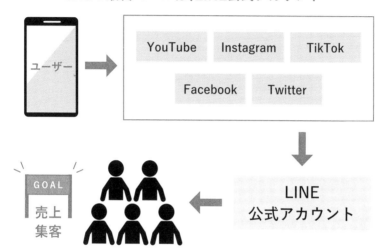

SNSの最終ゴールは、LINE公式アカウント

■YouTubeを使ったLINE公式アカウントへの繋ぎ方

　例えば、あなたのYouTube活用の目的が「SNSマーケティング講座の受講生獲得」だとすると、YouTubeでSNSマーケティングに関するノウハウや始め方、あなたの考え方、最新情報、お得情報などの内容で動画を配信します。

　YouTubeは無料で視聴できるので、SNSマーケティングに興味のある人がYouTubeの検索やおすすめに表示された動画を発見し、視聴してくれます。その内容が「役に立った」「見て良かった」と感じた視聴者は、動画だけでなく、**その他のあなたの情報も気になります。**

　そのため、あなたの情報がどこにあるのかを視聴者にお知らせするために、**YouTubeの概要欄（説明欄）にLINE公式アカウントのURLを記載**します。そのうえで動画内でも「**説明欄にSNSマーケティングの詳しいやり方を配**

信しているLINE公式アカウントのURLを記載しています」のようにお知らせし、気になる方に登録してもらいます。

　視聴者の行動としてYouTubeの動画を視聴するだけではなく、LINE公式アカウントにも登録してくれた人は、よりSNSマーケティング講座に興味をもっている人なので、LINE公式アカウント内で無料セミナーや低価格の講座などの参加者募集のお知らせをします。

　セミナーに参加した人で「参加して良かった」「もっと知りたい」「もっと深く学びたい」と思った人は、あなたのSNSマーケティング講座の受講を検討し、申し込んでくれます。

　もちろん、お客様にとって価格以上に価値の高い講座にすることが前提です。

　ここまでの流れが、SNSマーケティング講座生を獲得する、YouTubeからLINE公式アカウントへの導線となります。

　その結果、商品紹介もしやすく、売上に繋がりやすくなります。

■ SNSからの導線づくりはユーザー目線で作成

　SNSからLINE公式アカウントに繋いで売上UPとお伝えしましたが、これは**SNSからの導線をLINE公式アカウントの1ヵ所にまとめると一括送信ができるので、ビジネスとして便利**だからです。

　しかし、SNSユーザーの中には「LINEをメインに使っていない人」もいるでしょう。また、LINEを使っていたとしても、「LINEはあまり好きじゃない」という人もいますし、「LINEはプライベートだけで使っているからDMでもいいですか？」と考える人もいます。

　そんなとき、LINE公式アカウントに登録する他に選択肢がないとしたら、たとえあなたのビジネスに興味をもっていて、あなたに対して信頼貯金が貯まっている人でも、「何だか嫌だな」と感じて去ってしまうかもしれません。これは大きなチャンスロスです。

　そのため、融通のきかない対応ではなく、**「LINE公式アカウントにご登録ください。ご質問はDMでも大丈夫ですよ！」**と選択肢を与えることで、ユーザーの気持ちも緩み、安心して連絡してきてくれます。

　集客や売上UPに繋げることを考えるのなら、優先すべきなのは「**ユーザーが連絡しやすい環境をつくること**」です。「ユーザーが連絡しやすい環境」が提供できれば、連絡やお問い合わせの頻度が上がり、チャンスも増えます。あなたのビジネスに興味がある方からお問い合わせがたくさん届くほど、あなたの商品やサービスの購入に繋がります。

　そして、特に高単価の商品やサービスの購入を検討しているユーザーは、あなたの対応の一つひとつを確認し、試しています。連絡や問い合わせのやり取りを通じて、商品やサービスに対する不安、提供者であるあなたへの不安が払拭され、誠実で心地良いあなたの対応に心を開けば、あなたへの信頼貯金はより一層貯まっていきます。それが、集客や売上に繋がっていくのです。

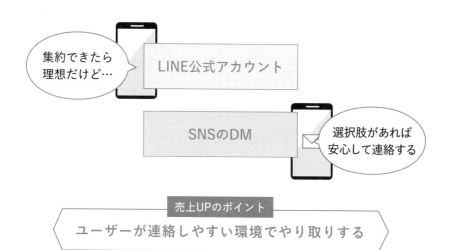

VIDEO 7

悩み解決系ビジネスなら ○○をもらって集客UP

悩みが深いほど、お問い合わせをする

■ 悩み解決系ビジネスとは？

　悩み解決系ビジネスとは、お悩みを抱えている人の「悩み」を解決するための商品やサービスを提供しているビジネスのことです。代表的なものには、クリニックやエステなどの店舗型ビジネス、スキンケア商品や健康グッズなどの物販ビジネス、コンサルティングや講座などの講師ビジネスが該当します。

　例えば、太っている悩みや痩せられない悩みを解決するためのダイエット商品やパーソナルトレーニング、「ビジネスでSNS活用したいけど、どんな投稿をしたらいいのかわからない」「ビジネスの集客に悩んでいる」を解決するためのコンサルティングや講座、といったように、ビジネスのターゲットは何らかのお悩みを抱えている人です。

　悩み解決系ビジネスのSNS活用法は**お悩み解決の貢献**をすればいいわけです。

■ 悩んでいる人の行動パターンを理解する

　悩み解決系ビジネスのターゲットの特徴は、**家族や友人など周りの人が思っているよりも真剣に悩んでいるケースが多い**です。

　しかし、悩みの内容がデリケートであればあるほど、人には相談しにくいもの。そういった場合は、「自分なりに、こっそりと調べる」という行動を取るのではないでしょうか。そんなときに、気軽に調べられるツールがインターネットであり、SNSなのです。

　SNSで自分の悩みを解決してくれそうな人を発見したら、そのアカウントの投稿や動画を遡って見ます。そして、もっと情報を求めて、そこに記載されているホームページやLINE公式アカウントにたどり着き、隅々まで調べることも多いでしょう。

■ 質問しやすい環境をつくる

　悩んでいる人の心理は、「この人に悩みを相談していいのだろうか？」「この商品やサービスは、本当に私の悩みを解決してくれるのだろうか？」といった不安な状態にあります。その**不安を払拭することが大切**です。もし、あなたが何かに悩んでいるときに、気軽に質問できる環境があったら、思い切って問い合わせてみたくなりませんか？

　また、そういった質問は、電話だとハードルが高いので諦めてしまうのですが、LINE公式アカウントのチャット機能やSNSのDMなら気軽に問い合わせすることができます。そして、**問い合わせた質問への返信内容とレスポンスの速さ、対応の丁寧さなどが、購入の決め手**になります。

■「お問い合わせ」が売上UPの鍵！

「悩み解決系ビジネスなら○○をもらって集客UP」の○○は、**お問い合わせ**です。どれだけお問い合わせが届いて、どんな対応をできるかが売上UPの鍵になります。

　特に**高単価の商品やサービスは、「お問い合わせ」からのやり取りをすることで売上が上がります**。質問や悩みに答えてくれることで信頼構築できるからです。

　逆に、低単価の商品やサービス、例えば、980円の化粧水を販売するなら、特にお問い合わせメッセージを狙って獲得する必要はありません。

　また、「たくさん問い合わせが来たら、どうしたらいいですか？」と不安に思う人からよく質問をいただきますが、「信頼関係ができていないとお問い合わせはほとんど届きません。そして、**悩みが深い人がお問い合わせしてく**るので、たくさん問い合わせが届くということは、**売上が上がる可能性が増える**ということです」とお伝えしています。

■ SNSからLINE公式アカウントへ

　悩み解決系ビジネスを行っている場合は、悩んでいる人に向けて「大丈夫です！　解決できますよ！」という安心を、いろいろな角度から出し惜しみなく発信していきましょう。

　悩みが深い人ほど、SNSの投稿を端から端まで見て「安心」を探しています。そして、あなたのビジネスに興味をもち、「この人の言うことなら聞いて

損はない！」と感じられたら、LINE公式アカウントへ登録してもらえます。そして、そこで"お問い合わせ"をいただき、信頼を構築していくと売上に繋がります。

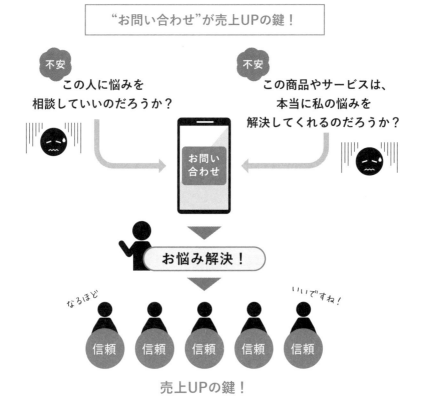

コンサル、講師、コーチなど 教育ビジネスは動画が必須

動画とライブ配信で「選ばれる」あなたへ

■「誰から学ぶのか」が重要！

　ビジネスは、「モノ売り」「コト売り」「自分売り」にわかれます。「モノ売り」は**物販**に多く、その物の強みを売っていきます。「コト売り」は**講座や**コンサル、エステ、美容室のような**無形商品の販売**に多く、ノウハウや技術、体験などの価値を売っていきます。「自分売り」は**個人事業主や小規模会社の社長**などに多く、モノやコトだけでなく、**自分自身の個性や人柄、生き方**などをウリにします。

　そのなかでも教育ビジネスであるコンサルタント、講師、コーチは、「**コト売り**」と「**自分売り**」の**両方**に当てはまります。

　理由は、例えばコーチやコンサルタントは基本的に高単価の商品やサービスを提供することが多いので、「誰が提供するのか」が重要になり、「自分売り」、すなわち「自分を選んでもらう」ということが必要だからです。

　講師に関しても「自分売り」ができる講師は、「誰から学ぶのか」という付加価値を付けられます。そのため、講師料の単価を高く設定できるようになります。

■ 動画は「その人そのもの」を映し出す

　私がコンサル、講師、コーチなど教育ビジネスは動画集客が必須と考える理由は、動画であれば、その人そのものが見えるからです。あなたの姿や表情を見てもらい、身振り手振りを付けて伝えることで、あなたが提供する内容や想い、そして、あなた自身が伝わりやすくなります。そのため、視聴者の好き嫌いがわかれるポイントでもあります。

　「その人そのもの」を見て、なかには「話し方が好きじゃない」「声が好きじゃない」と感じて、あなたの提供する内容が良さそうに感じても、動画を見ることをやめてしまう人もいるかもしれません。しかし、あなたにも私にも

好き嫌いがあるように、視聴者にも好き嫌いがあって当然です。そして、**一部の人に嫌われたとしても、それはごくごく当たり前のことで気にする必要はありません。**

逆に言えば、価値観の合わない人やあなたのことが好きではない人には、潔く去ってもらったほうが、後々のことを考えると、あなたが楽しく仕事ができる健全な状態だと言えます。

■ 動画とライブ配信で「選ばれる」あなたへ

このように動画配信で集客に繋げることを考えるのなら、動画を通じて「あなたの話し方が好き」「あなたの人柄が好き」「あなたの世界観が好き」と感じてもらい、あなたのファンになり、あなたを選んでもらわなければなりません。

たとえ講座の内容を全て把握していなくても、「この人がやるなら参加しよう！」と選んでもらえる形が一番強い理想の状態です。動画は「その人そのもの」が見えることで、あなたの想いが伝わりやすく、あなたのファンになってもらいやすいです。それはすなわち、「自分売り」に効果があるということです。

さらに、**動画よりライブ配信のほうが、より信頼を獲得できます。**ライブ配信は編集ができません。ありのままのあなたが視聴者の目に届きます。もちろん、思いもよらないハプニングも起きるでしょう。そのときのあなたの誠実で心地良い対応が視聴者の目に焼き付き、視聴者の心を開くラッキーハプニングとなります。

ライブ配信は、あなたの人柄がダイレクトに視聴者に届くので、コンサル、講師、コーチなど教育ビジネスの方は、ぜひ取り入れましょう。

このように従来のSNSの投稿方法であるテキストや画像よりも、動画やライブのほうが、あなたの魅力が何倍にもなって視聴者に伝わります。

最近では、商品やサービスを販売するランディングページにも動画を挿入して、人柄や話し方などの雰囲気を伝えるケースが増えました。これはテキストや画像だけでは伝わらない部分を、動画を使って視聴者に感じてもらうのが狙いです。また、その動画内では資料を使って解説したり、ちょっとした編集の工夫で個性を演出したりできます。これもファンづくりに一役買っ

ています。

　コンサル、講師、コーチなど教育ビジネスでは、動画やライブ配信で視聴者にあなたの魅力や想いを届け、あなたを選んでもらうように努めましょう。

動画とライブ配信で「選ばれる」あなたへ

あなたの
話し方が好き

あなたの
人柄が好き

あなたの
世界観が好き

あなたから
学びたい！

コンサル、講師、コーチなど教育ビジネスは、
動画で魅力を発信して
「自分を選んでもらう（自分売り）」が必要！

ストーリーからDMに誘導してエステの売上が1.5倍に

すでにファンになっている状態で来店してもらう方法

■ Instagramからの来店で本契約に結び付く

ここでは、InstagramのストーリーズからDMに飛ばしてエステサロンの売上が1.5倍に増えた事例をご紹介します。

このエステサロンのオーナーは私の大阪のクライアントで、Instagramを活用して「**信頼貯金を貯める5つのステップ**」を実践してもらいました。その結果、Instagramから来店したお客様の9割にコース契約、または回数券購入をしてもらっています。

「信頼貯金を貯める5つのステップ」で信頼が積み上がっていると、お客様がファンになって来店してくれるので、こちらからそんなに売り込まなくても、**メニューを紹介するだけでコース契約に結び付く、理想の集客導線**となります。

Instagramでは、通常の投稿やリールの投稿に加えて、ストーリーズからのリンクで体験の申し込みが順調に増えました。以前はフォロワーが1万人以上いないと、ストーリーズにリンクが貼れないシステムでしたが、今はスタンプ機能が追加され、誰でもリンクが貼れるようになっています。

このエステサロンが選ばれる理由は、来店者が普段からInstagramの投稿を見ているので、「他ではなく、このエステサロンが良い」という**固定のファン**だからです。つまり、**選ばれる仕組み**ができているのです。

■ Instagramを活用した「信頼貯金を貯める5つのステップ」

では、こちらのエステサロンが、どのようにInstagramを活用しているのかを「信頼貯金を貯める5つのステップ」に当てはめてご紹介します。

ステップ❶ あなたの存在を知ってもらう（周知）

エステサロンを知ってもらうために、エステや美容系の**ハッシュタグを付**

けて投稿していました。そして、エステや美容に興味がありそうな人に「いいね」をすることでこのエステサロンの存在を知ってもらい、一定数の人にフォローしてもらえました。そうなると（エステサロンの）投稿がフォロワーのフィード（通常の投稿が流れてくる画面）に流れるので、投稿を見てもらいやすくなります。

ステップ② あなたの特徴を知ってもらう（認知）

次に、エステサロンの特徴を知ってもらうために、**プロフィール欄を充実**させました。エステの名称や場所、施術の種類と得意な施術、経営者や店長の思いと方針などを記載しました。また、**ホームページのURLを設置**して、エステの施術を確認して申し込んだり、**LINE公式アカウントに登録したりする導線**をつくりました。また、プロフィールに貼る**ハイライト**（ストーリーズの動画をプロフィールに残すことができる機能）でも、お店の特徴や予約方法を伝えています。

ステップ③ あなたに興味をもってもらう（興味・関心）

エステサロンに興味をもってもらうために、エステの場所や外観、内観、施術の写真を投稿する。エステの経営者やスタッフの写真を投稿する。経営者や店長の思いや方針、施術の種類・特徴・強み、他との違い、エステを体験するとどうなるのかを写真や動画とキャプション欄で伝えました。また、施術例やビフォーアフターなど、目で見てわかる写真も投稿しました。

ステップ④ ユーザーに貢献する（小さな信頼・GIVE）

Instagramユーザーへの貢献として、美容の知識や自分でできる美容法、美容トラブル対策などを投稿し、さらにエステで人生を変えるイメージを伝えました。

特に、届いたDMやLINE公式アカウントのメッセージには**なるべく早く返信**し、信頼獲得に努めました。

ステップ⑤ 貢献を繰り返す（信頼貯金が貯まる）

Instagramでステップ1からステップ4を繰り返し、「**信頼貯金**」を貯めていったことで、**来店したときには、もうすでに心を開いている状態の人間関**

係ができています。

　Instagramからの流れとしては、InstagramのDMやストーリーズに投稿しているエステのホームページからの体験申込とLINE公式アカウントのメッセージからの体験申込があり、**来店後、約9割の方が本契約であるコース契約か回数券購入をしています。**

　参考までにお伝えすると、利用している国内最大手の広告掲載サイトからの本契約は1割台だったとのことなので、いかにInstagramからのお客様が本契約に結び付いているのかがわかります。**Instagramから来店したお客様には、ほとんどクロージングなしで、案内だけで本契約に結び付きます。これは、理想的な流れですよね！**

　この流れをつくるために、投稿やストーリーズのスタンプ（ストーリーズで使える絵文字や各種機能）の「質問」や「アンケート」機能でやり取りして信頼を積み上げるなかで、インスタのDMやLINE公式アカウントでエステへの来店を促します。

　結果、**「ザイオンス効果」（繰り返し接すると印象や好感度が高まり、関心の度合いが高まるという効果）**が働き、すでに好きになったり、ファンになったりしている状態で来店してもらっています。

　このように、Instagramで「信頼貯金を貯める5つのステップ」を実践すると、集客や売上は確実にアップします。

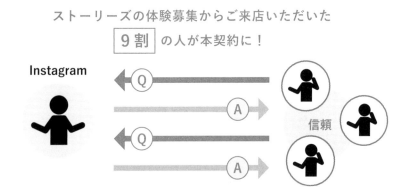

ストーリーズの体験募集からご来店いただいた
9割 の人が本契約に！

Instagram

Q
A
Q
A

信頼

ザイオンス効果（繰り返し接すると印象や好感度が高まり、関心の度合いが高まるという効果）で、すでにファンになっている状態でご来店いただける

料理動画でバズりにバズり、企業から依頼殺到!

顔出しせずに、企業からの広告案件が殺到!

■ 料理動画は人気が出やすいテーマ

InstagramのリールやTikTokのショート動画では、料理などの身近なテーマが人気になりやすいです。

例えば、「今日の夕食は何にしよう?」「○○のつくり方、知りたいな」と、ふと思ったときに60秒以内の料理の動画と出会い、パッと見て手軽に学べたら、とても便利に感じます。これが10分のロング動画だと時間的に躊躇してしまいますが、60秒以内という短い時間だからこそ、「次の電車が来るまでに」といった隙間時間にショート動画は見ることができるのです。

また、料理のSNSアカウントは企業からの広告案件の依頼が多く、発信者にも人気のテーマです。

ここで、料理をテーマにしたショート動画でバズりにバズり、企業からの依頼が殺到している、私が代表を務めるソラコマ株式会社の役員、migramさんの成功事例をご紹介します。

彼女がInstagramやTikTokで投稿しているテーマは「料理」です。

彼女のショート動画でのバズり方がものすごく、InstagramのリールやTikTokで10万再生くらいは当たり前です。一番再生されている「おにぎりのつくり方」の動画は、TikTokで1,000万再生を超えて、Instagramのリールでは2,000万再生を超えています。

これだけ動画がバズりまくれば、もちろん企業が見逃さないことは想像がつきますよね。彼女の料理アカウントには企業からの広告案件やコラボイベント、業務提携などの依頼が殺到しています。食材や調味料などの食品、鍋や包丁などの調理器具など、動画に使われているいろいろなものが企業からの広告案件なのです。

これらは料理をつくるときに使う、ごく自然なものなので、動画を見てい

る視聴者には広告案件と気づかれにくく、「広告ばかり投稿している」と思われない点もメリットです。ショート動画を収益化したいと考える人たちに、夢を与えるバズり方です。

　また、動画では顔出しをしていないので、彼女のバズり方は「顔出ししたくない人」にも夢を与えています。

　彼女のすごさは企業案件だけではありません。さらに、**TikTokが開催するイベントでも度々受賞して賞金を獲得**するなど、**顔出しせずに大活躍**しています。

　これは誰もが実現可能なことなので、本書をご覧のあなたにも、ぜひ、彼女のように大活躍して、夢を叶えてほしいと思っています。

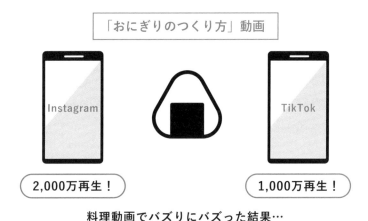

VIDEO
11

YouTubeからLINE公式アカウントで月580万円UP

Giveの精神で、わかりやすく動画を配信し続ける

■ 全くパソコンを使えなかった彼が月商580万円アップ

YouTubeは動画投稿を中心にしたSNSです。全世界で10億人以上のユーザーに利用されており、コロナ禍のステイホームで一気に視聴者が増えた印象があります。そのため、YouTubeをビジネスで活用したい！　と考える人も少なくありません。

しかし、YouTubeでアカウントを開設する、動画を撮影する、動画を編集する…と、様々なパソコン作業を想像すると、パソコンが使えない人やパソコンが苦手な人には、ハードルが高いSNSに感じられることでしょう。心が折れてしまうかもしれません。

ここでは、私のSNS売上UP講座の生徒さんで物販コンサルタントの男性が、YouTubeからLINE公式アカウントに集客して月商580万円UPしたという事例をご紹介します。

この彼は当初、全くパソコンを使えませんでした。どのくらい使えない状態だったかというと、私の講義中、参加者全員がパソコンを開いている状態で、「フォルダを開いてください」とお伝えしたら、周りをキョロキョロと探して、紙をまとめる文具の「フォルダ」を探しだしたほど、パソコンに関して知識も経験もありませんでした。

■ YouTubeで配信して物販ビジネスの受講生獲得

そんな彼が行ったのが、自分の物販ビジネスに関するYouTube動画の配信です。目的は物販ビジネスの受講生獲得でした。

ターゲットを物販での副業に興味がある人に絞り、初心者でも始められることに特化して動画を配信しました。「ビジネスのマインドセット」「物販の仕入れ先の見つけ方」「Amazonの使い方」「物販ツールの使い方」「使えるソフト」「販売の効率化」などの内容をGIVEの精神でわかりやすく解説しまし

た。

　後ほど、第3章でお伝えするように、YouTube動画のタイトルを検索結果の上位に表示されるように作成し、動画を視聴してもらえるように「サムネイル」（動画の表紙）を魅力的に制作しました。もちろん、動画の内容も物販をこれから始める初心者に向けて、難しい言葉を使わずに、わかりやすく解説して、信頼貯金を貯めていきました。

　その結果、YouTubeで複数の動画を何回も視聴したユーザーは、もっと知りたいと思ってLINE公式アカウントに登録し、彼の3000円のセミナーや講座に参加した後、50万円の物販ビジネスの受講生となっていきます。

　YouTubeは初心者からビジネス活用して売上を得るためには、少なくとも半年くらい時間がかかります。パソコンが大の苦手だった彼には、最初は本当に大変だったと思います。彼がすごかったのは、素直に行動したこと。そんな彼が月商580万円アップしたと報告いただいたとき、私もとても嬉しかったです。

GIVEの精神で
わかりやすく動画を配信し続けた結果…

月商580万円UP

趣味のハンドメイドでライブコマース! 月収30万円超えに

独学よりも「売れている人」から学ぶ!

■「全然売れない」から「夫の収入を超えるほどの売上」へ

さて、次にご紹介する事例は、滋賀県に住む3人の子育て中の主婦の事例です。彼女はイノシシやシカが出るような田舎に住んでいて、4歳から小学5年生までの3人の子育てをしながら、フルタイムのパートで働いていました。

そんな彼女ですが、趣味のハンドメイドが大好きすぎて、空いた時間は自宅でアクセサリーを制作していたそうです。それならば、趣味のハンドメイドを仕事にできないかと考え始め、まずはフリマサイトから始めました。ですが、頑張って出品しても思ったように売れません。何か販売できる手段はないかと探していると、**ライブコマースという手段を見つけた**ので、初めは視聴者として見ることから始めました。

その頃、ライブコマースの活用方法をしっかりと教えている講座がなく、手探りしながら独学でライブコマースにチャレンジしたそうです。しかし、自信をもってつくったアクセサリーが全然売れず、すごく凹んでいました。

あるとき、ある販売者の商品がライブコマースでどんどん売れていくのを目の当たりにして、「なぜこんなに売れるのだろう?」という目線で、その販売者などのライブコマースを見ながら勉強しました。タイミング良く、その販売者がライブコマースの生徒を募集することを知り、直接習い、必死で頑張りました。

そこで、売上を上げる思考から商品構成、シナリオ、商品を紹介する順番、販売方法まで手取り足取り教えてもらい、彼女はしっかりライブコマースのテクニックを吸収しました。

そして、ハンドメイドアクセサリーは単価が高くないにもかかわらず、1回2時間のライブコマースで3万円、5万円、10万円と売れるようになったのです。

独学でライブコマースにチャレンジしていた彼女にとって、そこで習った内容は「目からウロコ」で、たくさんの気づきがあり、**毎回のライブコマースにブレがなくなったことが、売上が大きくアップした要因**だと話してくれました。

　そんな彼女は、今ではご主人の収入を超えるほどの売上を達成しています。そして、彼女のライブコマースを見た企業からライブコマースの依頼が増えて、自身の商品だけでなく、幅を広げてさらに活躍中です。

■ 世の中にライブコマースを普及していきたい！

　しかし、彼女がライブコマースは素晴らしいと感じていても、「ライブコマース」という言葉は世間ではまだ知られていなくて、子どもの学校や塾の先生に話しても何のことだか伝わらないのだそうです。

　そんな状態だからこそ、「ママのお仕事はライブコマースだよ！」と、子どもたちが自信をもって周りに誇れるように「世の中にライブコマースを普及していきたい！」と、笑顔で話してくれました。

　彼女は今、これからの目標として、子育て中のママを始め、多くの女性がライブコマースで収入を上げられるように、「稼げるライブコマースを教える講師」として活動しています。

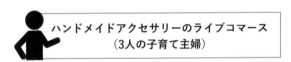

ハンドメイドアクセサリーのライブコマース
（3人の子育て主婦）

手探りしながら独学で運営。全然売れず凹んでいた…

学ぶ

・売上を上げる思考　　・商品構成
・シナリオ　　・商品を紹介する順番　　・販売方法

夫の収入を超える売上

「全然売れない」から「売れるライブコマーサー」へ

VIDEO
13

誹謗中傷やアンチコメントを恐れない

アンチもいるが、ファンや応援してくれる人のほうが多い！

■ 怖がって情報発信しないのはもったいない

SNSは知らない人と繋がれるメディアだからこそ、**アンチ**という存在も生まれます。最近では、SNSをビジネスで活用したいと思う人が増えた一方で、**誹謗中傷やアンチコメントが怖くてSNSを活用する勇気が出ないという人も多い**のです。しかし、SNSの可能性を考えれば、アンチを怖がって**情報発信しないほうが大きなチャンスロス**になります。

SNSは相手の顔が見えないからこそ、丁寧に人間関係を築くことを心がけたいところですが、どれだけ誠意を尽くしても伝わらないこともあります。誤解されることもあるでしょう。

とはいえ、あなたの投稿を見た全員が、アンチになるわけではありません。逆に言えば、**あなたのことを応援してくれる人もたくさん生まれます**。

確かに誹謗中傷やアンチコメントには、心が沈んでしまうでしょう。たとえその数が、良いコメントが20個付いたなか、たった1個だったとしても、あなたの心の中で誹謗中傷やアンチコメントのほうが気になってしまうかもしれません。

しかし、**人の心情として、悪いコメントは書きたくなり、良いコメントはわざわざ書かないものです**。そのなかで良いコメントをもらえるのはありがたく、**そちらに気持ちを向ける**ようにしましょう。

潜在的に「良いコメントは書かないけど、良い印象をもっている」という人も大勢いますからね。

■ アンチコメントは「コメントがない」より良い！

また、SNSの運営サイドは、応援コメントでも、アンチコメントでも、「コメントがある」という評価で捉えます。内容はともあれ、「アンチコメントが

ある」よりも「コメントがない」ことのほうが良くない評価になります。ということは、**アンチコメントは、運営サイドからのあなたのアカウントに対する評価に貢献してくれている**ことになります。そう思ったら、アンチコメントも大歓迎！ですよね。

　アンチコメントが怖いのでコメント欄を封鎖しているアカウントもありますが、これも運営サイドから見れば「ユーザーとのコミュニケーションに消極的なアカウント」と映ります。初めにお伝えしましたが、SNSはコミュニケーションツールです。たとえアンチコメントが怖くても、**コメント欄をオープンにしているアカウントのほうが運営サイドの評価は高い**のです。

　SNSをビジネスで活用する際、誹謗中傷やアンチコメントを恐れて運営サイドの評価が下がる行動は、リスクが大きくなるので避けましょう。

■ ファンや応援してくれる人もいる！

　情報社会が加速する今、全ての人に好かれて、全ての人に受け入れてもらえる情報発信はあり得ません。価値観も感じ方も違う多様性の現代。たとえ、あなたと意見が合わない人がいたとしても、それはごく当然のことで、あなた自身も同じはずです。

　そのため、人気のアカウントになればなるほど、必然的にアンチコメントも多くなります。ですので、「**アンチが付いて一人前**」と思いましょう。

　もし、あなたと違った意見をもつアンチコメントが書かれたら、「あなたはそう思うのですね」と受け流せる心の強さも必要です。そして、**アンチもいるけど、ファンや応援してくれる人のほうが多い**のだということも忘れないようにしてくださいね！

　何よりも、まだ起きてもいないことを恐れて情報発信しないことが大きなリスクです。恐れずに情報発信して、あなたのファンを作っていきましょう。

アンチもいるが「ファンや応援のほうが多い」を忘れない！

第 2 章

伝わりやすい"動画配信"①
【動画共通編】

VIDEO
1

ビジネスに合うかつニーズが
あるテーマを選択する

■ どんなテーマで配信したらいいのだろう？

　YouTube や TikTok、Instagram のリールなど、SNS での動画配信は、**あなたのビジネスを知らない人に知ってもらえる大きなチャンス**です。ただし、いざ動画配信をやってみよう！　と思ったときに悩むのは、「どんなテーマで発信したらいいのだろう？」という動画の配信コンテンツ（内容）です。実際には、**動画のコンテンツを決める前に、アカウント全体のテーマを決め**ます。

　そして、テーマを決める際に思い出してほしいことは、第1章でお伝えした「**SNSを活用する目的**」です。あなたは何のためにSNSを活用したいと思ったのでしょう？　　目的が明確化されれば、その目的に合わせてアカウント全体のテーマが決まります。さらに、配信する動画のコンテンツも絞られてきます。そうすれば、「ネタがない」「投稿内容がブレる」といった問題も解決します。

　そして、もう一つ、ここが大事な点です。「信頼貯金を貯める5つのステップ」で解説したように、動画を見た視聴者が「役に立った」「楽しかった」「勉強になった」「共感できた」「見て良かった」と思っていただける、**あなたがユーザーに貢献できることは何か？**ということです。

　この2つを見失わず、あなたのビジネスに合った動画配信のテーマを決めてください。

■ そこに、ビジネスのニーズはありますか？

　動画配信するのなら「より多くの人に見てもらいたい！」と欲が出るものです。再生数は視聴者に動画を見てもらえた（表示された）しるしなので、配信を継続するモチベーションになります。

　しかし、**再生数を意識しすぎると "バズる" を狙うようになり、**「今、流行

っているもの」や「ウケが良いもの」を追いかけてしまいがちになります。「今流行っているから、このテーマなら再生数が上がるだろう」と自分のビジネスに関係ないテーマにしてしまうと、結果として、動画を配信する目的からそれていきます。

　例えば、TikTokを始めようという人が、TikTokで"今流行っているもの"をリサーチし、「ダンスを踊っている動画の再生数が多い！」と感じた場合、「ダンスを踊る動画をつくろう！」と考えるかもしれません。しかし、ただダンスを踊っている動画は、あなたのビジネスに関係ありません。

　ダンスが流行っていたとしても、ダンスはあなたのビジネスに求められているもの（視聴者からのニーズ）でしょうか？　**「今、流行っているもの」でも、視聴者から求められていない貢献（ニーズのない貢献）は自己満足に過ぎず、視聴者のニーズからズレています。**SNSを活用する目的に合わせてアカウントのテーマを決め、それに合わせて動画のコンテンツを考えるようにしましょう。

　また、こんなケースもアカウントが伸びない一例です。**自分のビジネスの内容で視聴者に貢献するつもりで配信していても、専門的過ぎる、マニアック過ぎるテーマを選んでいるケース**です。

　例えば、大工をやっていて、クギが大好きな人がいます。自分がクギが好きだからといって、TikTokのアカウントのテーマを「クギ」にして、動画のコンテンツをクギの形や種類、特性、保存方法、歴史、魅力などにしたらどうでしょう？　あまりにもニーズが少なくて、伸びづらいアカウントになってしまいます。

　それならば、ニッチ過ぎるクギに絞るのではなく、DIY（日曜大工）などでクギを使い、そのなかでクギが好きなことを話したり、「クギを愛する○○です！」のように登場したりしたほうが、アカウントを伸ばすことができます。

　このように、**テーマがニッチ過ぎて興味をもつ人が少ない動画は、どんなに頑張って作成してもフォロワー数や再生数は伸びません。**伸びない、見られないということは、そこに「ニーズがない」ということです。初めに**視聴者の需要があるかどうかを調べ、しっかりとテーマを決定するようにしましょう。**

■ トレンドを取り入れる工夫は重要！

　先ほど、トレンドが「ダンスを踊っている動画」だったとしても、あなたのビジネスに関係ない、ただダンスを踊っているだけの動画はNGとお伝えしました。

　ただし、**トレンドを取り入れることは再生数を伸ばす重要項目**と言えます。どういうことかというと、トレンドの「ダンスを踊る」を配信動画のテーマとするのではなく、**視聴者を引き付けるパフォーマンスとして取り入れるなら良い**ということです。

　例えば、流行りのダンスを踊りながら、あなたのビジネスの商品を紹介するなら、視聴者を引き付ける視覚的に**インパクトが残る動画**になり得ます。

　また、関連させられるなら、大人気になり始めたアニメのキャラクターの言葉を見出しに使うと、再生数を伸ばすことができるでしょう。

　このように、「どのようにトレンドを取り入れたら、ビジネスにプラスの効果をもたらすのか？」を考え工夫して動画をつくり、再生数を伸ばしていきましょう。

どんなテーマで配信したらいいのだろう？

何のためにSNSを活用しますか？

あなたがユーザーに貢献できるのは、どんなこと？

そこにビジネスのニーズはありますか？

テーマがニッチなフィールドに偏っていませんか？

そのトレンド、あなたに求められていますか？

VIDEO
2

絶対NG! 間違えやすい SNS動画活用法

間違った使い方は時間のムダ!

第2章 伝わりやすい"動画配信① 【動画共通編】

■ SNS、間違った使い方をしていませんか?

　第1章でもお伝えしたように、投稿を見たユーザーが「役に立った」「楽しかった」「勉強になった」「共感できた」「見て良かった」と思えるものを投稿し、ユーザーに貢献する。そして、ユーザーとの信頼関係の構築をSNSという"コミュニケーションツール"を活用して行います。ですが、多くの人がSNSを間違えて活用しているケースがあります。ここでは、SNSの**3つの間違いやすい活用法**についてお伝えします。

　1つ目は、**SNSを「広告宣伝ツールだと思ってしまう」**ことです。「SNS動画をビジネスで活用しましょう!」とお伝えすると、「何を宣伝すれば良いですか?」「商品をどのように紹介すれば効果的でしょう?」などと尋ねられることがあります。これは動画を含めた全ての投稿においてです。

　このような疑問をおもちの方は、SNSを自分のビジネスの宣伝の場として捉えています。しかし、**SNSは宣伝の場ではありません。SNSは、コミュニケーションツールです。私たちは"コミュニケーションツール"をビジネスに活用しているので、あくまでも他のユーザーとのコミュニケーションを楽しめる投稿が基本**です。

　企業や個人事業主の宣伝ばかりのアカウントを見かけることがありますが、よっぽど有名な企業や著名人でなければ、「宣伝」を見たいユーザーは少ないです。また、自分ではそんなつもりはないと思って投稿している場合でも、「それは宣伝です!」というケースもあるので気を付けましょう。

　2つ目は、**「SNSはフォロワーを増やせば良いと思ってしまう」**ことです。確かに、フォロワー数が多いほうがビジネスに繋がりやすくなります。ただし、これは「質が同等ならば」という前提付きです。

数年前は、フォロワー数が多いだけで企業から広告案件の依頼が届くことがありました。ですが、企業も広告の効果測定を行って検証を続けてきているので、現在は「フォロワー数が多ければ広告案件を依頼する」という企業はほとんどありません。なぜなら、**フォロワーの質を確認したり、投稿に付いている、いいね数やコメント数、その内容を見れば、そのアカウントがきちんと運用されているかわかる**からです。

　相互フォローを狙ってむやみやたらにフォローしたり、自動フォローツールを使ってフォロワーを増やしたり、フォロワーを購入したりする行為は、**アカウントの評価を下げてしまうだけです。**

　特に、自動フォローツールは楽に感じるし、それ自体が有料サービスなのでお勧めしてくる人や業者がいますが、これから動画を活用してSNSやビジネスを伸ばしたい人は、絶対に使わないようにしましょう。

　最後に3つ目は、「**バズらないと意味がないと思って目的を見失う**」ことです。バズるとは、再生数が通常よりも爆発的に多くなることを指します。

　SNSのショート動画はバズらせるためだけに作成すれば、バズりやすい仕組みになっています。私もTikTokでバズれるかどうか、実験的にサブアカウント（メインでないアカウント）を作成して運用しています。その結果、サブアカウントでは1ヵ月目で1つの動画が100万再生を超えました。

　ただし、私のビジネスとは関係ない内容のため、仕事には繋がりません。私の仕事がWEBマーケティングを活用した講座やコンサルティングのため、こういった検証を実験的に行いますが、通常なら時間のムダです。

　ショート動画の作成は簡単だとしても、多少は時間がかかります。単にバズることを目指すのではなく、目的に合わせて活用しましょう。

絶対NG!
SNSは
広告宣伝ツール
でしょ？

絶対NG!
SNSって
フォロワーを増やせば
いいんでしょ？

絶対NG!
SNSは
バズらないと意味が
ないよね？

SNS動画を伸ばすための 2つの対象とは?

視聴者目線と運営側目線

■ 視聴者目線で動画を配信する

　SNS動画をビジネスで活用する際、再生数は気になるものです。再生数が伸びれば多くの視聴者の目に留まり、あなたを広く知ってもらえます。また、苦労してつくった動画が評価されたということなので嬉しいし、配信のモチベーションにもなります。ここでは、**SNS動画の再生数を伸ばすために意識すると良い「2つの対象」**についてお伝えします。

　まず1つ目に意識する対象は**視聴者**です。もちろん、すでに多くの動画を配信して伸ばしている方は、当たり前のように視聴者を意識していると思います。ここで言う視聴者を意識するとは、いかに**視聴者目線で考えられるのか**ということです。

　特に初心者の方は、動画を配信することで頭の中がいっぱいになると、「伝えたいこと」「発信したいこと」を優先してしまいます。しかし、視聴者目線とは、動画を見た視聴者に「役に立った」「楽しかった」「勉強になった」「共感できた」「見て良かった」と思ってもらえるように、「あなたがユーザーに貢献できることは、どんなことなのか」を優先することです。

　自分では貢献しているつもりでも、視聴者が求めるもの（ニーズ）ではなかったというズレをなくすためにも**「もし、私が視聴者だったら」**と視聴者の立場に立って、**これは貢献できるものか？　と確認しながら配信**しましょう。

　「信頼貯金を貯める5つのステップ」にあったように、貢献を続けて視聴者からの信頼貯金が貯まると、それが集客や売上に繋がってきます。

■ 運営側目線でシステムを理解する

　2つ目に意識する対象は**プラットフォームの運営側**です。プラットフォー

ムとは、SNS なら YouTube や Instagram、TikTok などが提供しているシステムのことで、その運営側を意識していない人は多いかもしれません。例題を用いて説明します。

　例えば YouTube で配信するのなら、YouTube の運営者を意識するということです。YouTube は動画共有のプラットフォームですが、2006 年に Google に買収され、現在は同社のグループ会社の 1 つとして運営されています。

　ここで、あなたに考えてほしいことがあります。YouTube は無料で動画共有できますが、こんなに素晴らしいシステムを、なぜ Google は私たちに無料で提供してくれるのでしょうか？

　その一番の理由は **Google が広告収入を得るため**です。YouTube の動画内で広告を流し、広告収入を得る仕組みになっています。ですので、**長く見てもらえる動画は、Google や YouTube が広告収入を得るために貢献している動画**なのです。

　もしもあなたが Google や YouTube の運営側だったとしたら、このような動画を応援したいと思いませんか？　**長く見てもらえる動画は、こういった理由から「おすすめ動画」や「関連動画」として表示されるシステム**になっているのです。

　また、人気のある YouTuber が、「コメントを残してくださいね！」と発信しているのを見たことありますよね？　これは、**コメントがたくさんあることで、YouTube の運営側が「活発なアカウント」と評価**し、「おすすめ動画」や「関連動画」として表示してくれるシステムがあると知っているからです。**これらの評価は AI が行っています。**

　その逆も考えてみましょう。もし、あなたが Google や YouTube の運営側だとしたら、視聴者からの需要がない動画や役に立たない動画ばかりをアップする人や規約に違反する人を応援したいと思いますか？　思いませんよね。

　Google も YouTube も人間ではありませんが、システムをつくったのは人間です。もしもあなたが Google だったら？　YouTube だったら？と考えると、運営側が応援したくなる動画、応援したくない動画の違いがわかってくると思います。ポイントは**運営側が喜ぶことをする**こと。このように視聴者目線だけでなく運営側目線も取り入れて動画を作成していきましょう。

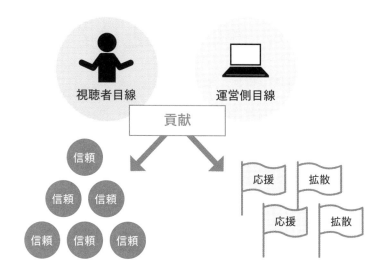

　SNSを伸ばすコツは、視聴者と運営側、両方の評価を得ることです。

　視聴者に対しては「勉強になる」「共感できる」「楽しい」「気づきがある」と感じてもらえるように役立つ投稿を心がけます。

　運営者に対しては「頻繁に投稿している」「長時間視聴される良い投稿をしている」「視聴者とのコミュニケーションを活発にとっている」「広告主が広告を出稿したくなる良い投稿をしている」というように、AIが高評価する行動を心がけます。

　これらを意識してアカウント設計や投稿、いいね、コメントなどをすることで、SNSアカウントが伸びやすくなります。

VIDEO 4

ショート動画とロング動画の定義と使い分けとは?

使い分けて相乗効果を狙う

■ ショート動画とロング動画の定義

SNSマーケティングの中でも、最近では動画を活用する割合が増えてきています。動画共有のプラットフォームで代表的なものはYouTube、Instagram、TikTokなどですが、Facebook、LINE、Twitter、Pinterestなどにも動画の機能があります。

そのなかでも「ショート動画」と「ロング動画」がありますが、本書では定義として、ショート動画は1分以内、ロング動画は1分を超えるものとします。

■ 隙間時間に手軽に視聴できるショート動画

ショート動画は1分以内とご紹介しましたが、現在、そのショート動画が注目を浴びています。「TikTok売れ」という言葉が『日経トレンディ』2021年12月号で発表された「2021年ヒット商品ベスト30」で1位を獲得するほど、ショート動画の影響力は増しています。

では、なぜショート動画が注目されているのでしょうか?

まず、ショート動画の良さは、時間がないときでもサクッと見られる気軽さです。考えてみれば現代人は忙しく、動画を落ち着いて見る時間がなかなか取れません。コロナ禍のステイホームの時期は、突然ぽっかりとできてしまった時間でYouTubeのロング動画を見ていた人も多かったのではないでしょうか。しかし、日常生活に戻ると、やはりロング動画を見るには時間的なことを考えてしまうのです。

仕事が終わって疲れているときにYouTubeのロング動画を見るのは重いけれど、TikTokのショート動画なら軽い気持ちで見ることができる。電車が来るまでの間なら2〜3本見られるくらい、ショート動画は隙間時間に手軽に視聴できるので人気なのです。

■「続きを見る」「見るのをやめる」とジャッジされる

　YouTubeで初見の配信者の動画を発見したとき、あなたなら何分くらい視聴しますか？　試しに見始めたとしても、少し見て「続きを見る」「見るのをやめる」を決めていないでしょうか？

　今は様々な人が情報発信しているので、同じような内容の動画もたくさんあります。少し見て気に入らなかったら、他の同じような動画に移ればいいだけです。そのため、初めて出会った配信者の動画は、最後まで見てもらえる可能性が低いです。その理由は、初めて出会った配信者とは信頼関係がないので、すぐに見るのをやめてしまうからです。

　特にネット世代は「続きを見る」「見るのをやめる」というジャッジが、とても早い傾向にあります。溢れるほどの情報量に慣れていることもあり、限られた時間のなかでどの動画を視聴するかを決めています。

　なかには、ながら見をしながら気になる動画を探し、「役に立つな」と思ったらチャンネル登録する、という人もいます。全ての人が、じっくりと動画を見てくれているわけではないのです。

　また、ネット世代は、次から次へと目移りするのも特徴です。流行りに敏感で、情報が溢れているので興味の対象も移りやすいのです。

　このようなことを踏まえると、ロング動画よりショート動画のほうがネット世代にはしっくり合うのです。

■ ショート動画とロング動画の使い分け

　ショート動画は短いので、複数見ても負担になりません。そして、何度も見ているうちに「ザイオンス効果」（繰り返し接すると印象や好感度が高まり、関心の度合いが高まるという効果）が働きます。このザイオンス効果の働きにより、配信者に対する「信頼貯金」も貯まりやすくなります。

　また、動画制作の点から見ても、ロング動画をたくさんつくるのは厳しいのですが、ショート動画ならたくさんつくれます。ショート動画をたくさんつくってザイオンス効果を狙うのも、一つの戦略となります。

　このような心理的効果を狙えるのがショート動画の利点です。最初はショート動画を数多く配信して信頼貯金を貯め、信頼してもらうことでロング動画も見てもらう流れをつくっていきましょう。

ロング動画は長い動画なので、**じっくり伝えることに向いています**。例えば「教育」や「ハウツー」の動画は、必然的に長くなります。しっかりとした内容を時間をかけて伝えることで、視聴者の満足度も上がります。そして、信頼貯金が貯まっている相手なら、20分や30分以上の動画も最後まで視聴してもらえるようになります。

　これらのことを踏まえ、**ショート動画ではザイオンス効果で周知や興味付けを行い、ロング動画でしっかりと視聴者に貢献する内容を届けて信頼を獲得する**。この流れを意識しながらショート動画とロング動画を使い分けていきましょう。

ショート動画	ロング動画
1分以内	1分を超えるもの
隙間時間にサクッと見る	学び・情報収集でしっかり見る
娯楽・暇つぶしに見る	ながら聴きする（見る）
次々と複数の動画を見る	じっくり見る（教育）
比較的短時間で数多くつくれる	1本に時間がかかるので、たくさんつくれない
ザイオンス効果で興味付け	視聴者にしっかり貢献して信頼を獲得する

ショート動画はトレンド、ロング動画は資産構築を狙う

ショート動画とロング動画の役割の違い

■ ショート動画はトレンドを狙う

TikTokが2020年にダウンロード数世界No.1を達成し、「TikTok売れ」という言葉を生み出し、「消費者を動かすプラットフォーム」という影響力をもったショート動画革命を経て、Instagramのリールが誕生し、YouTubeショートが誕生しました。

SNSでは、新しくシステムを追加したらその新しいシステムを使ってほしいというのが、SNS運営側の希望です。よって、新しいシステムを使ってくれるユーザーを優遇するシステムができます。例えばInstagramでは「リールタブ」というリール専用のタブ（画面）ができ、YouTubeでは「ショートタブ」が存在します。

では実際に、これらのショート動画は投稿してからどれくらいの期間、視聴されると思いますか？

基本的にショート動画は短命なので、**投稿してから2～3日で見られなくなる動画が多い**です。例外として、バズった動画は数ヵ月間も視聴されることがありますが、多くのショート動画は短命です。このように、**どうせ短命なら短期的なトレンドを取り入れてつくるのもショート動画の戦略の一つ**です。

また、トレンドの特徴ですが、「今、流行っているもの」は**流行りが去って入れ替わるスピードも速い**です。トレンドは一般的に流れていくもので、瞬間は何度も見てもらえますが、トレンドが去ると内容が古くなり、誰も見なくなります。

例えば、以前、ハンドスピナーという指で回して遊ぶおもちゃが大流行したのを覚えているでしょうか？　このハンドスピナーが流行っていた時期ならハンドスピナーを手に持って回しながら話したり、「ハンドスピナー級に

回転が速くなる頭の体操」のように見出しを付けたりして、トレンドを取り入れることができます。

　しかし、流行が終わってからハンドスピナーを取り入れた動画を見ても、古く感じてしまいます。トレンドが去ると視聴者は興味を抱かなくなるのです。

　そのため、「これがトレンドだな」と感じたら、素早くそのトレンドを取り入れたショート動画を制作し、トレンドに乗る形でアイデアを上手く活用できれば、再生数が伸びる可能性が上がります。このように、**トレンドとの付き合い方がショート動画を制作するときの面白さ**でもあります。

■ YouTubeロング動画は資産構築を狙う

　ショート動画ではトレンドを狙って再生数を上げることが可能ですが、ロング動画ではどうでしょうか？

　ロング動画の代表といえばYouTubeです。**YouTubeで動画を投稿すると、YouTube内の検索やGoogle、Yahoo!の検索で半年後も1年後も2年後も表示されて視聴されます。**それなのに、短期的なトレンドを狙って動画を制作すると1年後、2年後に動画を見たときに「古い内容だから、もうこれは使えない」と思われてスルーされてしまいます。トレンドのようにブームの移り変わりの速いものよりも、少なくとも半年以上、できれば数年間は需要のあるものをつくれば、**長く集客や売上に繋がる動画として資産となります。**

　YouTubeのロング動画を制作するときは、**「検索されて表示される」を繰り返す**という特徴を踏まえて、後からでも見てもらえて、後からでも集客ができる、資産になるような内容の動画をつくりましょう。

■ YouTuber は例外

　YouTubeを語るときにYouTuberの存在を忘れてはいけません。自分のビジネスの集客や売上に繋げたくて動画を投稿するのと、YouTuberが広告収入を得るために動画を投稿するのでは、トレンドに対する向き合い方が違ってきます。

　例えば、**YouTuberは広告収入が欲しいので、トレンドを狙って動画をつくり、多くの再生数を稼ぐことに集中すれば良い**のです。しかし、**自分のビジネスの集客や売上に繋げたいのであれば、前述したようにトレンドを狙う**

のではなく、1年後、2年後も集客や売上に繋がる資産としてのロング動画を
つくります。

　このようにYouTuberとは動画活用の目的が異なります。YouTuberの真似
をしたけど上手くいかなかったという人は、この点を注意してください。

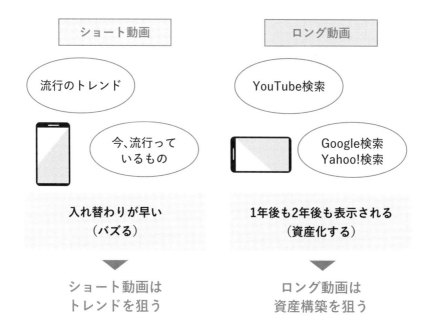

VIDEO
6

無料動画こそ視聴者を引き付ける工夫が必要

アイデアで無料動画の難しさを克服！

■ 有料の動画は、たとえ無編集でも視聴される

　世の中には、無料で視聴できる動画と、お金を支払った人だけが視聴できる有料の動画が存在します。有料の動画は視聴する前にお金を支払っているので、基本的にどんな動画でも視聴してくれます。お金を払ったのだから見なければもったいないという「**サンクコスト効果**」が働くからです。ですが、無料動画は膨大に無料で見られるものがあるため、最初のスタートで「続きを見る」または「見るのをやめる」とジャッジします。

　本来なら、お金を支払っている人ほど動画編集などの「動画制作のクオリティ」を求めそうですが、お金を支払った動画は支払うまでに配信者と視聴者の間に信頼関係があること、内容重視で視聴してくれることから、たとえ無編集の動画だったとしても見てもらえるのです。

■ 無料動画は、容赦なく次々とスワイプされる

　しかしながら、無料の動画は有料の動画のようにはいきません。**無料の動画ほど、見てもらうための工夫が必要です。なぜなら、無料だからこそ容赦なく、瞬時で次々とスワイプ（指先で軽く上下左右にはじく）されていく**からです。

　では、視聴者が無料のあなたの動画を発見したときに、どうすれば次へとスワイプする手を止めて動画を見てもらえるのでしょうか？　無料動画こそ、ここを考えてつくらないと視聴してもらえません。それほど**配信数が多く、視聴者にとっては選び放題の状態**なのです。

　無料の動画は最初のスタートの内容で「続きを見る」または「見るのをやめる」とジャッジするとお伝えしましたが、**視聴者がジャッジする時間はショート動画であれば、最初の0.5秒から3秒**です。瞬時に決めて次へとスワイプしていきます。これはTikTokをイメージするとわかりやすいと思います。

そして、無料の**ロング動画であれば、最初の10秒程度**で次の動画へ移ります。これはYouTubeをイメージするとわかりやすいでしょう。

有料動画	無料動画
すでにお金を支払ったので、たとえ無編集の動画でもクオリティが多少低い動画でも視聴する	続きを視聴する？ ジャッジする 視聴をやめて去る？

容赦なく、次々とスワイプして
見たいものを探す
配信数が多いので、選び放題

■ 動画の冒頭部分のつくり方を工夫

　このような視聴者の行動から考えると、**ショート動画をつくるときの冒頭0.5秒から3秒に自己紹介などを入れてしまうと、視聴者を引き付けること**ができず、次にスワイプされてしまう可能性が高くなります。どんなに内容が良い動画でも、その続きを見てもらえないことには内容の良さを伝えることができません。

　MCなどのトークのプロが「話の掴み」と言っているのを聞いたことがあると思います。**無料動画はこの「話の掴み」部分こそ、視聴されるように引き付けるアイデアが必要**なのです。では、ここで視聴者を引き付けるアイデアの例をご紹介します。

①撮り直しやカットでテンポを良くする工夫

　無料の動画は一発撮りの無編集の動画ではなく、撮影後に**不要部分のカット編集**を行い、**テンポ良く動画が展開**するようにしましょう。例えば、言い間違えたり、表情を付け忘れたりしたら撮り直し、途中に余計な間があった

り、「あー、うー」などの言葉に詰まったりする部分は後でカットして編集しましょう。

②動画冒頭部分の構成の工夫

　前述の通り、無料の動画の冒頭部分は、続きを見てもらえるかどうかが決まる重要な部分です。例えば、冒頭で身体の動きやカメラワークなどで**動きを付ける**、SNSの**エフェクトを使う**など、**視覚にインパクトが残る構成**にする、音や効果音を使い**聴覚にインパクトを残す構成**にするといったように工夫してみましょう。

③パフォーマンスでインパクトを残す工夫

　インパクトを残す動きでは、**身振り手振りなどのパフォーマンスも視聴者を引き付ける**アイデアとして使えます。たとえビジネスの話をする場合でも、何の動きもない動画よりも、手が動いていたり、顔の表情が笑顔になったり、怒ったり、悲しんだりしているほうが継続して見てもらえます。**パフォーマンスは人柄が表れる**ものなので、あなたのファンづくりにも役立ちます。

④テロップ、文字入れ、言葉の工夫

　テロップとは、動画上に表示する文字のことです。冒頭でドーンとタイトルが出ると、知らず知らずに目が文字を追ってしまいます。その文字が自分の興味のある分野なら、続きを「視聴してみようかな」と思います。**文字の言葉（キャッチコピー）、文字の入れ方、文字のエフェクト**などで、視聴者の心を掴めるかどうかが変わるので、テロップを何にするかを意識していきましょう。

⑤声、音、効果音の工夫

　画面で引き付けるのは視覚からの工夫ですが、**音、声、効果音などは聴覚へのアプローチ**になります。人の好みは十人十色ですが、やはり聞きづらい声だと聞く気になれません。**私自身、ショート動画を始めたとき、最初はマイク無しで撮影していましたが、部屋で声が反響し、少し割れたような声に聞こえました。そのため、マイクを3つ変えてテストして、一番聞き心地が**

良いマイクを採用しています。また、**効果音を入れた**ことで、それが気になって続きを見てもらえる、ということもあります。

■ 無料動画の難しさ

視聴者が無料の動画を視聴するかしないかを決める**時間は一瞬**のため、どんなに内容の良い動画をつくっても見てもらえないことがあります。そこが、無料動画の難しさです。

配信者は「届けたい内容」「伝えたい想い」にフォーカスしすぎて、内容重視で動画を制作してしまいますが、**無料動画は「動画への入り方」**のように、**内容ではない部分も大事**なのです。「本当に良い動画をつくったのに見てもらえない」のはもったいないので、前述のことを意識して視聴される動画を研究していきましょう。

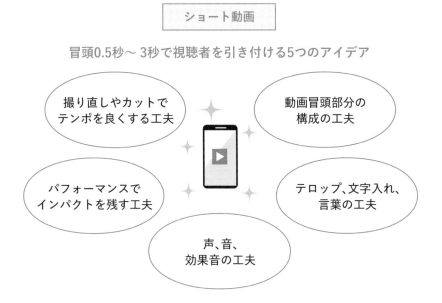

ショート動画

冒頭0.5秒〜3秒で視聴者を引き付ける5つのアイデア

- 撮り直しやカットでテンポを良くする工夫
- 動画冒頭部分の構成の工夫
- パフォーマンスでインパクトを残す工夫
- テロップ、文字入れ、言葉の工夫
- 声、音、効果音の工夫

1動画1メッセージで伝える

絞って明確にすると伝わる

■ 売上UPの「3つのONE」

SNS動画をあなたのビジネスで活用したいと考えるなら、やはり集客や売上に繋がる動画をつくらなくてはなりません。集客や売上に繋がる動画がどういう動画なのかというと、「**誰に向けた、どんなテーマの動画なのか**」「**動画の伝えたいことは何なのか**」「**動画からどこに案内するのか**」が明確な動画です。

この3つが明確な動画のメッセージは視聴者の心に刺さり、**自分事と捉えられて購買行動へと繋がります**。その結果、集客や売上がアップするのです。

そこで、ここでは売上UPの「**3つのONE**」という考え方をご紹介します。この「3つのONE」とは、①1つのマーケット（ONE Market）に向けて、②1つのメッセージ（ONE Message）を投げかける。そして、③1つの出口（ONE Outcome）へと導くというもので、コピーライティングの基礎としてメールマガジンや商品を売るためのセールスページでよく使われる考え方です。では、詳しく解説していきます。

■ One Market（ワンマーケット）

Market（マーケット）は市場のことです。そして、この「**One Market**」は1つの市場に特化しましょうということであり、別の言い方をすると、「**誰に向けた内容なのかテーマを絞りましょう**」ということです。

動画のテーマを決めるときにやってしまいがちな失敗は、より多くの人を集めたいと欲張り、オールジャンルのテーマに設定してしまうこと。「誰でも大歓迎！」のように間口を広げることで、より多くの人に視聴してもらえると錯覚してしまうのです。

ですが、これだと、誰に向けての内容なのかがボヤけてしまいます。視聴

者には他人事のように映って、反応が悪くなり逆効果です。

　例えば、「日本を良くする」というジャンルに設定したとします。この「日本を良くする」というジャンル設定はザックリとアバウトなジャンル設定です。行政からの入口で「日本を良くする」とも、経済からの入口で「日本を良くする」とも受け取れます。また、医療や高齢化、さらには子どもの未来からの入口でも「日本を良くする」と言えます。

　オールジャンルに設定することで様々な入口に当てはまることから、一見すると、より多くの人に興味をもって見てもらえるように思うかもしれません。しかし、実際には「子どもの未来のことなら私に当てはまるけど、経済のことなら私には関係がない」と、視聴者は自分事として捉えることができなくなり、逆効果になります。この自分事と思ってもらえるかどうかが重要なのです。

　別の例でお話しします。動画配信の目的がビジネスセミナーへの集客だとします。テーマの設定時点で「誰でも参加してくださいね」のように、「誰に向けた動画なのか」をアバウトに設定してしまうと、市場が特化されていないので内容がブレてしまいます。

　この場合は「集客が必要なコンサルタント」向けや「個人サロンオーナー」向けというように、**「誰に向けた動画なのか」を明確**にしたうえで、ビジネスセミナーも「Instagram集客講座」のように絞ります。そうすることで「集客が必要なコンサルタント」または「個人サロンオーナー」向けのInstagramからの集客講座だとわかります。そうすると、視聴者は**動画を見たときに自分事として捉えることができる**ようになります。

■ One Message（ワンメッセージ）

　「One Message」は、**一貫したメッセージを発信していく**ということです。例えば、Instagram集客講座を行っている人は動画を配信するときに、「メルマガやブログもこうやればいいし、アフィリエイトも儲かるよ！　名刺交換会も行ったほうがいいよ！」といったように、複数の話を混ぜてメッセージとして発信してしまうと、どれが重要なのかブレてしまいます。多くのメッセージを統一感なく伝えてしまうと、受け取るほうは頭で消化できなくなり、混乱します。それが離脱してしまう原因となります。

こういったケースでは動画配信のメッセージを「Instagram集客術」に特化して行い、興味をもってくれた視聴者にメルマガや公式LINEに登録してもらったうえで、そこで1回1回の配信内容を「今回は投稿の方法」「今回はリール動画のつくり方」というように絞ります。**1つのメッセージに絞って発信することで、受け取る人の心に届くメッセージになります。**

■ One Outcome（ワンアウトカム）

「One Outcome」とは、出口を1つにするということです。出口というのは、目的地となる誘導先のことです。ここでは**動画を視聴してもらった後の視聴者にしてもらう行動を1つに絞る**ということです。

例えば、ホームページの誘導先として、メルマガ登録ページへのリンクを1つだけしか入れない、または商品を購入してもらいたいなら「購入ボタン」1つしか入れない、というように、出口を1つにします。

このように出口を絞ることで、その出口にスムーズに誘導できるように文章を書いたり、話をしたりします。

よくある失敗例は、できるだけ自分のことを知ってもらいたいという想いから、メルマガ登録ページやLINE公式アカウント登録ボタンの下に、FacebookやInstagramなどのSNSアカウントへのリンク、ブログへのリンクなど、複数のリンク先を記載してしまうケース。

出口をたくさん用意することが、自分のことを知ってもらえるチャンスの数のようにも思えるのですが、**出口がたくさんあると、興味をもってくれた人がどこに飛べば良いのか迷ってしまいます。また、あなたが考える最終目的地への誘導がスムーズに行えません。**そうなると、集客や売上に繋げることが遠回りになる、難しくなるといったことが起こります。

出口という目的地を1つに絞り、動画を視聴してもらった後の視聴者にしてもらう行動を明確にしましょう。

■ 無名の一般の人だからこそ、マーケティングを使おう！

ショート動画であれば、動画1つの時間が短いこともあり、1つのメッセージしか言えませんが、ロング動画は詳しく深掘りして伝えられる分、複数のメッセージを入れ込んでしまう傾向にあります。ですが、ロング動画も同じです。集客や売上に繋がるようにするには、売上UPの「3つのONE」のよ

うにマーケティングの考え方を取り入れます。

「誰に向けた、どんなテーマの動画なのか？」「動画で伝えたいことは何か？」「動画からどこに案内するのか？」を明確にすることで、視聴者の心に届く動画がつくれます。あなたが伝えたいことは何かをハッキリとさせるために「1動画1メッセージで伝える」を意識しましょう。視聴者は自分事と思えたら視聴します。自分事だから興味をもつのです。

　芸能人などの有名人ならマーケティングの考え方を使わなくても人が集まりますが、無名の一般人が有名人の真似をしても人は集まりません。無名の一般人のお助けアイテムが「マーケティング」なのです。

無名の一般の人だからこそ、マーケティングの考え方を使おう！

売上 UP の「3 つの ONE」

One Market （ワンマーケット）	One Message （ワンメッセージ）	One Outcome （ワンアウトカム）

絞って明確にする

誰に向けた、どんなテーマの動画なのか
動画で伝えたいことは何か
動画からどこに案内するのか

VIDEO 8

魅力を倍増させる魔法の言葉を活用

魅力的に耳に伝わる言葉は行動を促す

■ 動画を長く見てもらうための言葉で視聴維持率をUP

動画を配信しようと思ったときに、改めて感じるのは「言葉の力」です。話し慣れていない人ほど、どんな言葉を使ったらいいのか迷います。ここでは、あなたが動画で話すか、声だけ入れるアフレコか、文字を入れるテロップを使う際に、**魅力的に伝わる言葉**をご紹介します。

魅力的な言葉とは、動画をより長く見てもらうための言葉です。SNS動画の場合、**視聴維持率**（視聴者維持率）という概念があります。**視聴維持率は動画を見た時間の割合**で、例えば、30秒の動画を15秒見てもらえば視聴維持率50%となります。もし、3秒しか見てもらえなければ10%、30秒全部見てもらえば100%です。

SNS動画は、視聴維持率が高いほど拡散される可能性が上がるので、タイトルや話の前半部分で魅力的な言葉を使い、動画をできるだけ長く見てもらえるように引き付けましょう。

①数値を入れる

数値を入れると魅力度が上がります。特に、「3つ」「5つ」「たった1つ」などが効果的です。

例 「みんな知らない売上UPの3原則」「運動せずに痩せるたった1つの方法」

②新情報

人は誰でも新しい情報は知りたくなります。新しい情報と認識できる言葉を使いましょう。

例 「新発売！iPhone15の新機能を紹介」「上野動物園パンダの最新情報」

③秘訣、秘密、コツ

　誰も知らない秘訣や秘密、コツなどは、みんなが知りたい情報です。手っ取り早く知りたい人には魅力的に映ります。

例「あの女優の肌がツルツルになった秘密！」「バズるタイトルを付ける５つの秘訣」

④違い・比較

　近いものや疑問に思うことの比較は気になります。思わずタップして確かめたくなるのが人の心理です。

例「〇〇と◇◇の違い」「読まれるタイトルと読まれないタイトルの違い」「動物性と植物性プロテインの違いを比較してみた」

⑤疑問形

　疑問形は「なぜ〜？」「〜とは？」のような文です。答えを知りたくなるのが人の心理です。

例「なぜ、〇〇は◇◇なのか？」「なぜ、SNSはタイトルが重要なのか？」「彼女ができる魔法の言葉とは？」

⑥ターゲットを絞る

　誰に対しての内容かを明確にする（ターゲットを絞る）ことで、該当する人が自分のこと（自分事）だと思って続きを知りたくなります。

例「起業して３年目までのあなたへ」「子育て中のママさんだけ見てください」

⑦間違い

　よくある間違いなど、常識と思われていることと反していると効果的です。ハッとして知りたくなるものです。

例「インスタ投稿よくある間違い」「運動しないと痩せないなんて勘違いしていませんか？」

⑧してみたら…

　してみたらどうなったのか結果が気になります。人の心をくすぐる言葉で

す。

例 「コーラだけで10日間過ごしてみたら…」「インスタ1日5投稿を続けて
みたら…」

⑨ 提案

「しませんか？」「いませんか？」のように提案されると、どんなものか聞
いてみようと思います。興味のあるものなら参加したくなります。

例 「ライブコマースで月収20万円稼ぎたい人、いませんか？」「〇〇したい
人はいませんか？」

⑩ 限定

「期間限定」「人数限定」「数量限定」のように、限定ものやトレンド情報を
扱う場合に有効です。損をしたくない心理から、急いで知りたい気持ちにな
ります。

例 「あと7日で終了！この補助金申請しましたか？」「1日3個限定！まぼろ
しの大福です」

このように、**魅力を倍増させる魔法の言葉は人の心理に寄り添っており、
「知りたい！」という気持ちを後押しして行動を促します。**これらの言葉を
組み合わせて使うと、より効果的です。ぜひ活用してください。

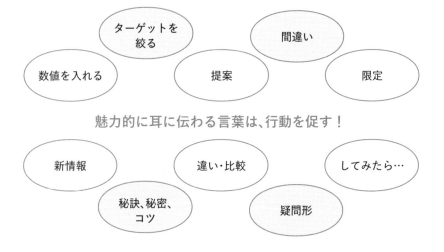

VIDEO
9

効果が高い身振り手振り、身体の動きで差を付ける!

動きのある動画は人の目を引き付ける

■ 身振り手振りなどの身体の動き

　人を引き付ける効果が高いのが**動きのある動画**です。動きのない動画に比べて「見応え」があり、人を引き付ける魅力になります。

　料理やハンドメイドをつくる場面、旅行、動物などを撮影するなら、自然に動きのある動画になります。ですが、トークだけの動画の場合、動きがほとんどないため、工夫が必要です。そこで、身振り手振りなどの身体の動きを付けるようにします。

　本書を読んでくださる方は、SNS動画の後発組と想定しています。その場合、「私は動画の内容で勝負!」と思っていても、もしかすると先発組がすでに配信した内容で、視聴者は見たことがあるかもしれません。また、どんなに内容が良くても、動画の冒頭部分だけで「見るのをやめる」とジャッジされてしまえば続きを見てもらえず、内容の良さを伝えることができません。

　視聴者を引き付けるアクションは、続きを見てもらう、または続きを見たいと思ってもらうために重要な役割を果たします。動きのない動画よりも、動きのある動画は人の目を引き付けるのです。

　ただし、私も最初の頃に失敗したのですが、むやみやたらに身体を動かせばいいというわけではありません。テーマや内容に合う身体の動きを取り入れる必要があります。動画の内容とのバランスを考えながら、パフォーマンス要素を取り入れる工夫を行いましょう。

■ 視覚のトリックで引き付ける

「身体の動きを取り入れましょう!」とお伝えすると、ほとんどに人は「上下の縦の動き」と「左右の横の動き」をします。しかし、この2つの動きは誰もが考える身体の動きで、多くの人が行っています。今では「あって当たり前」の使い古された動きなのです。

本書を読んでくださっているSNS動画の後発組の皆さんの利点は、先発組がすでに挑戦して結果が出ているものにチャレンジできること。先発組をリサーチして効果がある身体の動きを真似てみましょう。

　先発組が試して効果があった身体の動きをお伝えすると、**視覚のトリックを使った3Dのような感覚を与える動き、すなわち「奥行き」を使った動き**です。

　遊園地や映画などで3D効果があるアトラクションは、思わず身を屈めてしまったり、避けてしまったりしますよね。これは、実際に目の前に迫ってきた映像のトリックに驚いたからです。3Dは立体的に見える映像効果ですが、この立体的な映像をつくるには奥行きを使うと良いです。

　3Dの奥行きを使った簡単な身体の動きの例は、動画を撮影中、話をしながらスマホのカメラに向かって手を伸ばすなどです。これだけで、動画を至近距離で見ている視聴者は、自分に迫ってくるようで一瞬驚きます。

　同様に、ボールを投げるふりをして、ボールをカメラの目の前に近づけると、実際にボールが飛んできたかのような映像が撮れます。そして、やはり視聴者はビックリするので、映像のインパクトは大きくなって、心に響くのです。

　また、SNSの機能にあるエフェクトにも3D効果を取り入れたものがあります。目の前に迫ってくる感覚は視聴者の目を止めるインパクト、心に響く視覚のトリックとなり、他の動画との差別化に役立ちます。

動きのある動画は人の目を引き付ける

第 3 章

伝わりやすい"動画配信"②
YouTubeなど
【ロング動画編】

VIDEO 1

ビジネスの売上UPを目指すなら再生数だけを狙わない!

再生数に振り回されて目的を見失わないように

■ 再生数が伸びてもビジネスに効果はない？

SNSに動画を投稿した際、多くの人が再生数を気にします。これは悪いことではありません。たくさん再生されるということは、それだけ様々な人にあなたが伝えたいことを届けたことになり、間違いなく嬉しいことです。また、多くの人に需要があった証拠でもあります。苦労してつくった動画が報われたように感じるでしょう。しかしながら、ここでお伝えすることは、**ビジネスの売上に繋げたいなら、再生数はあまり関係ない**ということです。

SNSに動画を投稿する際に、あなたのビジネスの集客や売上に関係なく、ただ再生数を伸ばしたいと思うならば、今流行っているトレンドを狙えば再生数は大幅に伸びます。

例えば、「鬼滅の刃」が流行り始めたときに、「鬼滅の刃」を話題にした動画を投稿すれば再生数は伸びます。「鬼滅の刃」に興味がある人が多く、トレンドだからです。このように**流行りのトレンドを話題にすると再生数が伸びる**のは当然の流れです。

しかし、あなたの商品やビジネスが「鬼滅の刃」に関係のないものであれば、**残念ながら集客や売上には繋がりません**。ですので、あなたがビジネスの集客や売上に繋げる目的で動画を活用するのなら、少なくとも、あなたのビジネスに関連する動画を投稿しましょう。ビジネスに直結するような内容の動画は、再生数は少なくなりますが、集客や売上に直結し、ビジネスに活用する、ビジネスを伸ばすという目的にピッタリ合います。

■ ビジネスに関連させながらトレンドを狙う工夫は有効

ここで勘違いしてほしくないのは、第2章でお伝えしたように、**ビジネスに関連させながらトレンドを狙う工夫は有効**だということ。

例えば、鬼滅の刃が流行り始めたときに、営業を教えるコンサルタントが、「鬼滅の刃の伊之助のように猪突猛進型の営業で顧客獲得する秘訣」というテーマで動画をつくります。これなら動画のメインテーマは営業ですので、この動画は営業に関する話ということがわかります。そして「鬼滅の刃」「伊之助」というトレンドワード（流行っていて検索される言葉）が入っているので、動画が再生されやすくなります。

　このように、**トレンドワードをあなたのビジネスに溶け込ませるようにテーマ化し、動画をつくると再生されやすくなります。**そのうえ、メインテーマがあなたのビジネスの内容なので、あなたのビジネスに興味をもっている人が視聴してくれます。その結果、集客や売上に繋がっていくのです。

トレンド？

鬼滅の刃

伊之助

トレンドを話題にすると再生数が伸びるかもしれないが、あなたのビジネスに関係ない内容なら集客にも売上にも繋がらない

YouTubeと他のSNS動画の大きな違い

検索によるプラットフォーム外からの流入

■ あなたの動画を発見する方法

YouTubeと他のSNS動画には大きな違いがあります。Instagramや
Facebookの動画は、基本的には、そのプラットフォームの中で見つけてもら
えます。例えば、Instagramを見ているユーザーがリール、ストーリーズなど
で、あなたの動画を見つけて視聴します。そしてFacebookも同様に、ユーザ
ーがFacebookのニュースフィード（投稿が流れる画面）の投稿、リール、ス
トーリーズなどで、あなたの動画を見つけて視聴します。

しかし、YouTubeには他のSNSと大きく違う点があります。もちろん、先
述したSNSと同様に、YouTubeを見ているユーザーがYouTubeのなかであな
たの動画を見つけて視聴します。ですが、それだけではありません。
YouTubeには、YouTubeというプラットフォーム以外のGoogle検索や
Yahoo!検索で動画が表示され、そこからYouTubeの動画を視聴するという
ように、プラットフォームの外からの流入経路があるのです。

■ YouTubeが他のSNS動画と違う2つの理由

この理由は、大きくわけて2つあります。1つ目の理由は、YouTubeはロ
グインしなくても動画を視聴できるシステムだからです。このことにより、
GoogleやYahoo!の検索結果にYouTubeの動画が反映されます。

GoogleやYahoo!は「ログインしないと見られない投稿は検索対象外」で
す。そのため、ログインしないと個人ページの投稿を視聴できないInstagram、
やFacebookの動画は、Google検索、Yahoo!検索ともに表示されません。
SNSのなかでしか、あなたの動画を見つけて視聴することができないので
す。

例外として、Facebookページはログインしなくても見ることができるので
GoogleやYahoo!の「ログインしないと見られない投稿は検索対象外」には

該当しません。ですが、仕様上、動画へのアクセスはほとんど期待できないのが現状です。

　2つ目の理由は、**YouTubeがGoogleのグループ会社**ということもあり、**Google検索で上位表示されるという優遇がある**（と思われる）点です。例えば、Google検索で「Instagramの始め方」と検索すると、1ページ目にYouTubeの動画が表示されます。しかも、1つではなく複数表示されることも、しばしばあります。

　さらに、2011年から、**Yahoo!はGoogleの検索エンジンと検索連動型配信システムを採用**しました。わかりやすく言うと、Yahoo!もGoogleとほぼ同じ検索結果で表示されるということになります。ということは、Yahoo!で「Instagramの始め方」と検索しても、Googleの検索結果と同様にYouTubeの動画が上位に表示されるのです。

　この結果、**YouTubeの中で発見されて視聴されるだけでなく、検索エンジンからの流入も増えることになります。ここが、YouTubeと他のSNS動画の圧倒的に大きな違い**となります。

　ただし、TikTokの動画に関しては、ログインしなくても視聴できますが、現状はYouTube動画のようにGoogleやYahoo!の検索結果にて、動画が頻繁に上位に表示されることはありません。後述するようにGoogleの検索結果の順位を決める要素の一つに動画の「タイトル」が挙げられますが、現在のところTikTokにはタイトルという概念がないことが大きな理由と思われます。

| YouTube |
| Googleのグループ会社 |

YouTubeはログインしなくても動画を視聴できるシステム

GoogleやYahoo!の検索結果にYouTubeの動画が反映されるため、プラットフォーム外からの流入がある

★Google検索で上位表示されるという優遇がある！
★Yahoo!はGoogleの検索エンジンと検索連動型配信システム！

| 他のSNS |

多くのSNSは基本的にプラットフォームの中でしか見つけてもらえない

YouTubeは一度アップしたら数ヵ月〜数年閲覧される

YouTube動画はストック型（継続的に効果が見込める）

■ YouTubeの最大のメリットは「資産化」

YouTubeの最大のメリットは、動画をアップしたら**資産のように働いてくれる**ことです。「YouTubeと他のSNS動画の大きな違い」で解説したように、YouTube動画は、YouTubeの中での検索、関連動画、おすすめ動画などに表示されて発見されることに加え、Google、Yahoo!などの検索エンジンにも表示されるので、**投稿してから数ヵ月や1年以上経過しても視聴されます。**この**GoogleやYahoo!の検索で表示されることが、あなたのビジネスにおいての資産**になります。

他のSNSであるFacebook、Instagram、TikTokの動画は、Google検索、Yahoo!検索に表示されないため、一部の人気になった動画以外は、数ヵ月後にたくさん視聴されることは、ほとんどありません。一時的に視聴されると捉えておいたほうが良いでしょう。

一方、YouTube動画は一度アップしたら数ヵ月から数年間も視聴され、そこからあなたのビジネスの集客や売上に繋がっていくので、動画がもたらす「あなたのビジネスへの貢献度」が高いです。最初は全然再生数が伸びなかったとしても、**Google検索、Yahoo!検索での表示により、後からどんどん伸びる可能性があるのがYouTube動画の特徴**です。

■ 制作に費やす時間と労力の差

しかし、動画を制作する点ではYouTubeは基本的にロング動画のため、他のSNSで中心となるショート動画と比べると労力がかかります。撮影や編集を含め、制作するのに5〜8時間くらいかかることもあります。この手間と時間がかかることでYouTubeより、手軽で簡単に制作できるショート動画を選ぶ人も多いでしょう。

ですが、**YouTube動画はストック型**（継続的に効果が見込める）で、投稿

すれば投稿するほど1本1本の動画からの集客や売上効果が積み上げられていきます。その点を踏まえて**YouTube動画では内容を吟味し、普遍的なテーマで長く愛されるもの、長く需要のあるものをつくる。そして、長くあなたのビジネスの集客や売上に貢献する動画を資産として育てる。**一つひとつの動画制作に労力がかかるからこそ、視聴者から長く愛され、長く需要がある動画として、あなたの継続的な資産となるのです。

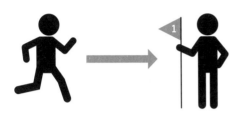

他のSNS動画は一時的に視聴される

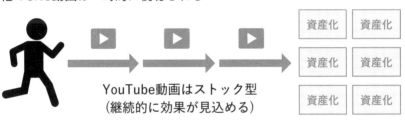

YouTube動画はストック型
（継続的に効果が見込める）

検索を狙うか、それ以外か？

📶 2つのYouTubeの収益方法

■ YouTubeで広告収入を得る仕組みを利用する

　YouTubeで収益を得ようと考えるとき、主に2つの方法にわかれます。1つ目は、**YouTubeから広告収入を得る方法**です。動画のジャンルや時勢などによって単価は変動しますが、**再生されてYouTube広告が表示された分だけ収益分配されるという仕組み**です。

　大きなメリットは、自分でビジネスを行っていなくても「YouTubeから広告収入を得る」という1つの収益形態がつくれることです。この仕組みを利用できるようになるには2つの基準があります。基準は①**チャンネル登録者数が1,000人以上いること**、②**直近12ヵ月間の視聴時間が4,000時間に達していること**の2つです。この基準をクリアできれば、広告収入の収益化申請ができるようになります。

　あなたがこの仕組みを使って広告収入を増やしたいなら、トレンドを狙って動画をつくり、再生数の増加を狙っていきましょう。再生されればされるほど広告表示の機会が増え、あなたが手にするYouTubeの広告収入は増えていきます。

　ただし、視聴者が一瞬視聴はするけど、すぐに閉じて他の人の動画に移ってしまうような動画であれば広告収入は増えません。

　動画が視聴者にとって役立つものにすることは大前提ですが、あなたのYouTubeチャンネルに合う内容、かつそこにトレンドの要素をプラスし、収益増を狙うと良いでしょう。

■ YouTubeを自分のビジネスの集客や売上に繋げる

　2つ目は、**自分のビジネスの集客や売上に繋げる方法**です。こちらはYouTubeから広告収入を得るわけではないので、再生数を無理に増やす必要はありません。それよりも、**Google検索やYahoo!検索で、あなたのビジネ**

スに関連する言葉で検索された際に、あなたの動画が表示されるように動画を制作して投稿します。

　例えば、あなたが中華料理教室を開催している場合、YouTubeに八宝菜をつくる動画をアップします。その際に「八宝菜 つくり方」や「八宝菜 あんかけ つくり方」などのようにYouTubeやGoogle、Yahoo!で検索されたときに検索結果に表示されるように動画を制作するのです。もちろん、ライバルの強さが影響するので、必ずしもあなたの動画が検索結果の上位に表示されるわけではないですが、その可能性はゼロではありません。ですので、動画をつくるときには検索を意識して制作しましょう。そして動画を資産化して、あなたのビジネスの集客や売上に繋げていきましょう。

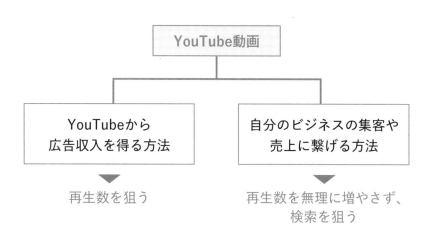

VIDEO

5

YouTube初心者はタイトルが命! 検索で上位を狙う方法

タイトルで検索の上位表示を狙う

■ YouTube初心者が挫折する理由

　YouTubeはInstagramやTikTokと比較すると日本での歴史が長いこともあり、すでに強力なライバルが存在します。そのため、これから「YouTubeをやってみよう!」と気軽な気持ちで参入すると、YouTube初心者の方は挫折してしまいます。

　なぜなら、自分のビジネスに関する動画を1本、2本投稿したくらいでは、ほとんど誰も見てくれないからです。5本、10本投稿しても、どの動画も視聴回数は2桁で、その一部は自分と知り合いだけということも珍しくありません。

　YouTubeで視聴回数が急速に伸びるのは、YouTubeの「おすすめ動画」や「関連動画」にたくさん表示されたときです。これが初心者にはハードルが高く、5本や10本の動画を投稿したくらいでは、ほとんど表示されません。特にビジネス活用の場合はトレンドを狙いづらく、1ヵ月や2ヵ月続けてもなかなか伸びません。そのため、**長期的に構築していくイメージで継続することが大切**です。

　その代わり、先述したように動画が資産的に長期間視聴されるのがYouTubeの特徴です。といっても、ただそれを待っているだけでは足りません。YouTubeは「おすすめ動画」や「関連動画」にはすぐに表示されないですが、動画をしっかり制作すれば、検索には比較的早く表示されます。そのために重要なのが、**動画の「タイトル」**です。

■ 重要なのはタイトルに検索される言葉を入れること

　例えば、あなたが脚痩せダイエットの先生で、脚痩せダイエットに興味がある人向けに、簡単な運動を教えるYouTube動画を制作するとします。その動画をYouTubeに投稿する際、タイトル欄に「脚がほっそり気持ちいい、ち

ょっとスマホの前で動くだけ！」と書いて投稿しました。

　タイトルを見てくれた人は「簡単そうだからやってみようかな」と思うか
もしれません。ですが、検索結果に表示させるという視点では、このタイト
ルは完全にNGです。なぜなら、**検索結果の表示順位が決まる基準の1つに、
「タイトルに検索される言葉（キーワードという）を入れる」**ことが挙げられ
るからです。

　この脚痩せダイエットのケースで、視聴者が検索する言葉を挙げると、「脚
が細くなる運動」「脚 細くなる」「脚 痩せたい」「脚痩せダイエット」などが
あります。そして、タイトルを作成する際のキーワードは組み合わせで考え
ることが検索結果に反映するポイントです。例えば、私が作成するなら「**脚
痩せしたい女性へ！太ももやふくらはぎが細くなる簡単な運動の方法**」のよ
うに、**キーワードの組み合わせを詰め込んでタイトルを作成**します。

　この「脚痩せしたい女性へ！太ももやふくらはぎが細くなる簡単な運動の
方法」というタイトルの中で、ユーザーが検索するキーワードでない言葉は
「へ」「や」くらいです。他の「脚」「痩せたい」「女性」「太もも」「ふくらは
ぎ」「細くなる」「簡単（な）」「運動（の）」「方法」という言葉は、全てユー
ザーが検索する可能性がある言葉の組み合わせです。

■ 不自然なタイトルは逆効果

　ここでは、あくまでも初心者の方がYouTubeやGoogle、Yahoo!の検索で
上位表示するための観点から「タイトルにはキーワードの組み合わせを詰め
込む」とお勧めしています。

　しかし、タイトルは視聴者に表示されるので、タイトルの全体像を見て、
おかしなタイトルや怪しく見えるタイトルになってはいけません。キーワー
ドを並べるだけ並べて、不自然なタイトルになってしまうと視聴してもらえ
なくなり、上位表示されたとしても意味がなくなってしまうからです。

　そのことを踏まえたうえで、タイトルにはキーワードの組み合わせを詰め
込むようにしましょう。

検索に重要なのが、動画の「タイトル」

YouTubeの検索だけでなく、
GoogleやYahoo! の検索で表示される

タイトルに検索される言葉(キーワード)を入れて
検索上位を狙う

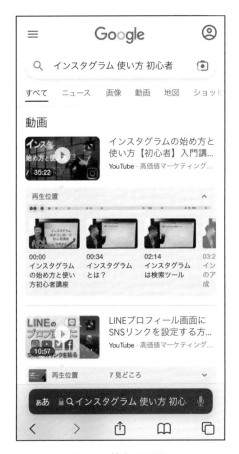

Google 検索の画面

VIDEO
6

サムネイルは選ばれるために作成する

ユーザーにタップされるには、サムネイルが重要

■ サムネイルは別途作成しよう！

前項で、タイトルで検索の上位表示を狙うとお伝えしました。例えば、あなたがInstagramを教える先生で、YouTubeの動画に「Instagramの始め方と使い方【初心者】入門講座」というタイトルを付けたとします。このタイトルは、しっかりとキーワードを詰め込んでいるので検索上位を狙えますし、内容も想像がつく良いタイトルです。

ですが、サムネイルの言葉としてはどうでしょうか？　少し魅力に欠けるかもしれません。**サムネイルとは、動画の表紙に当たる画像のこと**です。YouTubeの場合、サムネイルは自分で別途作成して用意します。用意しない場合は、動画の一場面から3つの候補が選ばれます。その3つの候補から選ぶこともできますが、サムネイルはとても重要なので、別途作成することをお勧めします。

では、どう重要かというと、タイトルのように検索結果に表示させるためではありません。**サムネイルは検索結果に表示された後、ユーザーにタップ（クリック）されるために重要な動画の表紙画像**です。

検索上位を狙うのが「タイトル」で、ユーザーからのタップを狙うのが「サムネイル」なので、この2つの異なる役割を覚えておきましょう。

■ サムネイルはタップされることを狙う

例えば、ユーザーがYouTubeで「Instagramの始め方」と検索します。すると、あなたの動画のサムネイルが表示されます。ただし、ここで表示されるのは、あなたの動画だけではなく、パッと見えるところだけでも5 〜 10個くらい、あなた以外の人が投稿した動画も並んでいます。そのなかで、ユーザーは魅力的なサムネイルをタップして視聴をスタートするのです。

つまり、**表示された後に「選ばれる」ためにサムネイルを作成**します。こ

の時、サムネイルは検索を狙うわけではないので、タイトルと同じように「Instagramの始め方と使い方【初心者】入門講座」にする必要はなく、「Instagramの始め方」「Instagram初心者」「Instagram入門」などで検索した人に対して、**魅力的なサムネイルになっていれば良い**のです。例えば、サムネイルの言葉を「5分で丸わかり！最速インスタ入門」としたらどうでしょう？　先ほどのタイトルよりも魅力的になっていますよね！

■ タイトル、サムネイル、内容は合っていますか？

　サムネイルを作成する目的は、同じ検索キーワードで表示されたライバルを含めた動画の中から、あなたの動画を選んでもらい、タップして視聴してもらうためです。タップされないと視聴されないので、タップされるための工夫が必要です。ただし、それ以前に本質的に重要なことがあります。それ

は、タイトルも、サムネイルも、動画の内容も、全てがユーザーの求めているものであることです。

　例えば、検索上位を狙いすぎて内容と合っていないキーワードを使ったり、タップされることを狙いすぎて内容と合っていないサムネイルを作成したりすると、動画コンテンツの内容に期待して見始めたユーザーはガッカリしてしまいます。そして視聴をやめて去ってしまいます。また、あなたに対して不信感を抱くこともあるでしょう。

　そうなると、ユーザーがファンになってくれないだけではなく、**YouTubeからの評価も悪くなります**。そうならないために、タイトル、サムネイル、動画の内容はピッタリと合うものにしましょう。

サムネイルはタップされることを狙う

ユーザーは魅力的なサムネイルをタップして
視聴をスタートする

ユーザーにタップ（クリック）されるには、
サムネイルが重要

ロング動画は5つのポイント で滞在時間に差が付く!

YouTubeから評価されなければ拡散されない

■ 視聴時間と視聴者維持率

　ここでは、ロング動画の代表であるYouTubeを例にして、長く視聴しても らうための対策についてお伝えします。

　ロング動画はショート動画と比べて動画の時間が長いため、その分、**動画 のデキが悪ければ、ユーザーは数秒の視聴時間で動画から離れてしまい、「視 聴者維持率」が大幅に低くなります。**
　YouTubeを活用するうえでは、この**視聴時間と視聴者維持率が重要な指標** となるので、ここで少し解説します。

　この視聴時間と視聴者維持率とは、**視聴時間が動画を視聴している時間の** ことで、**視聴者維持率（視聴維持率）が動画を視聴した時間の割合**です。そ の割合は、「視聴者維持率＝視聴時間÷動画の時間×100」％で表されます。
　例えば、20分の動画を15分まで視聴したら、視聴者維持率は「15分÷20 分×100」で75％になります。

　この視聴者維持率は、**YouTubeからの評価のポイント**です。**視聴者維持率 が低いとYouTubeの「おすすめ動画」や「関連動画」に表示されなくなり、** 多くの人に視聴してもらえなくなります。
　逆に、**視聴時間が長く最後まで視聴されることが多い動画は視聴者維持率 が高くなり、YouTubeは「これは役立つ動画だ」と評価して、「おすすめ動 画」や「関連動画」に表示して拡散してくれる仕組み**になっています。

「視聴者維持率＝視聴時間÷動画の時間×100」％

20分の動画を15分まで視聴したら、

視聴者維持率は

15分÷20分×100＝ **75%**

▼

YouTube からの評価	「これは役立つ動画だ」と評価して、「おすすめ動画」や「関連動画」に表示して拡散してくれる

■ 視聴者維持率が低い原因と対策

　YouTube動画の視聴者は、まず**冒頭の10 ～ 30秒程度で視聴を続けるかどうかを決定**します。ここが最初の大きな関門です。そして、視聴者維持率が低い原因としては、大きく次の5つのポイントが挙げられるので、少なくともこれらの原因は解消しておきましょう。

①タイトルとサムネイルと動画の内容が一致していない

　視聴者はタイトルとサムネイル（動画の表紙）を見て、その内容を「視聴したい」という思いから動画を見始めます。そのため、タイトルやサムネイルと内容が違うと感じたら、すぐに視聴を止め、他に移動してしまいます。ポイントは、**動画の内容がタイトルとサムネイルとで一致していることが、冒頭から感じられるように作成すること。**

　例えば、タイトルやサムネイルの文言が「簡単3分ダイエット体操」なら、最初から体操をしそうな格好をしている、体操できるスペースが見えているという状態の中でスタートし、冒頭のセリフでは「今回は、3分で簡単にできるダイエット体操をお教えしますね！」と伝えます。

　そうすれば、これから視聴者が求めている「簡単3分ダイエット体操」をすることが想像できるので、**離脱を防げます。**

②動画のテンポや画質が悪い

　動画のテンポは「速いほうが良い」「ゆっくり話してほしい」など、感じ方は人それぞれ違います。ですが、「あのー」「えーっと」「うーん」のように「話が間延びしている」と誰もが感じる**テンポの悪さは避けましょう**。

　同様に**無音で不動の部分があれば、「時間がもったいない」と感じて離脱してしまいます**。これらの間延びや無音、不動の場面は編集でカットします。ライブ配信と違って録画動画なので、不要な部分をできるだけカットして、動画をブラッシュアップしましょう。

　また、ひと昔前だと、YouTube動画の中には「画質が悪くて見ていられない」という声を耳にしました。現在はスマホのカメラ機能が進化したので全く問題ないですが、2017年以前に発売された機種の中には、画質が悪いスマートフォンもあります。お手持ちのスマホの機種を確認し、もしも画質が良くないと感じたら、これからも動画をたくさん撮影するのであれば、買い替えたほうが良いでしょう。

③チャプターを設置していない

　YouTubeの動画を視聴して、「自分が知りたい情報がなかなか出てこない」「早く本題に入ってくれ！」と思ったことはありませんか？　せっかくYouTubeで検索して動画を視聴し始めたのに、**すぐに知りたい情報が出てこないから、視聴を止めて他の動画を見にいく**ことは良くあります。これだと、視聴者の時間を奪うことになってしまいます。

　そこで、YouTubeが推奨している**「チャプター」という機能を利用しましょう**。この機能は、時間ごとにタイトルを設定する目次のような機能です。動画の説明欄に「00：00スタート」「03：15本題」と記載すると、3分15秒から「本題」についての内容が始まると視聴者に伝わります。**チャプターは視聴者にとって見たいところを見るのに便利な機能であり、YouTubeも推奨している機能**なので、設置することをお勧めします。

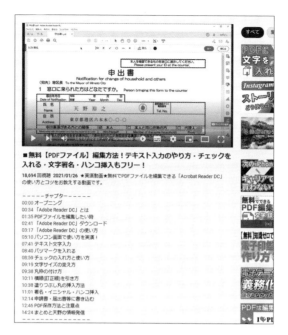

YouTube推奨のチャプター機能

④後への期待感を抱けない

冒頭の30秒程度をはじめ、各所に「その後も視聴を続けたい」と思ってもらうアイデアが必要です。例えば、「ポイントは3つあります」「後半に重要な要素を詰め込んでいます」「このカラクリは後ほど解説しますね」のように、**続きを見てみたいと感じられる要素を途中途中に入れておくと離脱を防ぐ**ことができます。

⑤一方的に伝えて会話の意識がない

視聴者は、発信者の一方的な話や様子を見ているだけだと、つまらなく感じることがあります。「動画だからこちらが一方的に伝えるものでしょ？」と思うかもしれませんが、**一方的な発信だと離脱率が上がる**のも事実です。

そこで、対策として、**視聴者に少しでも参加意識をもってもらいましょう。**具体的には「あなたもFacebookで集客するのは大変だと思いませんでしたか？」「ダイエットできたと思ったらリバウンドした経験はありませんか？」のように呼び掛けるのです。そうすると、「そうそう！」「確かに！」のよう

に共感してもらえます。

このような**言葉選び**で、**一方的な発信でも会話しているように感じてもら
える**ので、ところどころ、視聴者に呼び掛ける言葉を入れましょう。

これら5つのポイントを解消して離脱を防ぎ、できるだけ長く視聴しても
らえるようにしましょう。

視聴者維持率が低くなる5つのポイント

1	動画のタイトル・サムネイルと内容が一致していない
2	動画のテンポや画質が悪い
3	チャプターを設置していない
4	後への期待感を抱けない
5	一方的に伝えて会話の意識がない

これら5つのポイントを解消して離脱を防ぎ、
できるだけ長く視聴してもらえるようにしていきましょう

VIDEO

8

ショート動画は見続けるが、ロング動画は聞き流す人も多い

ショート動画とロング動画では、視聴する姿勢が違う

■ ロング動画とショート動画の楽しみ方の違い

　ワイヤレスイヤホンの「AirPods（エアポッズ）」が売れてから、YouTubeのロング動画を聴きながらウォーキングやジョギングをする人が増えたそうです。それまでは「動画は見るもの」であり、YouTubeのロング動画をTVのような位置付けで視聴することが主流でしたが、今ではYouTubeのロング動画をラジオのように「ながら聴き」している人も多いです。

　イヤホンで聴きながらウォーキングやジョギング、忙しい主婦の方は「ながら聴き」しながら家事をするというように、テクノロジーの進歩や生活習慣に合わせてロング動画の楽しみ方も多様化しています。

　では、ショート動画はどうでしょうか？　TikTokなどのショート動画は、ロング動画の「ながら聴き」や「聞き流し」とは違い、見続ける人が多いです。この見続ける行動は、ショート動画の長さが関係しています。ショート動画を視聴するために使う時間は、10数秒から1分程度です。この1分以内という時間に負担は感じません。「1分くらいなら見てもいいかな」という感覚がショート動画を見続ける行動と関連しています。

　また、TikTokやInstagramのストーリーズといったショート動画は、スワイプで次に進む特徴があります。スワイプとは、指で上下や左右にスライドして見る動画を選択していく動作のことです。ショート動画はこのスワイプという動作の特徴もあり、数十秒間集中して動画を見る、見終わったらスワイプして次に移るということを繰り返すので、画面を見ながら楽しむことが多くなります。

　それに比べると10分や20分などのロング動画は、動画を落ち着いて見る時間がない、忙しい現代人には時間の負担を感じやすく、「しっかり見る時間はないけど、ながら聴きならできるかな」と考えます。もちろん、勉強や調べものをするためにしっかり動画を視聴する人もいますが、ロング動画は聞

き流す人も多いと意識しておきましょう。

■ 音に関するクオリティが求められる

　このようにロング動画とショート動画の楽しみ方の違いから考えると、ロング動画を制作するときには「**ながら聴き**」「**聞き流し**」**にも対応したつくり方**が求められます。例えば、ロング動画を「ながら聴き」や「聞き流す」際に、「内容は良いけど喋っている声が小さくて聞き取りにくい」「イヤホンで聞くと雑音やリップノイズ（口や舌を動かしたときに起こる雑音のこと）が気になる」といった**音に関するクオリティが求められる**のです。

　この音に関するクオリティは音声配信の要素ですが、**視聴者は「ラジオ」や「ポッドキャスト」と同等に捉えていると思って制作すること**も、**再生数を伸ばす工夫**です。

　例えば、マイクを使って話す、音声をクリアに録音する、ノイズ除去機能を使い、編集時に雑音やリップノイズを除去するなどの作業を行います。

■「視聴」を狙ったつくり方の工夫

　また、「ながら聴き」や「聞き流し」ではなく、ロング動画を時間を割いてしっかり視聴してほしいと思うなら、「視聴」を狙ったつくり方の工夫も必要です。例えば、パワーポイントを使って**図解で解説する**など、「**見る**」**必要性を感じる動画を制作**すれば、10分の動画でも、20分の動画でも「動画を視聴するための時間」を割いてくれるでしょう。あなたの動画の目的に合わせて、「ながら聴き」や「聞き流し」で楽しんでも良い内容なのか、しっかりと「見る」ことを求める内容なのかでつくり方を変えてみましょう。

ロング動画は時間が長い分
音声配信のように「ながら聴き」視聴する

VIDEO
9

再生数を稼ぐ動画とアクションを起こす動画の使い分け

動画を2つの役割で使い分ける

■ 再生数を狙う？ 狙わない？

　YouTubeチャンネルを開設して動画をアップロードしていく場合、**再生数を稼いでチャンネルを育てていく必要があります。**

　この第3章では「ビジネスの売上UPを目指すなら再生数だけを狙わない！」とお伝えしたり、「再生数を稼いでアカウントを育てていく必要がある」とお伝えしたり、いったいどっちが正解なの？　と思われるかもしれません。しかし、どちらも正解なのです。なぜなら、**ある程度の再生数を稼がないとYouTubeの運営側からのチャンネルに対する評価が上がらない**からです。

　第2章でお伝えしたように、**YouTubeは運営側からの評価が上がると「おすすめ動画」や「関連動画」として表示されるシステム**になっています。このYouTubeの運営側からの応援は、あなたの動画の再生数を増やすことに繋がり、たくさんの人に視聴してもらえるチャンスです。

　しかし、自分のビジネスに直結するニッチな動画だけをアップし続けると、再生数が伸びず、動画を投稿してもほとんど見てもらえません。たとえGoogleやYahoo!で動画を発見してもらえるように検索を狙って動画をつくったとしても、そもそも**ニッチなテーマの動画は流入が少ない**です。この点からも、できるだけ**YouTube運営側からのチャンネルに対する評価を上げておきたい**のです。

■ 再生数を稼ぐ動画をつくる

　あなたが初めて見るYouTubeチャンネルを発見したとき、チャンネル登録者数が1万人のアカウントと30人のアカウントでは、どちらの発信内容を信用するでしょうか。また、1万回視聴されている動画と30回視聴されている動画では、どちらの動画を見たいと思いますか？

たとえ両方のアカウントの動画が同じ内容を話していたとしても、チャンネル登録者数が1万人のアカウントのほうが人気があると感じ、30回視聴されている動画よりも、1万回視聴されている動画のほうを見たいと思う人が多いです。

　このように、**人はときに「見栄え」で信用を判断することがある**のです。それゆえ、ある程度の再生数を増やしておきたいところです。

　私はYouTubeでロング動画を配信してビジネスに繋げたいなら、基本的には多くの再生数を狙ってつくらなくても良いと考えています。しかし、前述したような理由から、ある程度の再生数は必要なので、**自分のビジネスの内容に合わせながら、人気のトレンド要素を入れて動画を制作し、その動画が再生されることでYouTubeの運営側にアピールすることを狙います**。

　その1つの工夫として、**Googleトレンドや時事ネタ、ニュース**などから自分のビジネスに絡めた内容で動画をつくることはできないか？　と考えます。理由は、**トレンドを取り入れてつくった動画はニッチな動画と比べると、再生数が圧倒的に伸びやすいからです**。

■ 2つの役割で使い分ける

　YouTubeのロング動画をビジネスに活用する一つの戦略として、投稿する動画を「**再生数を稼ぐ動画**」と「**アクションを起こさせる動画**」というように使い分けます。

　「再生数を稼ぐ動画」の役割は、**トレンド要素を取り入れて再生数を稼ぐことで見栄えを整え、YouTubeの運営側にアピールすること**です。ある程度の再生数を増やし、本来のビジネスに直結する内容の動画を配信したときに、**動画やアカウントが有利に評価されるように**します。

　「アクションを起こさせる動画」の役割は、自分のビジネスに直結する内容の動画で、**視聴者にLINE公式アカウントへの登録やホームページ閲覧のようなアクションを起こしてもらうこと**です。

　「再生数を稼ぐ動画」でチャンネルを育てて、「アクションを起こさせる動画」で本来のYouTube動画の活用目的である、ビジネスの集客や売上に繋げます。

　このように2つの役割で動画を使い分けることで、YouTubeのチャンネルや動画をビジネスに活用しやすく整えることができます。

再生数を狙う？ 狙わない？

| 再生数を稼ぐ動画 | アクションを起こさせる動画 |

トレンド要素を
取り入れた
動画

再生数の
見栄え

LINE
公式アカウントに
登録誘導

ホームページ
閲覧へ誘導

**YouTubeの運営側に
アピールする役割**

**ビジネスの集客や売上に
繋げる役割**

2つの役割で使い分ける

動画教材を販売する

「動画教材を販売する」という活用方法

■ 動画教材を販売する魅力

　動画をビジネスで活用する際に、「**動画教材を販売する**」という活用方法もあります。あなたのビジネスのコンテンツをまとめて動画教材として販売できれば、あなた独自の商品を生み出せます。

　また、動画教材なら、1レッスン、1セミナー、1講座といったように、1回1回の開催や準備に手間や時間を取られずに、一度つくり込めばそれを視聴してもらうだけの**自動化できる商品**となります。そして動画教材はオンラインで完結する商品なので、コロナ禍に発動された緊急事態宣言のときのように人が集まってはいけない期間があったとしても、開催延期や中止に振り回されることもなくなります。

■ 商用利用が可能な動画プラットフォーム

　ここでの問題になってくるのがYouTubeの規約です。YouTubeでは、アップロードしたコンテンツにより直接的に金銭などの利益を得る「**商用利用**」**を原則禁止**としています。したがって、YouTubeにアップした動画を販売することは、YouTubeの規約違反となってしまいます。この規約を知らずに使用している人が多いのですが、本来、YouTubeは有料の動画教材のプラットフォームとしては使えません。

　ということで、ここではYouTube以外の「商用利用」が可能な2つの代表的な動画プラットフォームをご紹介します。

1．Udemy（ユーデミー）〈https://www.udemy.com/〉

　Udemyは、世界4,600万人以上が学ぶ**オンライン学習プラットフォーム**で、**動画配信により講座を学べるシステム**です。動画教材のコンテンツは月額課金型のサブスクリプションではなく、**買切り型**です。

Udemyを利用する際は講師登録（無料）を行い、Udemyのサイト内で動画教材を販売します。決済システムが付いている動画プラットフォームで、手数料などの費用はかかりますが、利用者が多いプラットフォームなので、自分で集客しなくてもUdemy内で売れるのがメリットです。

2．Vimeo（ヴィメオ）〈https://vimeo.com/jp/〉

VimeoはYouTubeと同様に**動画を共有したり、視聴したりする動画プラットフォーム**です。2004年に運営が開始され、配信されている動画が高品質だということで話題を集めています。ビジネスだけでなく、クリエイターやアーティストがつくった、クオリティの高い動画を検索したい人も集まっている印象です。

YouTubeとの大きな違いは、**広告が表示されない**ことと**商用利用が可能**なこと。YouTubeは動画に広告が表示されますが、Vimeoは広告表示が一切ありません。そのため、動画教材を購入した視聴者が見やすい動画のプラットフォームです。

VimeoにはUdemyのような集客力はないため、SNSやブログなど、自身で集客する必要はありますが、とても使い勝手が良いので、お勧めの動画販売方法です。

Vimeoで動画を販売するには、主に次の3つの方法が挙げられます。

① Vimeo オンデマンドで販売する

Vimeoには、**プラットフォーム上で動画を販売できる「Vimeo オンデマンド」**というサービスがあり、ここで販売することができます。Vimeo オンデマンドのみ、Vimeo内に決済システムが付いているので、別に決済システムを用意しなくても動画を販売できるのが特徴です。

②他のサイトに埋め込んで販売する

自身で会員限定サイトやパスワード付きブログなどを用意して、Vimeoにアップロードした動画を埋め込む方法です。受講料や会費を支払った人にパスワードを送ることで、動画を販売することができます。この際、ドメイン指定という特定のサイトでしか動画が表示されない設定が可能なので、YouTube動画のように勝手に動画をサイトに埋め込まれることがないのも

メリットです。

③共有リンクを渡して販売する

受講料や会費を支払った人に、Vimeoの動画の共有リンクを送ることで動画を販売する方法です。会員限定サイトなどを制作する必要がないため、手軽に利用できるのがメリットです。

なお、どの方法もビジネス活用する場合は、月額課金制の有料プランに加入する必要があります。

「動画教材を販売する」という活用方法

動画教材はオンラインで完結する商品
一度つくり込めば自動化することができる

第 4 章

伝わりやすい"動画配信"③
【ショート動画編】

VIDEO
1

流行りはショート動画!

SNS ネイティブの価値観と TikTok

■ ベストマッチした TikTok と SNS ネイティブの価値観

　今はショート動画の時代と言われていますが、きっかけは紛れもなくTikTokでしょう。TikTokが日本でサービスを開始したのは2017年ですが、その後のコロナ禍という社会情勢も相まって、ショート動画の楽しさを世間に広めた立役者です。その人気は若年層だけでなく、私たち一般層にも広がり、「TikTok売れ」という言葉がある通り、消費にも影響を与えるSNS動画プラットフォームへと成長しました。

　TikTokを最初に広めた若年層の価値観や行動を分析すると、ショート動画が流行る理由が見えてきます。SNSネイティブと呼ばれる彼らは、幼い頃からスマホやSNSが身近にあり、独自の価値観をもっています。その価値観の主軸になっているのは「短時間で情報をさばく」という感覚です。彼らは幼い頃から「情報は波のように押し寄せてくるもの」という体験をしているので、欲しい情報と要らない情報の選別を瞬時で行います。一般層から見ると、それは「選ぶ」というより「さばく」という感じです。

　例えば、じっくり見る時間がないけど最後まで見たいと思ったら「倍速視聴」や「ながら視聴」を行います。また無駄な時間を極力省きたいので、「この動画は時間を費やす価値があるのか?」を見極める材料として、ストーリーの結末を知る、前評判を知る、というリサーチを先に行います。その際に「ネタバレ」しても気にならないようです。一般層の「結末を先に知りたくないからネタバレはやめて!」という価値観との違いです。

　SNSネイティブの価値観は、できるだけ無駄を省いて、見たいものだけ、見たいところだけを視聴したいというもので、見たいものであれば2回3回視聴するのも彼らの価値観です。

　このようなSNSネイティブの価値観と、15秒〜60秒くらいのすきま時間を有効活用できるショート動画のスタイルがピッタリと相性良く合ったこと

で、ショート動画のトレンドが生まれました。そのトレンドの先駆けはSNS
ネイティブでしたが、今ではSNSネイティブの価値観が一般層にも浸透して
きています。

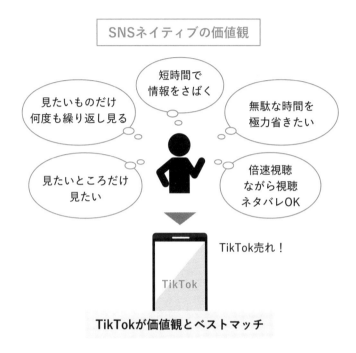

■ ショート動画がSNS業界の流れを変えた！

　TikTokが急成長した影響でSNS業界の流れが変化しました。各プラット
フォームがTikTokを真似る形で、どんどんショート動画に参入したのです。
　TikTokがダウンロード数世界№1を達成した2020年以降、Instagramのリ
ール、YouTubeのショートが誕生しています。他のプラットフォームが
TikTokを真似てショート動画に参入したのは、それだけ**ショート動画に魅
力を感じたから**でしょう。
　また、このSNS業界の流れの変化は私たちユーザーの立場から見ると、シ
ョート動画が充実してきたことになります。各プラットフォームが競合し、
ユーザーがより使いやすいプラットフォームへと変化していけば、さらにシ
ョート動画ユーザーが増えていくことでしょう。

■ 流行りに一役買った縦長動画（縦長ディスプレイ）

　TikTok、Instagramのリール、ストーリーズ、YouTubeショートの動画を見ると、ロング動画との違いを感じると思います。その大きな違いは、**ロング動画がTVや映画のように横長動画（横長ディスプレイ）なのに対し、ショート動画はスマホのディスプレイに合った縦長動画（縦長ディスプレイ）**ということです。

　この縦長動画は、スマホ文化やSNSネイティブの価値観とベストマッチなのです。本来、人の目は2つ横並びについているため、動画も横長動画のほうが見やすいはずですが、スマホのディスプレイは基本的に縦長なので、スマホで横長動画を視聴するときには「スマホを横にする」という一つ余分な動作が必要になります。SNSネイティブは、この**「スマホを横にする」という動作が「ひと手間かかる」と負担に感じて面倒に思うのです。ショート動画の縦長ディスプレイは、このSNSネイティブが感じる負担・面倒を解消し、ショート動画の流行に一役買った**と言えるでしょう。

　このように、今、流行りはショート動画です。そして、SNSネイティブの価値観がこの流行りのベースになっています。このようにしてトレンドは生まれ、そして変化していきます。

　ショート動画をあなたのビジネスに活用していく際、制作する際には、こういった背景を考えながら企画すると、人気のショート動画をつくる一助となるでしょう。

SNSネイティブの価値観

スマホを横にして動画を見るのが面倒臭い…

流行りに
一役買った
縦長動画

TikTok が
価値観と
ベストマッチ

縦長ディスプレイ

VIDEO 2

何に繋げるか目的を明確にする

■ ショート動画で知ってもらったその先に

TikTokが社会に与える影響を見て、「ショート動画を始めてみたい！」と考える人も、「バズる」に憧れてショート動画を始める人も少なくないと思います。**バズって拡散されれば、一気に大勢の人に周知されます。**そんなショート動画に魅力を感じ、夢を描いてスタートする人も多いです。

しかし、ショート動画を自分のビジネスで活用するなら、意識しておきたいことがあります。それは、**ショート動画を見てもらうだけではビジネスには繋がりづらい**ということ。ショート動画は、多くの人に知ってもらうことや興味関心をもってもらうことへの貢献度は高いです。ですが、見てもらった後の本来の目的は、あなたのビジネスへの集客や売上に繋げることです。そのために、**ショート動画を見た後に繋げる先を明確にして配信することがポイント**になります。

ところが、ショート動画でバズる、ショート動画で人気を得ることに一生懸命になると、トレンドや再生回数だけを追ってしまい、ショート動画を活用する目的を見失ってしまいます。**「再生回数は増えたけどビジネスに繋がらない」というケースがとても多い**のです。

基本的には第2章でお伝えしたように、ショート動画を何個も見てもらい、あなたのビジネスに興味をもってもらえたのなら、**その後はLINE公式アカウントに繋げる、DMでお問い合わせをもらう**といった、何かしらの**やり取りが発生するものへと繋げていくことが重要**です。ショート動画を「見てもらえた」「知ってもらえた」「再生数が伸びた」ということに満足せず、そこで終わらないようにしましょう。

■ 新たなビジネスを生み出したケース

本書をお読みいただいている方の中には「今はまだビジネスを始めていな

いけれど、ショート動画を始めてみたい！」という人もいらっしゃると思います。「自分のビジネスがないと収入を得られないのかな？」とがっかりしてしまった人もいるかもしれませんが、そんなことはありません！

　例えば、**あなたの身近なもので、世の中に需要があるものを楽しみながらショート動画で配信したことで、新たなビジネスが生み出されたケースがたくさんあります。**自分が好きなもの、得意なもの、情熱を注げるものにテーマを絞ってショート動画を発信していたら、そのテーマから派生してビジネスになったというケースです。

　YouTubeのロング動画なら、チャンネル登録者数と再生数が多くなれば得られる広告収入がありますが、ショート動画には「**企業からの広告案件依頼**」があります。その代表的なものがInstagramです。Instagramのフォロワー数や再生数を増やせば、企業から広告案件が届くようになります。それ以外にも、企業とのコラボ企画やゲスト出演の依頼が届くようになります。**元々は趣味から始めた発信が、収入に繋がるようになる**のです。

　このように、今はまだビジネスを始めていない人でも、好きなものから派生してビジネスを生み出せる時代です。ぜひ、楽しみながら、あなたの身近なもので世の中に需要があるテーマで、ショート動画を配信してみてください。その際、InstagramのDMやLINE公式アカウントなどの、何かしらのやり取りできるものに繋げておくと、将来、あなたがビジネスを始めたときのお客様候補として、あなたを支えてくれることでしょう。

ショート動画で知ってもらったら

ビジネスの
集客や売上に
繋げる

好きなものから
派生して
ビジネスが
生まれる

ビジネスの周知・認知
興味付け
ファンづくり

広告案件
アフィリエイト
など

ショート動画は
最初の0.5秒に全力を注ぐ

反射的に手を止めてもらうにはどうしたら良い？

■ 視聴者の動作を分析する

　第2章で、視聴者は無料動画の冒頭部分で「続きを見る」または「見るのをやめる」をジャッジするとお伝えしました。そのジャッジする時間は、**ショート動画の場合、最初の0.5秒から3秒で瞬時に決めて、続きを見るか、次の動画へスワイプ（指先で軽く上下左右にはじく）していきます。**ここでは、もう少し詳しく視聴者の行動を分析してお伝えします。

　TikTokのレコメンド画面やInstagramのリールタブでは、AIお勧めのショート動画が次々と流れてきます。その動画を見たときのあなたの反応を思い浮かべてみてください。確かに動画の冒頭部分の、ほんの数秒で「続きを見る」または「見るのをやめる」を決めて、次へとスワイプしています。しかし、そのなかで「ほんの一瞬でスワイプするもの」「ちょっと見てスワイプするもの」、そして「見続けるもの」に分かれています。時系列で分析すると、次のようになります。

① ほんの一瞬でスワイプする動作

　ほんの一瞬を秒にすると、**およそ0.5秒の時間**です。この一瞬で動画を選別しているのですが、実際には、この0.5秒内では文字は読めていませんし、話す内容も理解できていません。では、どのように選別しているのかというと、私たちは動画を見て**反射的に「何だろう？」と選別している**のです。例えば、次の動画へとスワイプしたら、次の動画の冒頭部分に動物が表示されました。一瞬で動物だと判断できるので、動物に興味がなければ瞬時にスワイプします。また、エンタメ的な面白い動画を見たいと思っているときに「ビジネス」という言葉がパッと目に入ったら、そのまま一瞬でスワイプして次に進みます。内容はわからないけど、自分には関係ないと一瞬で判断できる要素でスワイプして次の動画へと進むのです。

②ちょっと見てスワイプする動作

　視聴者は0.5秒で反射的に「何だろう？」と気になって指を止めると、**次に1〜3秒という、ちょっとの時間、動画を見ます**。ここで、「自分が見たいものかな？」を見定めて、見続けるのかどうかを判断します。0.5秒で指を止めたものの興味を引く内容でなければ、そのままスワイプして次へと移ります。

「ほんの一瞬でスワイプする」と「ちょっと見る」の違いは、1秒〜3秒あれば文字は理解できるし、配信者の表情や話し口調、動画全体の雰囲気は感じ取れるということです。そして、1秒〜3秒で収集できた情報を基に「続きを見る」「見るのをやめる」を判断します。

　このように**2つの壁をクリアしたショート動画が、続きを見てもらえる動画**となります。続きを見てもらうためには「ほんの一瞬の0.5秒」と「ちょっと見るの3秒以内」の壁をどう乗り越えれば良いのか、対策を考える必要があります。

　AIお勧めのショート動画が流れてきたときに、普通に止まったまま話し出している動画は、「何だろう？」と視聴者が反射的に手を止めることは少ないです。ショート動画を制作するときは、まずは最初の0.5秒に全力を注ぐくらいの気持ちで**「反射的に手を止めるアイデア」**を考える必要があります。

◎反射的に手を止めるアイデア：見せたい部分をいきなり見せる

　TikTokの影響を受けた音楽業界に面白い変化があります。その変化は「イントロがない曲」が増えたことです。BTSの「Dynamite（ダイナマイト）」、YOASOBIの「夜を駆ける」「群青」などはイントロがなく、ショート動画で拡散されることを意識してつくられています。

　ショート動画が拡散される際に、視聴者が動画を選別する0.5秒と3秒の壁が影響します。動画の冒頭からインパクトを与えるように「サビから始まる」「いきなり始まる」も、0.5秒で反射的に手を止めることを狙った見せたい部分をいきなり見せる曲のつくり方です。

◎反射的に手を止めるアイデア：その先に何が起こるのか期待させる

　有名な、マリリン・モンローのスカートが巻き上がるシーンを思い浮かべてください。スカートの裾がふんわり巻き上がりかけていると、下世話な話ですが、男性は0.5秒で「おっ！」と反射的に手を止めます。これは、「おっ！」の先に何が起こるか、淡い期待を抱かせることを狙ったアイデアです。

　別の例では、大きな風船と風船を割ってしまいそうな尖った物体が目に入ったら、その先に何が起こるのか想像して期待します。**視聴者が0.5秒で「割れる！」と反射的に手を止めることを狙ったアイデア**です。

　また、ソファーの背に、いかにも落ちそうな姿勢でネコが寝ていたら、これも**0.5秒で「危ない！」と反射的に手を止める**かもしれません。

　このように、その先に何が起こるのかを想像や期待させる動画は、撮り方によっては反射的に手を止めるアイデアとして使えます。

　反射的に手を止めるアイデアは様々なものがあります。最初の0.5秒に全力を注ぐ気持ちで、あなた自身が視聴者の立場に立って動画を作成していきましょう。

視聴者の行動

ほんの一瞬で
スワイプして離れる

ちょっと見て
スワイプして離れる

見続ける

反射的に手を止めるアイデアが必要！

ショート動画はPREP法で
わかりやすく伝える

ショート動画は、わかりやすく伝えることがポイント

■「何が言いたいの？」と思わせないために

　ショート動画とロング動画の大きな違いは、動画の長さです。本書では第2章でお伝えしたように長さの定義は、ショート動画が1分以内、ロング動画が1分を超えるものとしています。ショート動画で30秒〜1分以内で伝えたいことを伝えようとすると、**内容をできるだけわかりやすく話すことが求められます**。もし、視聴者が動画を見たときに「よくわからない」「何が言いたいの？」と思ってしまったら、そこで見るのをやめて次の動画へとスワイプしてしまいます。特に、ビジネスなどトークだけで伝える動画は、内容がわかりづらかったら終わりです。

　動画を短い時間にするだけなら「早口で話す」ですが、ただ「早口で話す」だけだと、わかりづらい内容がもっと伝わりづらくなってしまいます。そこで、仮に早口で話しても内容を理解してもらうために、**ショート動画の構成は「わかりやすさ」をポイントに組み立てましょう**。

■ 相手に伝わる「わかりやすい」話の構成

　お勧めの構成の一つはPREP法です。**PREP法とは、相手に伝わる「わかりやすい」話の構成のこと**で、プレゼンテーション、商談、ビジネス文書を書くときなど、あらゆる場面で使われています。このPREP法を使うと、ショート動画の短い時間のなかでも、わかりやすく視聴者に伝えることができます。

　PREP法は**初めに要点である結論**を伝えます。次に**結論に至った理由**を説明し、**事例やデータを使って理由に説得力をもたせます**。そして**最後にもう一度、本当に伝えたい結論を述べる**という順で組み立てます。

　視聴者は、最初に「○○について話します」と先に結論を知ることで動画全体の内容を把握できます。結論を知って話を受け止めやすくなった状態で、

「なぜこの話をするのか、視聴することでどんなメリットがあるのか」を知ると、その理由のなかで、あなたの想いや人柄にも触れることができます。また、そこに事例やデータが示す真実があることで、あなたへの信頼度が高まります。最後に、まとめのような形で、もう一度結論を聞くと動画全体の流れもきれいに収まり、視聴者にわかりやすく伝わる、というのがPREP法の構成です。

　これだけの内容が1分以内に収まるの？　と思うかもしれませんが、収まるようにつくります。誰でも再現しやすい型がPREP法の構成なので、ぜひ活用してみましょう。

【PREP法の話の構成事例：Facebook集客の専門家のケース】

①結論・要点（Point）

　Facebookで集客するためには、毎日投稿する必要はありません。

②理由（Reason）

　なぜなら、Facebookの投稿は信頼構築のために行うので、投稿数よりも内容が重要だからです。

③具体例、根拠（Example、Evidence）

　実際、毎日2回投稿している同業者よりも、2日に1回しか投稿していない私のほうが2倍以上集客できています。

④結論・要点（Point）

　そのため、私は毎日投稿しなくても集客できる方法をお教えしているのです。あなたもぜひ、実践してみてくださいね！

【PREP法の話の構成事例：ダイエット料理教室のケース】

①結論・要点（Point）

　ダイエットに激しい運動は必要ありません。

②理由（Reason）

　というのも、痩せるためにはカロリー消費よりもカロリー摂取のほうが、影響が大きく、激しい運動をしなくても食事の調整で痩せられるからです。

③具体例、根拠（Example、Evidence）

　例えば、ダイエット協会のデータを見ても激しい運動は推奨されておらず、健康的で低カロリーな食事をしたほうが、ダイエット効果があると発表され

ています。

④結論・要点（Point）

　ですので、あなたが本当に痩せたいと思うなら、ダイエット専門の料理教室で料理を習うことをお勧めします。

　このようにPREP法の構成で話を組み立てると、**相手に伝わるわかりやすい内容になります。**

　また、PREP法をさらに省略した方法もあります。ショート動画の中でも15秒以内など超短編でまとめたい場合、PREP法を更に省略します。「結論から理由」「結論から理由、そして再度結論」「結論から具体例」「結論から具体例、そして再度結論」といったように、時間に制限がある場合は、PREP法を省略して組み立てましょう。

| PREP法 |

相手に伝わる「わかりやすい」話の構成

結論・要点（**Point**）
Facebookで集客するためには、
毎日投稿する必要はありません。

▼

理由（**Reason**）
なぜなら、Facebookの投稿は信頼構築のために
行うので、投稿数よりも内容が重要だからです。

▼

具体例・根拠
（**Example・Evidence**）
実際、毎日2回投稿している同業者よりも、2日に1回しか投稿していない私のほうが2倍以上集客できています。

▼

結論・要点（**Point**）
そのため、私は毎日投稿しなくても集客できる方法を
お教えしているのです。

VIDEO
5

ショート動画は
楽しさ、面白さも重視

■ ショート動画は「ちょっと〇〇」で視聴する

　ショート動画とロング動画の違いの一つに、視聴者の視聴姿勢があります。例えば、YouTubeのロング動画であればやYouTube内の検索や関連動画のほか、GoogleやYahoo!の検索結果として表示されます。

　特に、ビジネスやハウツー系の動画を見る場合、「何かを調べようとして検索し、動画を見つけて視聴した」という動画を見つけ出す過程があります。このような場合、じっくりと真剣に動画の内容を見ています。しかし、ショート動画では、このような過程を経て動画を見る人はほとんどいません。

　ショート動画の動画を見つけ出す経緯は、基本的に「ちょっと時間が空いたから」といった、暇つぶしの時間に動画を見つけての視聴などです。「ちょっと面白そうだったから」、「ちょっと知識を得たい」、「ちょっと気分転換したい」、「ちょっと感動したい」というように、**「ちょっと」という気軽さから動画を視聴する**のです。よって、「面白さ」「楽しさ」が動画を見つけた後、そのまま視聴するのか、視聴しないのかの判断に大きく影響します。

　あなたも「ちょっと空いた時間があるので暇つぶしに動画を見よう！」と思ったときに、面白くない動画、楽しくない動画に時間を費やしてしまったら、いくら無料動画だとしても損した気分になりませんか？

　その逆で、暇つぶしの時間に目についた動画が「ちょっと面白く、楽しい気分にさせてくれた！」となれば、人にも伝えたくなるし、得した気分になります。**ちょっと空いた時間の暇つぶしの行動だからこそ、より「お得感」が強調される**のです。人の心理はこのように都合良くできているので、「ちょっと面白く」「ちょっと楽しく」「ちょっと〇〇」を意識してショート動画を作成していきましょう。

■ 真面目なテーマだと面白くできない？

　動画の内容の面白さや楽しさが重要視されるのだったら、「ビジネスなどの真面目なテーマでは、面白くできないから見てもらえないのでは？」と感じる人もいるかもしれません。しかし、そこは工夫がものを言います。例えば、いつもより大げさなアクションを入れる、2倍元気に、2倍笑顔で話すなど、見ている人を楽しませる工夫は、動画であっても、リアルの講座やセミナーであっても同じです。

　また、動画だからこそ、**文字のフォントを面白く入れてみたり、ノリやテンポの良い音楽**を入れてみたり、**モノを使った演出**をしてみたり、あなたのセンスで視聴者を楽しませる工夫をして動画をつくってみてください。

　悲しいお話の動画なら、**エモーショナルな演出も効果的**です。**効果音**を使うこともアクセントになります。

　あなたがつくったショート動画には、**あなたにしか表現ができない世界観があるはず**です。たとえ、暇つぶしであなたの動画と出会ったとしても、そこからあなたのファンになる人もいます。あなたの動画を楽しみに待ってくれる人との出会いが、きっとあります。

ショート動画は「ちょっと○○」で視聴する

ちょっと
時間が空いた

ちょっと
面白そう

得した気分を　味わいたい！

ちょっと
知識を得たい

ちょっと
感動したい

ちょっと
気分転換したい

VIDEO 6

Instagram「リール」の効果的な使い方

Instagramのリールは拡散率が高い

■ Instagramのリールの特徴と活用方法

ショート動画と言えば、TikTokが代名詞ですが、Instagramのリールや
YouTubeショートもTikTokと同じくショート動画です。

ここでは、Instagramのリールについてお伝えします。Instagramのリール
の特徴は3つあります。

【特徴①】**リール専用タブ**

Instagramアプリに「**リール専用タブ**」があり、通常のフィード投稿より
も**拡散率が高くなります**。

【特徴②】　**投稿数が少ない**

投稿数を比べると、通常投稿よりもリール投稿のほうが少ないため、**発見
（検索）タブに表示されやすくなります**。

【特徴③】　**プロフィール画面**

プロフィール画面の一覧とリール一覧の両方に掲載できるので**露出場面が
増えます**。

このように、Instagramのリール投稿は、**通常の投稿よりも拡散されやすい
システム**になっています。よって、**リールはフォロワー数が少なくても拡散
されます**。この特徴を活かして、リールを活用しましょう。具体的な活用方
法は2つあります。

活用方法❶ リール中心の投稿で認知拡大する

通常投稿の場合、例えばフォロワーが10人だとすると閲覧数は通常10人
くらいですが、リール投稿の場合、同じような内容だとしても閲覧数が100
人や1000人、1万人を超えることもあります。

それぞれの動画によって大きくバラつきがありますが、**通常投稿と比べる**
と、それだけチャンスが大きいということです。

活用方法❷ 一度拡散させてプロフィールの一覧から削除する

Instagram は、**プロフィール画面の世界観を統一する**ことが**重要**です。そ
のため、**通常のフィード投稿とリール投稿の表紙を揃える必要はあります**が、
リール投稿をして**そのままプロフィールの一覧に表示させておいても良い**で
す。

通常投稿とリール投稿に統一感がない場合、リール投稿のときは拡散させ
るためにフィードにシェアした後、**「プロフィールグリッドから削除」して、**
リールタブだけに表示させるようにします。なお、プロフィールグリッドと
はプロフィール画面の投稿一覧です。

そうすることで、拡散して多くの人に見てもらうと共に、プロフィール画
面の世界観の統一を崩さないようにできます。

リール活用法

Instagram

リール中心の投稿で
認知拡大する

一度拡散させて
プロフィールの一覧
（プロフィールグリッド）
から削除する

Instagramのリールは拡散率が高い

VIDEO
7

Instagram「ストーリーズ」の効果的な使い方

ストーリーズはフォロワーとのコミュニケーション重視！

■ ストーリーズの特徴と効果的な使い方

Instagramのリールと共に活用して欲しいのが、**ストーリーズ**です。ストーリーズの特徴は、**通常の投稿とは表示箇所が違うこと、24時間で消えること、そして、素晴らしいスタンプ機能が使えること**です。

また、ストーリーズはリールのようにフォロワー以外へたくさん拡散されることはありません。ほぼ、**フォロワーに視聴してもらうと思ってOK**です。そのため、フォロワーとの濃い関係づくりを重視して、視聴者とコミュニケーションをとったり、アクションを起こしてもらったりするために活用します。

ここでは、Instagramの「ストーリーズ」の特徴と効果的な使い方を3つお伝えします。

① 人間性を知ってもらう

通常の投稿はプロフィール画面に表示されるので、アカウントの世界観の統一を意識して投稿します。ですが、ストーリーズはプロフィール画面の投稿一覧やフィードには表示されず、**フィードの上部にあるストーリーズ専用箇所に表示されます**。そのうえ、**24時間で消えてしまうシステム**なので、アカウントのコンセプトと異なる発信やプライベートな投稿はストーリーズで行います。

このように通常投稿とストーリーズで投稿内容をわければ、アカウントの世界観を崩すことなく、あなたの人間性を知ってもらうことができます。

例えば、アカウントのコンセプトは料理レシピで統一し、通常投稿はレシピのみを発信します。そして、ストーリーズには、旅行やペット、面白いものを見つけたなど、プライベートな投稿を行います。これにより、**あなたの人間性を知ってもらい、よりファンになってもらうことができます**。

②リンクスタンプで外部に誘導

Instagramはプロフィールに外部へのリンクを貼ることができます。しかし、通常投稿やリール投稿にはリンクを貼れません。そのなかで、**ストーリー投稿にはリンクスタンプ機能があり、外部リンクを貼ることができます。**そのため、このリンクスタンプはビジネス的にとても便利な機能なのです。

例えば、講師やコンサルタントを仕事にする人が通常投稿ではお役立ち情報を発信し、ストーリーズでセミナー情報とセミナー参加者募集ページへのリンクを貼るといった活用ができます。また、会社のホームページやブログ、YouTube、LINE公式アカウント登録ページなど、あらゆるページへのリンクを貼ることができます。

以前はフォロワー数が1万人以上いないと外部リンクを貼れませんでしたが、今はその制限がなくなり、誰でも活用できるようになりました。リンクスタンプは活用しないともったいない機能です。

これに関連して、プロフィール画面に**ハイライト欄**があります。こちらもストーリーズにリンクスタンプを貼った動画を掲載し、リンク先を案内することができます。**ハイライトはストーリーズと違い24時間で消えず、削除するまで残せる**ため、プロフィールの一部として、あなたの想いやビジョン、仕事や商品の紹介、他のSNSやブログへの誘導などに活用しましょう。

③コミュニケーションスタンプの活用

ストーリーズには、視聴者とコミュニケーションを取ることができる「**アンケート**」「**質問**」「**クイズ**」「**絵文字スライダー**」といった**スタンプ**があります。これらを活用して関係性を深め、信頼を獲得していきましょう。

【アンケート機能】

アンケート機能は、ストーリーズで**アンケートを取れるスタンプ**です。使い方によってとても便利な機能です。アンケートを取って**フォロワーのニーズを調べる**ことができ、アンケートをきっかけにやり取りをして、**信頼の獲得に繋げる**ことができます。

また、詳細は後述「ストーリーズの双方向コミュニケーションが売上に直結する！」の項でお伝えしますが、**アンケート結果からDMを送ることができ**ます。

このように、アンケート機能であなたやあなたのビジネスに興味をもってくれた人とコミュニケーションを取ることでビジネスに繋がっていくので、ぜひ活用したい機能です。

【質問機能】

質問機能は、ストーリーズで**質問を募集するスタンプ**です。アンケート機能と同様に質問機能を活用して、信頼を獲得することができます。質問機能を使うことで、**ユーザーの「悩み」や「希望」を聞くことができる**ので、それに回答することで信頼関係を築くことができます。

質問機能を通じて質問や相談をしてくる人は、真剣な悩みを抱えていたり、こうなりたいという希望をもっていたりする人が多いです。そのため、あなたがInstagramでビジネスに関する発信をしていれば、**普段から投稿を見ているユーザーから質問や相談を受けることでビジネスに直結する**のです。

【クイズ機能】

クイズ機能は、**クイズ形式で質問や問題を出すことができるスタンプ**です。2択から4択までのクイズを出して、ユーザーに選んでもらいます。クイズという楽しみを入れることで、**ユーザーが答えやすい**のが特徴です。クイズを楽しみながらコミュニケーションをとって、信頼関係を構築するのに活用できます。

【絵文字スライダー】

絵文字スライダーは、**指で横にスライドするバーのスタンプ**です。アンケートや質問機能と比べて、ユーザーに気軽に反応してもらえるのが特徴です。

例えば、絵文字スライダーに「今日の気分は？」と聞いて、横にスライドしてもらいます。アンケート機能や質問機能で全く反応してもらえない場合は、絵文字スライダーから始めると良いでしょう。

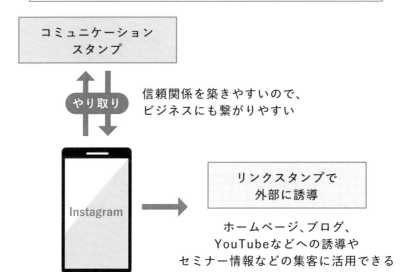

Instagramのストーリーズで人間性を知ってもらおう！

コミュニケーション
スタンプ

やり取り

信頼関係を築きやすいので、
ビジネスにも繋がりやすい

Instagram

リンクスタンプで
外部に誘導

ホームページ、ブログ、
YouTubeなどへの誘導や
セミナー情報などの集客に活用できる

VIDEO

8

TikTokの効果的な使い方

■ 好きなこと、得意なこと、加えてあなたが情熱を注ぎ続けられること

　ショート動画の代表格がTikTokです。ここでは、TikTokの効果的な使い方をお伝えします。私がお勧めするTikTokの使い方の一つが、**好きなことや得意なことを収入に繋げること**。これは、あなたが会社員で自分のビジネスをもっていなくても収入に繋げることができるやり方です。

　同じショート動画でも、他のSNSとTikTokを比較すると、**TikTokは動画のテーマによって差が付く傾向**があります。言い換えると、**属人性より、一つひとつの動画の内容で再生数が大幅に伸びたり、フォローされたりします**。

　特に、動きのない真面目なトークだけのビジネス系の動画は伸びづらく、「楽しい」「面白い」「役に立つ」「お得」など、どちらかと言うと**趣味や特技を活かした動画が再生数を伸ばしやすい**です。

　例えば、お勧めの書籍、映画、家電、雑貨、お店、お菓子などの紹介動画や料理、魚釣り、DIY、パフォーマンス、節約術といった、好きなことや得意なことを工夫して動画にするのです。

　好きなことや得意なことの動画、すなわち元々は仕事でない動画がバズり、フォロワー数が伸びて動画やアカウントが目立ってくると、その**好きなことや得意なことに関連する企業から広告案件の依頼が届くようになります**。

　また、企業から一緒にイベント企画を依頼されたり、ゲスト講師に呼ばれたりと、**好きなことや得意なことが一つの収入の柱になる可能性がある**のです。このとき、特定の広告案件を狙うなどの目的をもって取り組むと精度が上がります。

　例えば、将来的に家電メーカーからの広告案件やコラボして家電をつくる企画の依頼を狙って、大好きな家電を紹介するTikTokアカウントを育てて

いきます。その際もっと絞って、キッチン家電や生活家電、お掃除家電など
に特化して進めても良いでしょう。

　ただし、収入に繋げていくためには、その分野を極めていくとともに、継
続していくことが必須です。そのため、**途中で中断せずに継続する前提でテ
ーマを選びましょう**。ポイントは、**好きなこと**、または**得意なこと**で、加え
て**あなたが情熱を注ぎ続けられること**です。そのうえで、収入に繋がるテー
マを選択して継続すれば、大きな収入を得ることも夢ではありません。

　特に、会社員やフリーランス、主婦などの方で、収入を上げたい場合にお
勧めしたい使い方です。

> 好きなことや得意なことが一つの収入の柱になる

企業からの広告案件、コラボ企画、講師依頼など

好きなこと　　　　　　　　　　得意なこと

TikTok

情熱を　　　　　　　　　　　　継続
注げること　　　　　　　　　　できること

VIDEO
9

YouTubeショートの
効果的な使い方

効果的な使い方を試してみよう！

■ YouTubeショートの効果的な使い方

　YouTubeは横長画面のロング動画のイメージが強いですが、「**YouTubeショート**」は**縦長画面のショート動画**です。ここでは、YouTubeショートの効果的な使い方を2つお伝えします。

① ロング動画へ誘導

　1つ目のYouTubeショートの効果的な使い方は、**ロング動画へ誘導する方法**です。

　YouTubeに取り組むなら、できれば5分以上でコンテンツを作成してロング動画を視聴してもらいたいのが本音です。ですが、YouTubeのロング動画にチャレンジしている人からは、「**ライバルが強力で、なかなか視聴してもらえない**」「**チャンネル登録者が増えない**」という声をよくいただきます。そこで、活用したいのがYouTubeショートです。

　YouTubeショートは**60秒以内の縦長動画**です。YouTubeアプリには「**ショート専用タブ**」が設置されていて、**ロング動画とは別の人が視聴してくれます**。そのため、効果的な使い方として、**YouTubeショートからロング動画に誘導するという方法**です。

　その際、途中まで伝えて興味をもってもらって、続きが気になるという心理効果である「**ザイガニック効果**」を使うと良いでしょう。YouTubeショートで途中まで伝えて興味をもってもらい、ロング動画で全編を視聴してもらうように作成します。テレビ番組で「続きはCMの後で」のように、気になるところでCMに入る場面がありますよね。すると、「**続きが見たい！**」**となるのが視聴者心理**です。

　これを応用して、ショート動画で「続きは説明欄から」のように伝えて、説明欄にURLを貼り、ロング動画を視聴してもらうように誘導する使い方

第4章

伝わりやすい"動画配信"③【ショート動画編】

131

です。

② YouTube ショート動画を繋ぎ合わせてロング動画を作成

2つ目のYouTubeショートの効果的な使い方は、**YouTubeショートの動画を繋ぎ合わせてロング動画として作成する方法**です。

この使い方は、同じテーマのYouTubeショート動画を繋ぎ合わせて、ロング動画として投稿するというものです。例えば、30秒のお金の知識の動画を10個繋ぎ合わせて、5分の動画にして投稿します。

繋ぎ合わせてロング動画にすることで、**YouTubeショートだとYouTube検索やGoogle、Yahoo!検索に表示されなかったのが、ロング動画として検索を狙えるようになります**。このやり方はTikTokerが中心に行っている有効な方法です。

私のようにYouTubeをロング動画から始めた人は、縦長のショート動画を繋ぎ合わせてロング動画にすることに抵抗があるかもしれません。ですが、せっかく作成したショート動画を有効活用できると考えると、やって損はないでしょう。

YouTubeショートの効果的な使い方

ロング動画へ誘導	YouTube	YouTubeショート動画を繋ぎ合わせてロング動画を作成
ザイガニック効果		
「続きは説明欄から」		TikTokerが中心に行っている有効な方法

VIDEO
10

Twitter×動画の 効果的な使い方

Twitterユーザーが好むことで拡散を狙う！

■ Twitterに動画を活用するなら！

　Twitterは、140文字以内の文章を投稿するSNSです。リアルタイム性が高く、ニュースをTwitterで初めて知ることも多いのではないでしょうか。また、SNSのなかでも「拡散力」が高く、リツイートされることにより、どんどん拡散されるのがTwitterの魅力です。

　ここでは、そんなツイッターの動画活用法についてお伝えします。

■ Twitter動画の使い道

　Twitterで動画を視聴してもらう場合、主に次の3通りが挙げられます。

　1つ目が、**Twitterに動画を直接アップロードして文章と共に投稿する方法**です。この場合、140秒（2分20秒）までの動画を投稿できます。

　2つ目が、**Twitterの投稿にYouTubeにアップロードした動画へのリンクを貼る方法**です。自分のYouTube動画の視聴者やチャンネル登録者を増やしたい、または他人の動画をシェアしたい場合に活用します。ただし、**TwitterをはじめとするSNSは、投稿文章内に外部サイトなどへのリンクを貼ると拡散されにくくなっている**ことを覚えておきましょう。

　3つ目が、**Twitterでライブ配信する方法**です。実際には、Twitterでライブを視聴する人は少ないと思います。それでも、第5章「ストリームヤードで同時配信」で後述するように、ストリームヤードというライブ配信ツールを活用することで、Facebook、YouTube、Twitterに同時にライブ配信できます。Twitterに配信しようがしまいが労力は変わらないので、興味をもってくれる視聴者を少しでも増やすように活用しましょう。

■ ショート動画を投稿する

　Twitterは短文で気軽に投稿でき、1投稿（ツイート）10数秒で読めること

が人気です。短い文章を投稿するイメージが定着し、じっくり動画を視聴する人は少ないです。おそらくあなたも、Twitterでじっくりと動画を見るイメージはないのではないでしょうか。ですので、**Twitterで動画を活用するなら、30秒以内のショート動画です。**

しかも、**Twitter投稿のために動画を作成するのではなく、TwitterアカウントがTikTokやInstagramのテーマと同じならば、それを再利用するのが効率的です。**

Twitterのテーマが他のSNSと異なる場合、労力と効果を考えると、Twitterには動画を使わないと決めても良いでしょう。そのうえで、Twitterに動画を活用する場合、投稿する文章を魅力的に作成します。Twitterはまず文章をパッと見て、「気になる」「面白そうだ」と思えば動画を見る傾向があるからです。

動画の内容の気になる部分を文章で表現し、動画を視聴してもらえるように工夫しましょう。

■ トレンド、共感、面白い、可愛い、スゴいを含める

私がSNSマーケティングの専門家としてリサーチしてきた結果、語弊を承知で言い切ると、Twitterとビジネス系の動画の相性は良くありません。

そのため、Twitterのために動画に力を入れる必要性は少ないですが、もし動画を活用するなら、「新情報」「共感」「面白い」「可愛い」「スゴい」のどれかを含めることを意識しましょう。

Twitterユーザーは新しい情報には敏感です。最新情報を含めて発信すれば、興味をもったユーザーが視聴してくれます。また、共感できることや面白いこと、可愛いもの、スゴいと感じることは、Twitterユーザーが好むことなので、拡散される可能性が広がります。

単にビジネスに関することを話すのではなく、Twitterユーザーの反応を見ながら動画を活用することが大切です。

Twitterユーザーが好むことで拡散を狙う！

共感

新情報　　　　　　　　可愛い

リツイート　←　　　→　リツイート

面白い　　　　　　　スゴい

Twitterは拡散力が高く、
どんどん拡散されていくことが魅力

VIDEO

11

ショート動画は再利用できる

ショート動画を上手く運用してチャンスを増やそう！

■ 1本の動画で5回チャレンジできる！

　今はショート動画の時代と言われているように、確実にショート動画の流れがきています。TikTokが先駆者ですが、Instagramのリール、YouTubeショート、Facebookのリール、LINE VOOMのように、**各プラットフォームがショート動画の影響力に注目し、ショート動画機能を追加している状態**です。

　これら全てのSNSを利用しているユーザーもごく一部存在しますが、基本的に各SNSのユーザーは、自分が好きなSNSだけに力を注いでいます。できることなら全てのSNSで発信し、あなたやあなたのビジネスを多くの人に知ってもらいたいところです。

　しかし、全てのSNSでそれぞれ発信することは、物理的に時間と労力を消耗して効率が悪いです。SNSに疲弊して投稿を止めてしまう人も多いです。そこで一つのアイデアが、「**ショート動画は再利用できる**」ということ。**1本のショート動画を制作すると5回のチャンスがある**ということも、ショート動画の時代を後押ししています。

　例えば、ショート動画では**TikTokのレコメンド（おすすめ）機能が一番進んでいる**ので、TikTok用に動画を制作して投稿します。その動画をYouTubeショート、Instagramのリール、Facebookのリール、LINE VOOMに再利用して投稿します。**それぞれの視聴の伸び方が違う**ので、TikTok用につくった動画がTikTokでは結果がイマイチだったとしても、YouTubeショートやInstagramのリールで伸びたというケースが多々あります。**どのSNSで伸びるのかは、なかなか予測できません。**「同じ動画で5回チャレンジできる」と考えて投稿しましょう。

　注意点として、**音楽に関しては著作権が絡む**のでInstagramならInstagram内の音源を使い、TikTokならTikTok内の音源を使うようにしてください。

■ 動画をリメイクする

　もう一つ、ショート動画の再利用のアイデアとして有効なのは、「**過去に反応の良かった動画をリメイクする**」です。過去に再生数が多かった動画、過去にコメントやいいねがたくさんついた動画を**同じテーマで角度を少し変えてリメイクして投稿**します。過去に反応が良かった動画は、何かしら視聴者に響いた動画なので、同じテーマでリメイクしてまた5回のチャンスを得るというわけです。

　なかには、「動画を使い回しているな」と思われないかと心配する人もいますが、そんな心配は無用です。私たちの各SNSを全部チェックしている人はほとんどいません。また、仮に見たことがあったとしても明確に覚えていないし、仮に覚えていても文句を言う人はいないです。それよりも、再利用したり、リメイクしたりしながら、一つでも見てもらえたらラッキーと思って取り組んでいきましょう。

　ただし、よく質問いただくのですが、**過去に反応が良かった動画を同じSNSに再度投稿するのは、コピー動画として運営側から評価を落とされる可能性があるので避けたほうが無難**です。

　また、過去に反応が良かった動画を**一度削除して再度投稿するのも運営側から見て評価が下がる可能性が高い**ので避けましょう。

　常に運営側の立場に立って考えることもSNSを伸ばすコツなので、意識してくださいね！

■ ショート動画を組み合わせてリメイクする

　前述のYouTubeショートの内容でもお伝えしましたが、最近のYouTubeでよく目にするようになったのが、**ショート動画を組み合わせて1つのロング動画にリメイクするというアイデア**です。

　同じテーマのショート動画をいくつか組み合わせてロング動画につくり替えます。TikTokerがYouTubeを伸ばしているケースを見ると、このやり方で作成した動画を数多く見かけます。動画としてのクオリティは下がるように感じますが、**ショート動画として人気になったテーマの動画を組み合わせれば、必然的に視聴者の反応は良くなります**。

　このようにショート動画を組み合わせてロング動画を作成する際には、ロ

ング動画のタイトルやテーマと各ショート動画の内容がズレていないかをチェックしましょう。

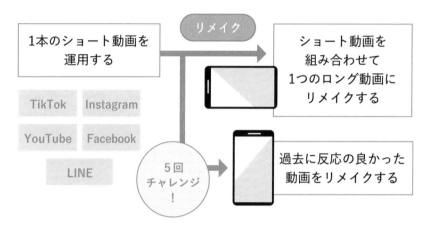

ストーリーズの双方向コミュニケーションが売上に直結

双方向コミュニケーションで信頼を構築する

■ ストーリーズの優秀なスタンプ「アンケート機能」「質問機能」

基本的にSNSはコミュニケーションツールです。そのなかで、Instagramのストーリーズには、ユーザーとのコミュニケーションを促すための**スタンプ機能があります**。

前述の「双方向コミュニケーションで信頼を構築する」でもお伝えしましたが、この**スタンプ機能、アンケート、質問、クイズ、横スライドバーは発信者の一方的な投稿でなく、双方向コミュニケーションで信頼を構築するのにとても有効です**。そして、あなたのビジネスの売上に貢献する機能です。

ストーリーズに投稿するときにアンケートなどの機能を選び、投稿に入れ込むようにして使うのですが、この投稿を見たユーザーがアンケートや質問に答えてくれます。もちろん、投稿を見た全員がアンケートや質問に答えてくれるわけではありませんが、**答えてくれた人が誰かわかるようになっているので個別にDMを送ることができる**のです。ここでは、ストーリーズの「アンケート機能」と「質問機能」を活用して、売上に繋げる方法をお伝えします。

■ アンケート機能で売上を上げる活用法

ストーリーズの「**アンケート機能**」はビジネスの売上に直結するスタンプです。ここでは具体例をお伝えします。

私のクライアントの小顔エステのオーナーの事例です。アンケート機能を使って「小顔マッサージに興味ありますか？」とストーリーズに投稿します。選択肢は「興味ある」「興味ない」の2択。そして、「興味ある」を選んでくれた人に「人気の小顔モニターを募集します。人数限定のため、アンケートに回答いただいた方に優先してお送りしています」のように申込みページを

第4章 伝わりやすい"動画配信"③【ショート動画編】

139

含めてDMを送ります。すると、その一部の方から申込みがあるのです。

　同様に、美容クリニックのアカウントでアンケート機能を使います。「あなたはどちらに興味がありますか？」というアンケートで、「①二重術」、「②シミ取り」と回答を用意して投稿します。「①二重術」と回答したなら、このユーザーは「二重術に興味をもっている」または「一重の目を気にして悩んでいる」ということになります。

　そこで、回答者に「アンケートにお答えいただきありがとうございました。二重術を選んでくれた方に厳選してメッセージを送りしております。今ちょうど二重術の半額キャンペーンを行っていますので、良かったらお試しください」のようなDMを送ります。

　このアンケート結果からDMを送る方法は、Instagramのビジネス活用においてとても効果的です。通常なら、営業のようなDMが届いたら気分を害しますが、アンケート機能は誰がどう回答したか一覧で表示されるため、選別してDMを送ることができます。自分がアンケートに答えたものに対してのリアクションなので、迷惑に感じにくくなります。

　もちろん、キャンペーン等に申し込むか申し込まないかはユーザー次第ですが、この**「アンケート」×「DM」を活用すると明らかに売上が上がります**。

■ 質問機能で売上を上げる活用法

　ストーリーズの**「質問機能」もビジネスの売上に直結するスタンプ**です。基本的な考え方はアンケート機能と同じです。

　あなたがInstagramでビジネスに関する発信をして、その投稿を見たうえで質問や相談をしてくる人は、あたなの発信する分野に関連した真剣な悩みを抱えていたり、希望をもっていたりする人です。そのため、**質問や相談に回答して、やり取りをすることでビジネスに直結します**。

　具体例をお伝えします。私のクライアントのInstagramのコンサルタントは、「インスタ伸び悩んでいる方、質問・相談受付中」のようにストーリーズの質問機能を使って投稿しました。初めのうちはあまり反応がなかったのですが、これを繰り返すうちに「毎日投稿しているのにインスタが伸びない」「インスタで集客する方法を教えてください」のような質問や相談が届くようになり、一定の割合で個別相談からコンサルティングに繋がるようになり

ました。

　同様に、婚活コンサルタントの女性は、ストーリーズの質問機能を使って、女性向けに恋愛や婚活についての悩み相談を受け付けました。すると、「今年中に結婚相手を見つけたい」「結婚に踏み切れない彼氏と別れて新しいお相手を探したほうが良いか？」などの質問や相談が届くようになり、一部の人が婚活講座に申し込んでくれるようになりました。

　ユーザーが質問や相談をしてくるときは、悩みが深ければ深いほどお客様候補になり、売上に直結します。お相手の立場に立って、丁寧に対応するようにしましょう。

　なお、この質問機能の活用にはコツがあります。それは、**何回も繰り返し質問機能を使ってストーリーズに投稿すること**。そうすることで、「この人は相談に乗ってくれる人（または会社やお店）」「信頼できる人（または会社やお店）」という印象を与えます。これにより信頼関係を築けるので、ビジネスに繋げることができるのです。

　スタンプ機能を使ったことはあるけど、答えてくれたユーザーとどのように接したら良いのかわからない人が多いので、これらの例を参考にストーリーズのアンケート機能や質問機能を使って、双方向コミュニケーションで売上に繋げてくださいね！

Instragramストーリーズの双方向コミュニケーションは売上に直結する！

ユーザーとの双方向のコミュニケーションで売上UP！

TikTokで活躍中の日本一バズっている元教師インタビュー

TikTokで成功している人に秘訣を聞こう！

■ 日本一バズっている元教師

　TikTokフォロワー数26万、YouTubeチャンネル登録者数7万、ソラコマ株式会社役員の「日本一バズっている元教師すぎやま」さんにTikTokについてお話を伺いました。

天野　杉山さんは、いつからTikTokを始めたんですか？

杉山　2年ちょっとになります。YouTubeでトーク系の人が伸びているのでTikTokでもいけるんじゃないかと思って、**情報トーク系でTikTokを始めました**。

　コロナ禍で企業が広告を出す余裕がなくなって、YouTubeの広告料が落ちてきたんですよね。それで、ビジネス系YouTuberが「YouTubeはオワコンだ」と言い出したのを耳にして、TikTokを始めようと思いました。

　TikTokは、今は収益化できないシステムですが、将来のために、今のうちにTikTokを伸ばしておこう！　と考えています。

天野　TikTokの再生数は、何かのきっかけがあって伸びたのですか？

杉山　何かのきっかけというよりも、校則などの学校ネタの動画を出している人がいなかったので、このジャンルは伸びやすいと思いましたし、**バズりやすいネタでもあるので再生数が伸びてきました**。

天野　杉山先生は、現状のTikTokの仕組みをどう捉えていますか？

杉山　**TikTokはフォロワーがゼロでも、動画を投稿したら少なくとも200〜**

400人くらいのおすすめに必ず表示されるんです。その400人の内の半分くらいの人が2〜3秒見て、その後、スワイプするかどうかを決めます。だから、どんなにつまらない動画でも200再生くらいはあるんです。

そのなかで、**いいね、コメントなど、良い反応が多かった動画をAIが「良い動画」だと判断し**、さらに他の人のおすすめにも表示してくれます。

その際、初速の反応が早いほうが良い評価を得られます。

天野　TikTokは平均年齢が34才を超えたと言われていますが、手応えとしていかがですか？

杉山　投稿動画に反応してくれる人、コメントしてくれる人は若い人が多いです。**ユーザーが反応することでAIの評価が上がるので、若い人をターゲットにした動画のほうが短期的にはバズりやすいです。**

40〜50才世代は、動画を見たときに「シェアをする」という感覚がないんですよね。その点、**若い人は軽い気持ちでシェアして拡散する感覚が生活に根づいている**んです。

天野　TikTokでボリュームが多い年齢層は40代の男性層と言われていますが、その年代はいかがですか？

杉山　40代の男性層は動画に反応するのではなく、ただ黙ってじっと見ている感じです。仕事が終わって疲れているときに、TikTokのショート動画なら軽い気持ちで見られるという感じでしょうか。電車が来るまでの間なら、2〜3動画を見られるくらい、TikTokは手軽に視聴できますから。

天野　TikTokのおすすめ機能の仕組みは、どんなものですか？

杉山　**TikTokのショート動画が天下を取ったのは、画期的な「おすすめ機能（レコメンド）」のおかげ**だと思います。**今までのSNSは、フォロワーに対して情報を流す仕組み**だったので、**繋がっていない人には投稿が届かなかった**んです。届くのは、フォロワーとそのフォロワーと繋がっている人ぐらいでした。

TikTokのレコメンド機能は、基本的に全くフォローしていない人の動画を見るシステムです。AIが閲覧履歴からユーザーの好みを判断していますが、おそらく、「このユーザーは40代女性で料理の動画が好き、そして30秒くらいの動画なら見るが、1分の動画はそんなに見ない」などの情報がTikTokのAIに溜まっていって、データに基づき、AIがおすすめ動画を表示していく仕組みだと思います。

　AIの判断のためのデータは好みのジャンルのみならず、見ている秒数、男性が好きか、女性が好きか、若い子が好きか、大人が好きか、太っている人が好きか、痩せている人が好きか、といった好みまで判断できるようです。このTikTokの超優秀なレコメンド機能が、SNSの世界を変えたと言われていますね。

天野　YouTubeとの違いはどうですか？

杉山　YouTubeは検索で近いジャンルが表示されるのですが、TikTokはテーマが「きみが次に好きなもの」なので、検索をあまり使わないんです。自分が潜在的に求めているものをAIが予測して表示するという仕組みですね。

　だから、検索して探すことが面倒な人には最適で、TikTokに慣れるとYouTubeは自分で探さないといけないから面倒臭く感じるようになります。

　TikTokは時間があるときにパッと開いたら出てくるおすすめ動画を見る、YouTubeは何か調べたいことがあるときに見るといった感じです。

　また、YouTubeは動画を見るまでに、たくさんのハードルがあるんです。例えば①アプリを開き、②ホーム画面を見ます。③表示されている動画を見るか、見ないかを考えます。④サムネイルを見て、面白そうか面白くなさそうか考えます。⑤タイトルを見て、面白そうか面白くなさそうかを考えて、⑥表示されている時間を見て、今、この時間で動画を見れるか、見れないかを考え、⑦「他にいい動画はないか？」と次の動画を探します。このように、動画を見ると決めるまでにたくさんのハードルがあるんです。

　TikTokはアプリを開いた瞬間に次の動画が出てくるので、YouTubeのようなハードルがありません。再生ボタンを押す前に動画が流れてくるので手間がかからないんですよね。革新的なシステムです。

天野　YouTube ショートと Instagram のリールはいかがですか？

杉山　YouTube ショートと Instagram のリールは**同じような仕組み**です。ちなみに、Instagram のリールは TikTok のアルゴリズムを分析して、そのまま取り入れたと言われています。

天野　TikTok を伸ばすコツはありますか？

杉山　まず、**最初にテーマを決めること**です。そして、最初の画面でインパクトをもたせることも大事です。**一番重要なのは「タイトル」**ですね。TikTok にはタイトルを入れる場所がないので、画面に自分で配置などを考えてタイトルを入れると良いです。その際、どういう言葉で出せば自分の視聴者に刺さるのか？その鋭い言葉を探す作業が一番大事だと思います。

　TikTok は流れていくので、動画の最初の1秒に工夫が入っているほうが良いんです。ドーンとタイトルが出て、そこに興味をもつかもたないかで、この先動画を見るのかが決まるので。

　TikTok は同じアカウント内の動画でも、再生されるものと、そうでないものがあります。定説では**動画ごとの評価**と言われているので、ここが、**アカウント自体が評価される Instagram のリールとの違い**です。

　TikTok では、一つひとつの動画が評価されるため、前の動画の評価がアカウント内の他の動画の評価には繋がりません。

天野　それは、逆に夢がありますよね。

杉山　そうなんです。**一つでも動画が評価されれば、他の動画も見てもらいやすくなる**ので、夢があると思います。

天野　他に TikTok と Instagram のリールの違いはありますか？

杉山　**Instagram のリールで伸びる動画と TikTok で伸びる動画は違います。**TikTok は、**最初の画面は「インスタ映え」しないほうが伸びる傾向**なんですよね。もしかしたら、ユーザーの心理として、インスタ映えするような画像

を見ると「自分にはできない」と思ってしまうのかもしれないです。それよりも「**簡単そう**」「**自分にもできそう**」**と思える画面のほうがウケています。**そして、TikTokがInstagramやTwitterなどのSNSと違う点は、レコメンドシステムなので、フォロワーを増やすためのいいね回りやコメント回りを行わなくても良い点です。

天野　ショート動画は、今、始めたほうが良いと思いますか？

杉山　2022年には「**TikTok売れ**」が有名な言葉になってきて、業界によってはTikTok頼みの売り方になってきています。ビジネス関係ではかなり注目されているので、これから「**ショート動画ができる人に案件を振っていきたい！　コラボしたい！　仕事を振っていきたい！**」**という企業がどんどん増えていく**と思います。今までは、その流れがInstagramだったのですが、TikTokも同じような流れになってきています。

　これからは、ただのインフルエンサーではなく、「**売れるインフルエンサー**」**に仕事が集まっていく時代**になると思っています。これを言えるのは予測ではなく、日本のさらに先を行っている中国において、すでにそうなっているからです。

　自分がインフルエンサーになっていなかったとしても、その仕組みを知っておくこと、考え方を知っておくことはビジネス上で雲泥の差となります。だから今から始めて少しでも慣れておくことが重要です。今、ショート動画で伸ばしていくという方法で、SNSを伸ばしやすくなっていますし、ショート動画は外さないようにしたいですね！

今から始めて少しでもショート動画に慣れておくこと！

TikTok　　YouTube　　Instagram

Facebook　　LINE公式アカウント

様々な業界がTikTokに注目し、
「売れるインフルエンサー」を求めている

第 5 章

その場で売れる"動画"による生配信「ライブコマース」!!

アーカイブから
ライブの時代へ

📶 時代はどんどん移り変わっている

■ 後発組にもチャンスがあるライブ配信

　私はSNS戦略を指導する者としてSNSの歴史を見てきました。Facebook、Twitter、YouTube、Instagram、TikTokというように、「文字のみ」の投稿や「文字＋画像」の投稿、そして「横長ロング動画」、「縦長ショート動画」の投稿と進んできています。これに並行して、ライブ配信もどんどん盛んになってきています。

　逆に言うと、**ライブの時代へと移り変わっているからこそ、これからSNSを始めようという後発組にチャンスが大きい**のです。

　その理由は、第1章でお伝えしたように、ビジネスでSNSを活用するときには「信頼構築が一番大事」だからです。そして、**ライブはアーカイブ（録画）より、あきらかに、急速に信頼関係を構築できる**からです。

　アーカイブは録画なので、リアルタイムではありません。投稿する前に間違えた部分は修正し、わからないことを調べたうえで答えるなどで、体裁を整えることができます。しかし、ライブではそうはいきません。**ライブは、リアルタイムで配信者の実力を感じ取れる**のです。ですから、後発組の実力者は、ライブで先発組に勝てるチャンスがあると断言できます。

■ 時代は本物を求めている

　SNS人口はコロナ以降、拍車をかけて急速に増えています。**ユーザーはそのなかから本物を求める「本物志向」に変わってきています。**

　ライブは参加型です。ユーザーは参加した臨場感のなかで、自分が感じたことでライブ配信者を判断します。あなたの話の内容はもちろん、リアルタイムで投げかけられた質問に対し、あなたがどんなふうに即答するのかを見て「この人は、こんなにできる人なんだな」と感じたり、「あれ？　この人は動画ではすごかったけど、本当は全然なのかな」と残念に思ったりするので

す。

　ライブは、そのままの人物像が露見するため、取りつくろったり、見栄を張って大きく見せたりすることができません。それゆえ、実力がない人にはやりにくいのがライブです。その場で質問されたことにしどろもどろで答えたり、表情が強張ったりすると、それを視聴者に見られてしまいます。そういったことも、あなたとライバルとの比較材料になります。

　逆に言えば、たとえSNS後発組だったとしても、あなたの人柄や実力が、そのままユーザーに伝わるのがライブです。あなたの誠実な受け答えを見てユーザーは安心するし、頼もしいアドバイスを聞いて信頼感が増すことでしょう。優しい笑顔や場の雰囲気を盛り上げる気配りから、あなたの人柄を感じてファンになる人も出てきます。質問に対して即答できることは、**あなたの経験や知識の深さが魅力として伝わります。**

　リアルタイムのライブ配信だからこそ、ユーザーの心に響くのです。後発組でも信頼構築を急速に上げられるチャンスなので、時代の波に上手く乗って、ライブで信頼関係を構築していきましょう。

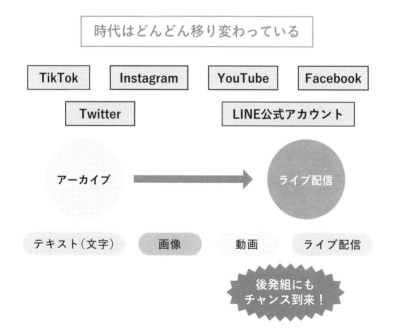

時代はどんどん移り変わっている

TikTok　Instagram　YouTube　Facebook
Twitter　LINE公式アカウント

アーカイブ　→　ライブ配信

テキスト（文字）　画像　動画　ライブ配信

後発組にも
チャンス到来！

VIDEO 2

2種類のライブコマースとは?

ライブコマースを理解しよう

■ 2種類のライブコマース

　ライブコマースはインターネットを通じたライブ配信で商品を紹介して販売する手法です。本書では2種類のライブコマースがあると定義しています。

　ライブ配信をしながら何かを販売したら「ライブコマース」と呼ばれるようになりましたが、実際には従来からその手法は存在していました。そのため、「ライブコマース」という呼び方を知らなかったとしても、すでにその手法を利用していた人もいると思います。本書では、そういったことも含めてライブコマースを2種類にわけています。では、詳しく解説していきます。

1．従来のライブコマース

　1つ目のライブコマースは、YouTube、Facebook、Instagramなどを活用した従来のライブコマースの方法です。この従来のライブコマースの方法は、SNSなどでライブ配信して商品を紹介し、ECサイト等と組み合わせて販売するので基本的にライブの画面に購入ボタン（決済システム）がありません。決済システムは、SNS以外のホームページやECサイト、決済サービスなどを用意します。

　例えば、Facebookライブでリアルタイムに講座やセミナーを販売し、購入したい人に決済システムがあるショッピングサイトなどへと誘導するといった流れが、従来のライブコマースです。

2．専用アプリやサイトを使ったライブコマース

　2つ目のライブコマースは、**ライブコマース専用アプリやライブコマース専用サービスサイト**を使った方法です。

　これらのアプリやサービスサイトには**購入ボタン（決済システム）**が実装

されているので、実際にライブ配信を行っている画面に商品を出品し、その場で決済ボタンを使って購入してもらうことができます。

■ 2種類のライブコマースの未来

　ライブコマースが先行している海外では、TikTokライブやインスタライブに決済ボタンのシステムが導入されているところもあります。海外の流れが日本にやってくると想定すると、**近い未来、TikTokやInstagramでは、ライブに決済ボタンのシステムが導入されるだろう**と考えています。また、今後はTikTokやInstagramだけではなく、決済ボタンが導入されるSNSが増えてくる可能性が高いです。

　従来のライブコマースでは、買いたい気持ちが生まれても、購入できるホームページやECサイトに飛んで迷いが出て、買うことをやめる人も少なくありません。この点は、従来のライブコマースのデメリットです。

　専用アプリやサイトを使ったライブコマースなら、ライブ配信中に商品を紹介し、その画面にある決済ボタンを押してその場で購入できるので、従来のライブコマースのようなデメリットはありません。決済手数料などの経費がかかったとしても、購入率が跳ね上がります。

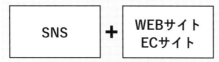

2種類のライブコマース

海外の一部ではすでにSNSのライブ配信に決済ボタンが付いている

| SNS | ＋ | WEBサイト ECサイト | | ライブコマースアプリ、 専用サイト |

SNSには決済ボタンがないので
他の決済システムを使う

決済ボタンが付いているので
その場で買える

近い未来に備えてライブコマースを理解しよう！

ライブコマースは個人で できるテレビショッピング

スマホ1つでできるテレビショッピング

■ ライブコマースとテレビショッピングの違い

「ライブコマース」という言葉を初めて聞く方や聞いたことはあるけどよくわからないという方も多いかもしれません。

ライブコマースをイメージで言うと、「**スマホ1つできるテレビショッピング**」です。SNSのライブ配信やライブコマース専用サイト等で商品を紹介しながら販売までを行います。

テレビショッピングとの違いは、テレビショッピングはテレビという媒体の性質上、**放送を通じて視聴者に一方的に販売する形式**だということです。それに対してライブコマースは、商品を紹介している間に配信者から呼びかけて視聴者がコメントで答えたり、視聴者がコメントで質問して配信者がそれに答えたりとリアルタイムに双方向のコミュニケーションがとれます。ですので、**テレビショッピングより、より実店舗での買い物に近くなります。**

例えば、ファッション関係のライブコマースなら、視聴者からコメントで「試着してください」と言われたら実際に試着してみて、「こんなイメージになります」と画面を通して見せることができます。このリアルタイムに視聴者の要望に応えられるという点がテレビショッピングとの違いで、ライブコマースの強みでもあります。

そして、もう一つの**大きな違いは購入時の手間**です。テレビショッピングは「買いたいな」と思ったときに、記載されている電話番号に電話してオペレーターに注文する方法やQRコードやURL、指定された検索キーワードでインターネットのサイトを探し、そこにある申込みフォームから購入します。買いたいと思ってから実際に買うまでの間に、少し手間がかかるのです。

視聴者は、せっかく買いたい気持ちになったとしても、この「少しの手間」で買いたい気持ちが萎えてしまったり、買いたい気持ちに迷いが生じたりして、購入を諦めるケースも少なくありません。

その点、ライブコマースは見ている画面に決済ボタンがあるので、手間や時間をかけずにスムーズに買うことができます。視聴者の買いたい気持ちにブレーキをかけることなく、スムーズに買ってもらえる点もライブコマースの強みです。

ライブコマースとは？

ライブコマースは「個人でできるテレビショッピング」

テレビショッピング

テレビ放送を通じて
視聴者に一方的に販売する

ライブコマース

ライブ配信しながら視聴者とコメントで質問回答するなど双方向のコミュニケーションを取りながら商品を販売する

いちご大福を
売っている
ライブコマース

　ライブコマースはスマホさえあればどこでも商品やサービスを販売できます。リアルタイムに質問に答えて疑問を解決したり、物によってはその場で試して見せたりして、やり取りをして視聴者と一緒に盛り上がるのがポイントです。

ライブコマースとSNSの
フォロワーは価値観が違う

フォロワーが多くても売れない理由

■ フォロワー数が多いので売れるのでは？

突然ですが、問題です。ライブコマースアプリを使って商品を販売するとき、SNSのフォロワー10万人の人とフォロワー3000の人では、どちらが売れると思いますか？

SNSのフォロワーが多い人が「ファンが多い」ので売れるように感じますが、実際にはそうではありません。

「SNSのフォロワーが多いのに、ライブコマースで販売しても全然売れなかった」ということはよくあります。実際にSNSのフォロワーが10万人いる知人がライブコマースを行って、全然売れなかったケースがありました。

その逆で、私が「この人は、ライブコマースで相当売っているな」と思う人が、Instagramのフォロワーが1000〜3000人だったりします。フォロワー数がそんなに多くない人が、Instagramで集客して、ライブコマースアプリやサイトで売れているのです。このように、ライブコマースで商品を購入してくれるフォロワーはただフォローしているだけではなく、**濃いファン**ということです。

■ 価値観が違う

あなたは、「Instagramを開いて商品を買おう！」と思うことは、ありますか？　ほとんどないですよね。同様に、**SNSのフォロワーは、基本的に無料のものを見に来ています。**そのため、無料のコンテンツが欲しいフォロワーが10万人いたところで、ライブコマースで買ってくれるフォロワーではありません。だから、売れないのです。

それに比べてライブコマース専用サイトに来る人は、「何かいいものがあったら買おう！」と思って見に来ています。たとえて言うなら、Amazonを見に来ている感じのイメージです。**買うつもりで見に来ているので、買って**

くれるのです。

　このように、ライブコマース専用サイトに来る人とSNSのフォロワーでは、**価値観が違います。**

　もしも、あなたが「ライブコマースで販売したい！」と考えるなら、Instagramを始めとするSNSのフォロワーの集め方を、従来の「無料のコンテンツを投稿して自分を知ってもらう」ことから「買ってくれる人を集めるまたは育てる」というように変えなければなりません。ライブコマースを伸ばしていく一番のポイントは、「ライブコマースで買ってくれる人を増やす」ことです。

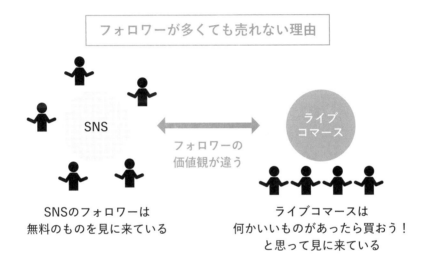

フォロワーが多くても売れない理由

SNS

ライブ
コマース

フォロワーの
価値観が違う

SNSのフォロワーは
無料のものを見に来ている

ライブコマースは
何かいいものがあったら買おう！
と思って見に来ている

VIDEO
5

インスタライブと TikTokライブ

ライブ配信を牽引するインスタライブとTikTokライブ

■ スマホの縦長ディスプレイでのライブ配信

　最近のSNSは、アーカイブからライブの時代へ移り変わっているからこそ、これからSNSに力を入れたい後発組にチャンスがあると、この章ではお伝えしています。ですので、ぜひ、本書をお読みのあなたにも、ライブ配信にチャレンジしてほしいと思っています。

　ここでは、インスタライブとTikTokライブについて触れていきます。InstagramとTikTokは、両者ともパソコンでのライブ配信はできません。**スマホの縦長動画（縦長ディスプレイ）で配信するのが特徴**です。そして、視聴者もほとんどがスマホで視聴します。

　両者の違いは、**インスタライブは基本的にはフォロワー以外への拡散が少なく、フォロワーに視聴してもらう**という点です。フォロワー向けにライブ配信して、ビジネスの配信でもプライベートなことを含め、思考やノウハウなどを発信します。そして、コメントでのやり取りを通して、呼びかけたり、質問に答えたりして信頼を構築していきます。

　そのうえで、**私のお勧めのインスタライブの配信方法は、コラボ配信**です。コラボ配信とは、2人以上でインスタライブを行うことで、4人まで一緒にできます。

　コラボ配信なら拡散しづらいインスタライブでも、自分のフォロワーだけでなく、コラボ相手のフォロワーにも通知が届いて視聴してもらえるので、新しいフォロワーが増え、ファンになってくれる可能性があります。

　ですので、一人で配信する場合はフォロワー向けに配信し、コラボ配信の場合は、新規の人もいると意識して配信するようにしましょう。

　次に、TikTokライブは、インスタライブと同様に縦長動画（縦長ディスプレイ）でライブ配信しますが、**TikTokはフォロワー以外にも拡散する仕組み**

になっています。そのため、信頼構築と合わせて、初見の人への認知活動にも有効です。

　また、インスタライブもTikTokライブも、海外ではライブ配信画面に購入ボタン（決済システム）が装備されている国があります。いずれ日本でもライブコマースができるようになると予測できるので、今からライブ配信に慣れておくと良いでしょう。

スマホの縦長ディスプレイでのライブ配信

インスタライブは
フォロワー以外への拡散が少なく、
フォロワーに視聴してもらう

TikTokライブは
フォロワー以外にも
拡散する仕組み

パソコンでのライブ配信はできず、スマホからの配信

インスタライブの画面

Facebookライブと YouTubeライブ

今も人気のFacebookライブとYouTubeライブ

■ スマホの横長ディスプレイでのライブ配信

インスタライブとTikTokライブと同様に、FacebookライブとYouTubeライブも人気があります。ここでは、FacebookライブとYouTubeライブについて触れていきます。**FacebookライブとYouTubeライブは、基本的にはテレビと同じ横長動画（横長ディスプレイ）で行います。**

FacebookライブとYouTubeライブの大きな違いは、FacebookライブはFacebookにログインして視聴するため、**Facebookで繋がっている人に向けて配信**になることです。また、Facebookグループでコミュニティを運営できるため、自分のコミュニティ向けに配信もできます。これに対し、**YouTubeライブはURLを知っていればログインしなくても視聴できます**。そのため一般向けに配信するなら、YouTubeライブがお勧めです。

Facebookライブ、YouTubeライブの両者ともに条件はあるものの、パソコンでもスマホでもライブ配信できます。視聴者も今の時代はスマホで視聴する人が多いですが、パソコンで視聴する人も結構いるので、インスタライブやTikTokライブと大きく異なります。特に、前もって告知されているノウハウなどのプレゼン形式の配信の場合、しっかり学ぼうとする人はパソコンで視聴する人も多いです。

スマホの横長ディスプレイでのライブ配信

Facebook	YouTube
Facebookライブは Facebookにログインして視聴する	YouTubeライブはURLを知っていれば ログインしなくても視聴できる

パソコンでもスマホでもライブ配信ができる
スマホで視聴する人が多いが、パソコンで視聴する人もいる

■「テーマを決めて配信」で比べると

「テーマを決めて配信する」という面から比べると、Facebookライブや YouTubeライブはノウハウやマインドなどのテーマをしっかりと決めて配信する傾向があるのに対し、インスタライブやTikTokライブは、テーマを決めることもありますが、どちらかというと**気軽にコミュニケーションを取りながら配信する傾向**があります。

これは、**各SNSのユーザーの年齢層に関係**があります。特にFacebookライブは40代、50代の年齢層で起業家の配信が多く、ビジネス系のテーマに偏っています。それに比べ、インスタライブやTikTokライブは30代以下の若い人も多く、YouTubeライブは幅広い年齢層です。

■ どのSNSで配信したら良い？

ライブ配信を行う際に、どのSNSで配信したらいいのか迷った際は、決める基準として「**できるだけ多くの人に視聴してもらえる可能性があるSNS**」であり、かつ「**フォロワーとの信頼を構築しやすいSNS**」を選ぶことをお勧めします。「できるだけ多くの人に視聴してもらえる可能性があるSNS」とは、**SNSのフォロワー数が多いもの**、例えばInstagramでライブ配信を行うのならフォロワー数、YouTubeで行うのならチャンネル登録者数、Facebookで行うのなら友達やフォロワー数というように、**視聴してもらえる可能性が高いSNS**のことです。

また、フォロー数が多いSNSは、**あなたが注力しているSNSのはず**なので、「フォロワーとの信頼を構築しやすいSNS」に該当します。この2つの基準に当てはまるSNSでライブ配信を行えば、より多くの人に視聴してもらえる可能性があり、フォロワーとの信頼関係を構築しやすくなります。ただし、**TikTokはフォロワー数が少なくても、フォロワー以外のユーザーに拡散されて視聴される仕組み**のため、テーマによっては初見の人が見に来てくれます。そのため、フォロワー数が少なくてもテーマを決めてライブ配信を行ってみても良いでしょう。

SNSの選択

できるだけ多くの人に 視聴してもらえるプラットフォーム	フォロワーとの信頼関係を 構築しやすいプラットフォーム

VIDEO
7

ストリームヤードで同時配信

■ 複数のプラットフォームに同時配信できるストリームヤード

あなたは、**ストリームヤード**（StreamYard：https://streamyard.com/）という素晴らしいサービスをご存じですか？

通常、ライブ配信はYouTube、Instagram、Facebook、Twitter、などの各プラットフォームで配信します。InstagramならInstagramユーザーに、FacebookならFacebookユーザーに、というように各SNSのユーザーに向けての配信となり、**どれか一つのSNSで配信すると、視聴者がそのSNSアカウントを開設していない場合、ライブ配信を視聴することができません**（YouTubeは例外）。

配信者の心情としては、ライブ配信をできるだけ多くのユーザーに見てもらいたいものです。もし複数のSNSに配信する場合、通常ならば複数のスマホやパソコンを用意して、それぞれ別のSNSに同時配信しなければなりません。

しかし、FacebookライブとYouTubeライブは横長画面ですし、InstagramライブとTikTokライブは縦長画面というように配信の設定もバラバラなうえ、複数の機材で配信すると視線をどこに合わせていいのかもわからず、ライブ配信そのもののクオリティが下がってしまいます。

また、視聴者が参加してくれる際のコメントも、それぞれ別のSNSで確認しなければならず、取りこぼしてしまう可能性もあります。**こういった問題を解決してくれるのが、ストリームヤード**です。

ストリームヤードは、配信設定を行えば複数のプラットフォームの垣根を越えて同時に配信できる、とても便利なサービスです。

具体的には、YouTube、Facebook、Twitterへのライブ配信を一つのパソコ

ン画面で同時にできます。ただし、スマホでしか配信できないインスタライブやTikTokライブには活用できません。

そして、ストリームヤードはライブ配信の映像だけではなく、画像をスライドのように表示しながら資料を共有できます。そのため、**セミナーやプレゼンにも使いやすい**です。

そして、**複数のゲストとコラボでライブ配信する**こともできます。このゲストとコラボする際もYouTubeライブは自分だけ、Facebookライブは自分ともう1人までというような制限があるのに対し、ストリームヤードは無料版で6人まで、有料版で10人までの配信ができます。コラボ可能人数が10人まで広がると、イベントツールとしても使えるので、とても使い勝手の良いサービスです。

また、**コメントを共有して表示する**ことができます。この機能があると、例えば、YouTubeライブに書き込まれたコメントはFacebookライブで視聴しているユーザーには本来は見えないですが、それを共有できるのです。

さらに、たまにライブ配信している際に都合の悪いコメントが書き込まれて、場の雰囲気が悪くなってしまうことがありますが、これもストリームヤードなら**都合の悪いコメントを表示しない**ことができます。このようにストリームヤードは、ライブ配信の悩み事を解決してくれる、お助けサービスなのです。

ストリームヤード

ライブ配信での悩み事を解決してくれる「お助けサービス」

同時配信

YouTube　Facebook　Twitter

**複数のプラットフォームの垣根を越えて
同時に配信できるストリームヤード**

Zoom から Facebook、YouTube ライブ

連携して使えば30人のコラボイベントも可能

■ Zoom でセミナーやイベントを開催して SNS にも配信！

前述のストリームヤード以外に、**Zoom と YouTube ライブまたは Facebook ライブのどちらかを連携させて配信する方法**があります。Zoom の有料版なら、コラボ人数はストリームヤードの有料版の10人を超えても可能なので、Zoom でセミナーやイベントを開催し、それを YouTube ライブまたは Facebook ライブにも同時配信するという使い方ができます。

こうすることで、例えば、Zoom では顔出しできる人にセミナーやイベントに参加してもらい、言葉でやり取りしながら進めて、顔出しできない人には YouTube ライブを視聴してもらうことができます。また、コミュニティの有料会員には同じく Zoom に参加してもらい、その様子を会員以外の人にも Facebook ライブで視聴してもらうというように使い分けができます。

■ Zoom とストリームヤードの比較

ここで、Zoom と YouTube ライブ、Zoom と Facebook ライブを使った方法とストリームヤードで同時配信を行った場合を比較してみましょう。

1．コラボ人数

コラボ人数は、Zoom を使う方法のほうが大人数での配信ができるので、イベント開催に向いています。

2．加工機能

Zoom には画像の加工機能がありますが、ストリームヤードには加工機能がありません。したがって、Zoom と YouTube ライブまたは Facebook ライブを連携させて使うほうが、女性に人気があります。

３．解像度

　基本的にZoomは解像度が低いので、画質が少し荒く、綺麗ではありません。ストリームヤードのほうが解像度が高く、画質は綺麗です。

４．視聴可能なユーザー

　ストリームヤードで配信する場合は、複数のSNSへ同時配信できるので、各SNSのユーザーが視聴可能になります。Zoomからの場合は、FacebookまたはYouTubeのどちらかになるので、**視聴者数を増やしたいならストリームヤードのほうが良い**でしょう。

　このように、ZoomとYouTubeライブまたはFacebookライブを連携させて使う方法、ストリームヤードを使った同時配信、それぞれにメリットとデメリットがあるので、使用用途別で使い分けていくことをお勧めします。

▎Zoomとストリームヤードの比較

	Zoom	ストリームヤード
コラボ人数	10人を超えても可能 （30人のコラボイベントも可能） イベント開催に向いている	無料版で6人まで 有料版で10人まで
加工機能	画像の加工機能がある	画像の加工機能なし
解像度	解像度が低く、画質が荒い	問題ない
視聴可能なユーザー	FacebookまたはYouTubeとの連携により視聴可能	YouTube、Facebook、Twitterに同時配信できるため、各ユーザーが視聴可能

VIDEO

9

音声ライブ配信の効果的なやり方

声の魅力や話し方の魅力でファンづくり

■ 音声ライブ配信の種類

　最近、人気が急上昇している音声SNSですが、そのなかでもライブ配信ができるものがあります。音声ライブ配信は映像タイプのライブ配信とは違い、**音声のみで配信できるので気軽に始められます**。例えば寝起きのパジャマ姿でも、女性ならノーメイクの状態でも、声だけならわかりません。

　音声ライブ配信の代表的なものは、Twitterのスペースや Clubhouse（クラブハウス）、stand.fm（スタンドエフエム）です。その他に、登録の審査がありますが、Voicyライブアワー（生収録）などもあります。

　ここでは音声ライブ配信の種類についてご紹介します。

① Clubhouse（クラブハウス）

　Clubhouseは音声のみでコミュニケーションを取るSNSで、日本に導入された頃は1ユーザーにつき2人までという招待制だったことや著名人の話が聴けるという理由で大ブームになりました。2021年7月に招待制が廃止され、**今では誰もが招待無しで参加できる**ようになりました。

　主催者がそれぞれルーム（部屋）を開いて、ラジオのように音声のみで配信を行います。開かれているルームに入って話を聞いたり、話したりするのが基本ですが、最近は**アーカイブ（録音）を残せる**ようになり、リアルタイムで聴き逃した人も聴けるようになりました。イメージで言えば、音声だけのセミナールームにオンラインで参加している感じです。

② stand.fm（スタンドエフエム）

　stand.fmは**音声配信アプリ**です。音声SNSの中でも使い方がわかりやすく、**誰もが気軽に音声配信を楽しめるプラットフォーム**です。ライブ配信したり、収録して投稿したりすることで、自分でラジオ番組をもつラジオパー

ソナリティーの気分を味わえます。

また、stand.fmには、YouTubeと同じように**再生時間に応じて報酬がもらえるシステムや有料の音声コンテンツを販売して購入者だけが聴けるシステム、有料会員向けに音声配信を行うシステムなどがある**のも特徴です。

stand.fmの音声ライブ配信のシステムは、複数の人とコラボできて、その他の人とはコメントで会話する形式です。

③ Twitter スペース

Twitterのスペースは「Twitter版Clubhouse」とも言われる、Twitter上で音声を使ったリアルタイムの会話ができる機能です。**Twitterのアカウントをもっている人は誰でも参加可能**で、「ホスト」「共同ホスト」「スピーカー」「リスナー」という4つの役割にわかれています。

「ホスト」が作成したスペースに対して、「共同ホスト」というホストに準じた役割をもたすこともでき、招待または許可された、最大10人までのスピーカーが発言を行います。それを「リスナー」が聴くというスタイルです。以前はアーカイブを残すことができなかったのですが、現在では**アーカイブを残すことができるようになりました。**

Twitterの特徴は「Twitterが好きなユーザーはTwitterから離れない」というものがあり、スペースの機能ができるまでは他の音声SNSを利用していたとしても、スペースの開始でTwitterに戻ったというユーザーが多いです。

④ Voicy ライブアワー（生収録）

音声プラットフォームVoicyは、有名人が数多く配信していることでご存じの方も多いと思います。Voicyの特徴は、誰もが気軽に配信できるサービスではなく、**配信者（パーソナリティ）は特定の分野に精通したプロとして審査を通過した人のみ**です。そして、基本的にはライブではなく、収録配信ですが、2021年に「生放送」機能を使って公開生収録・ゲストコラボ収録を行う「Voicyライブアワー」というサービスが開始されました。

■ 動画ライブと音声ライブを同時配信する

ライブ配信を行うにあたり、できれば多くの人に視聴してもらいたいですよね。そのための一つのアイデアとして、**端末（対応するスマホやパソコン）**

を2台用意して、動画ライブと音声ライブを同時配信するという方法が挙げられます。

　特に、音声SNSや音声配信で声だけを聞き続けている人は、「この人はどんな人なのだろう？」と配信者の顔や姿に興味が湧いてきます。例えば、Clubhouseで音声を聞き続けている人は、配信者はどんな人かと写真や動画が投稿されているInstagramを見に行くことがよくあります。そんな需要があるので、同じく顔や姿を見られる動画ライブと音声ライブを同時配信するのも効果的です。

　この場合、動画ライブを中心に進めて音声ライブは流しっぱなしにしましょう。どちらか一つに集中しないと、どちらも中途半端になってしまうので、顔や姿が見られる動画ライブをメインに配信するようにします。

　そして、ときどき、音声ライブのリスナーに向けて、「今YouTubeライブで配信中です。ぜひ見に来てください」というように呼び掛けます。この流れで動画ライブを視聴してもらえば、視聴してくれた人はこれまで以上にあなたのファンになってくれるでしょう。

■ 声や話し方の魅力を活用して信頼貯金を貯めていく

　音声ライブ配信と映像タイプのライブ配信は形が違うように見えますが、「なぜライブ配信するのか？」という点での違いはありません。

　本書ではライブ配信を行うことにより、「後発組にもチャンスがある」とお伝えしています。その理由はアーカイブからライブへと時代は移り変わり、ライブ配信ではごまかせない本来の姿が、そのまま「差」となってユーザーに伝わり、あなたが選ばれるチャンスを生み出してくれるからです。

　また、時代は本物を求めています。実力がある人ほど、ライブ配信では輝くのです。あなたの安定感や信頼度、知識の深さや人柄などをユーザーに伝えるには、編集なしのリアルタイムで「あなた」を感じてもらうことが一番の近道です。これは、音声ライブ配信でも同じことです。

　音声ライブ配信は、ラジオのように「ながら聴き」する人も多いです。気に入らない話し方であれば、容赦なく他へ移ります。ですが、声だけの音声だからこそ、声の魅力や話し方の魅力は映像タイプのライブ配信よりも耳に残ります。音声ライブ配信だからこその特徴を活用し、専門性や人間性が伝わる配信をして信頼貯金を貯めていきましょう。

その場で売れる
ライブコマースのコツ

コメントをもらうコミュニケーション術

■ ライブコマースは盛り上がるほど売れる

　ライブコマースの魅力は視聴者とのコメントを通じて会話をし、リアル店舗で買い物をしているような雰囲気で物が買えることです。しかし、最初から上手くいく人は少ないです。ここでは、ライブコマースのコツについてお伝えしたいと思います。

　ライブコマースのコツの一つは、**ライブを盛り上げること**。ライブが盛り上がれば盛り上がるほど売れます。では、ライブを盛り上げるとはどうすれば良いのでしょうか？

　ライブは視聴者とのコメントを通じた会話のやり取りをすることで、臨場感が増していきます。そのため、**コメントをもらいやすいように配信者から呼びかけたり、質問したりすることが大切**です。ただし、視聴者の立場からすると、質問の内容が専門的だったらコメントしづらいですよね。特にライブの冒頭部分では、専門的な話よりも会話に参加しやすい呼びかけをして、**コメントすることに慣れてもらうことが大切**です。

　私がライブ配信を行う際も、「今日どちらからのご参加ですか？　都道府県だけでいいので教えてくださーい！」と視聴者に問いかけます。そうすると、「沖縄！」「東京です！」「名古屋から」「カナダから参加してます！」のようにコメントが入ってきます。「わぁ、全国からのご参加、ありがとうございます！　海外からもいらしていただき、ありがとうございます！」と続けることで、**会話のキャッチボールが始めやすくなる**のです。

　この辺りは、ネット上でもリアルのセミナーなどでも同じですが、参加の緊張感を取り去る気遣いが、会話のキャッチボールを続けるために大切です。相手が話しやすい状態をつくり、参加しやすい呼びかけをすることでライブが盛り上がります。また、その気遣いに気づいた人は、あなたの人柄にも惹かれていくことでしょう。**ファンづくりというのは、そういった小さな気遣**

いの延長線上にあるのです。

■ いきなり販売ではなく、信頼関係を構築してから

　ライブコマースで売るコツは、商品をいきなり売るのではなく、最初はライブ配信で**あなたやあなたのビジネスの内容、考え方を知ってもらうこと**です。ビジネスや商品に興味のある人に対して、**何回目かのライブで商品を売っていくという流れ**をつくっていきます。そのうえで、ビジネスの内容に興味をもってくれた人と信頼構築できたら、高単価の商品でも買ってくれるようになります。

　また、「**ライブ配信の組み立て**」も売れるポイントになる大事な部分です。この組み立てについては、商品の種類や金額などで違ってくるので一概には言えませんが、先述したように、いきなり販売するのではなく、信頼関係を構築していきながら販売する組み立てを考えて配信しましょう。

相手が話しやすい状態をつくり、
参加しやすい投げかけでライブを盛り上げる

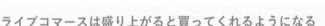

ライブコマースは盛り上がると買ってくれるようになる

VIDEO 11 ライブコマース事例

ライブコマースで売上 UP!

■ ライブコマースの成功事例

第1章「趣味のハンドメイドでライブコマース！月収30万円超えに」で事例として登場していただいた、滋賀県のハンドメイド作家の女性もライブコマースで結果を出している1人です。

ハンドメイドアクセサリーは単価が低いのに、それでも1回2時間のライブコマースで3万円、5万円、10万円と売れるようになり、**今ではご主人の収入を超えるほどの売上を達成**しています。

このように、ライブコマースで売上を上げている人はたくさんいます。ここでは実際に、ライブコマースで売上を上げている2つの事例をご紹介します。

① コロナで大打撃を受けた雑貨店オーナーの事例

こちらの事例は、コロナで大打撃を受けた雑貨店オーナーのお話です。この雑貨店では、天然石や天然石で作成した雑貨を中心に販売しており、コロナ前は店舗だけでの販売でした。

経営はそれなりに順調でしたが、コロナの影響で来店するお客様はほとんどいなくなってしまい、「お店を閉鎖して、スタッフも解雇してなければならないかもしれない」と考えていた矢先、ライブコマースを知りました。**お客様が来なくなって空いてしまった時間、販売スタッフにライブコマースをやってもらおう**と考え、ダメもとでライブ配信をしながら商品販売を始めました。

Instagramでフォロワーを集めるとともに、以前からの顧客リストに連絡し、インスタライブを開始しました。インスタライブには購入ボタンが付いていないため、DMで希望商品を受け付けて販売しました。

ライブ画面にお店や商品を映しながら販売し始めると、最初はわずかでし

たが、売れたのです。「**お店にお客さんが来なくても、少しは売上が上がる**」とライブコマースに手応えを感じました。「この感覚は大きいものでした」と、オーナーはおっしゃいます。

それから毎日のようにライブ配信を続けていくと、**売上は右肩上がりに伸び、コロナ前の売上を超える**ほどになりました。

雑貨店オーナーは店舗を閉鎖しようと思ったこともありましたが、ライブで店舗を映すことでスタッフが販売しやすくなるため、現在も店舗を閉鎖することなく、ライブコマースを継続しています。

②企業や他者の商品を販売するセレクトライバーの事例

こちらの事例は、**企業や他者の商品を販売するセレクトライバーの女性**の話です。セレクトライバーは私がつくった造語で、**自身の商品はもっていないけど、自分が良いと思った他者の商品を代理で販売する人**を指します。簡単に言うと、ライブコマースのセレクトショップのようなイメージです。

この女性、普段は企業から依頼を受けて、美容商品や食品などをライブコマースで販売しています。そして、ときどき、地域のお店に連絡して足を運び、お店の商品をライブコマースで販売しています。

彼女は、お店の1週間分の売上を1日のライブコマースで販売してしまうこともあり、お店としても有難いし、本人も売上金額に応じて手数料をもらうので、ウィンウィン（Win-Win）になります。

ハンドメイド作家
ご主人の収入を超えるほどの
売上を達成！

雑貨店オーナー
売上は右肩上がりで
コロナ前の売上を超えた！

セレクトライバー
ライブコマースのセレクトショップで
地方創生に貢献！

ライブコマースで売上UP!

ライブコマースは地方創生に最適!

ライブコマースと地方創生

■ ライブコマースが地方で注目される理由

ここまで、ライブコマースについてお伝えしましたが、**今、自治体や地方企業がライブコマースに注目しています。その理由が「地方創生」の分野で**の活用です。

地方創生とは、これまで続いてきた地方の人口減少に歯止めをかけて、地域経済を活性化させる政策や取り組みのことです。この取り組みでは、各自治体がそれぞれの特徴を活かして新しい政策やイノベーションを行うことが期待され、民間企業も共に地元を盛り上げるために活動を行っています。

そもそも地方から都市へと出ていってしまう理由は、都市との格差や地方経済の衰退が大きな原因です。特に農村地域には働く場所が少ないため、十分な収入を得られず、多くの若者が就職先を求めて都市部へと移住していきます。これでは、ますます地方の産業は衰退してしまいます。

そこで、**地方の産業を活性化できるとして注目されているのが「ライブコマース」**なのです。

■ ライブコマースが地方創生の一助となる

ライブコマースは企業や個人を問わず、**誰もがライブ配信をしながら商品やサービスを販売できます。つまり、仲介業者を通さずに、**生産者自身や生産者の代わりにライブコマーサーが地方の特産品などを直接消費者に届けることができるのです。

実際、私が代表を務めるソラコマ株式会社では、SNSとライブコマースの教育と企業支援を事業としており、地方創生に力を入れています。その一環で、全国各地の名産品をライブコマースで販売する地方創生イベントを開催したり、地方に出向いて地域の生産物の販売代行を行ったりしています。

例えば、青森県のきむら果樹園に行って、「青森なのに桃!」と題して桃を

中心とした地域の特産品をライブコマースで販売しました。

　その結果、**500名の方が視聴し、1回のライブ配信で35万円以上を売り上げ**ました。この売上金額に、青森県やライブコマース関係者の方から「**これまで他社が行ったライブコマースの5倍以上倍売れた！**」と驚かれました。

　これは**ライブコマースのテクニック**による売上結果ですが、このとき、「単に商品を販売するだけではなく、地方創生に繋がるように、青森の農家の想いと現状を伝える」というシナリオで、次のようにお伝えしました。

『平成3年の台風19号の影響で、青森県では収穫前のりんごの落下やりんごの倒木が発生し、約741億円もの被害を受けました。青森県津軽地方の南方に位置するきむら果樹園は「りんご農家を生き残らせるためには、青森を代表する新たなモノをつくらねば」と決意し、桃の栽培を始めました。

　最初は「青森で桃なんて」と周りから受入れられませんでしたが、親子2世代にわたり地道に努力を重ねました。美味しくなる工夫を続けてきた結果、少しずつ周りの目も変わり仲間も増えました。今ではようやく「津軽の桃」として県内でも認知されるようになったのです。

　また、今年8月に入って青森県では記録的な大雨で大きな被害が出ていますが、そんななかでもたくましく実っている桃があります。たくましく美味しい桃を、全国の皆さんに味わっていただければ幸いです』

　このようにライブ配信のなかで「**青森の農家の想いと現状**」を伝えることで、**地方の産業を売上面から活性化するだけでなく、それまでその地域に全く縁がなかった人が、興味をもってくれるようになるのです。**

■ 売れるライブコマーサーが増えれば地方創生に繋がる

　私たちの会社が全国の名産品をライブコマースで販売する地方創生イベントを開催したり、現地に出向いてその地の生産物の販売代行をしたりする際は、ライブコマーサーと呼ばれるライブコマースのプロフェッショナルが配信します。

　例えば、「地方を応援！うまいもん厳選LIVE」と題して、北海道から九州までの各地の名産品を販売したときも、ライブコマーサーに配信してもらいました。全国各地の名産品を1ヵ所に集めてライブ配信を行い、**単価が安い**

食べ物が中心にもかかわらず、3時間で50万円以上を売り上げることができました。

　このように、全国の特産品や地元サービスなどを販売できる「売れるライブコマーサー」が増えれば、地方の生産物を知ってもらったり、売上が上がったりして、**地方創生や日本経済の発展に繋がる**はずです。

　しかし、現在の日本には、まだ売れるライブコマーサーが少ないです。そのため、私たちはこれからもライブコマーサー育成と企業支援事業に注力して、地方創生に貢献していきます。

　売れるライブコマーサーになれば、各地の企業から引く手あまたになるので、あなたもライブコマースのスキルを身に付けて、地方創生に貢献しながら収入を得ることを視野に入れてみてくださいね。

ライブコマースは地方創生に最適！

売れるライブコマーサーが増えれば
地方創生に繋がる！

VIDEO
13

ライブからアーカイブ時代へ「ソーシャルコマース」

近い未来は「ソーシャルコマース」

■ SNSのライブ配信に決済ボタンが導入される未来

ライブコマースという言葉は少しずつ知られてきた昨今ですが、ここでは「**ソーシャルコマース**」という近い未来のことをお話ししたいと思います。

現在、ライブコマース専用サイトには購入ボタンが付いていて、ライブコマースに参加している人がその場で決済して購入できるようになっています。私の感覚では、「やっと購入ボタンが付いた！」という感じです。そして、先述しましたが、**私は近い未来、TikTokやInstagramのライブにも、決済ボタンのシステムが導入されるだろうと考えてきました**。さらに、今後はTikTokやInstagramだけではなく、決済ボタンが導入されるSNSが増えていくと確信しています。そう言える理由は、**すでに海外の一部でTikTokライブやInstagramのライブに決済ボタンのシステムが導入されている**からです。

では、近い未来の予測を立ててみましょう。私の未来予想図では、ライブではなく、ショート動画やロング動画に「購入ボタン」が付き、動画を見た人が、その場で購入できる時代が来ると予測しています。それが「ソーシャルコマース」の時代です。

■ ソーシャルコマースの未来を予測して準備しておく

近い未来に「ソーシャルコマースの時代が来る！」と考えているのは、夢や希望の話ではなく、おおよそそうなると決まっている予測です。これは、実際にInstagramやTikTokの動きから導き出している未来予想図です。

だからこそ、**本書の読者の方には今から準備してほしい**のです。その準備というのは、ショート動画でもロング動画でも良いので、**今から「あなたのファンをつくっておく」**ということ。これがとても大切で、動画（アーカイブ）で商品を販売するためには、ファンづくりができていたほうが有利だか

らです。ソーシャルコマースでは、どれだけファンがいるかで大きく差が付きます。

■ ファンづくりで明暗が分かれる未来

例で解説すると、百貨店などで実演販売を見たことがあると思います。実演販売士の彼らは、もちろんプロなので「売るテクニック」は、素晴らしいものをもっています。しかし、コロナ禍になり、百貨店という売る場所を失い、実演販売士たちがSNSやライブ配信にも進出してきました。百貨店やテレビショッピングでの実績はものすごいので、皆、かなり売り上げるのではないかと思いました。しかし、結果は「**実演販売のプロなのに売れていない**」**という現象**が起こったのです。これは、なぜだと思いますか？

素晴らしい「売るテクニック」をもっているのに、ライブコマースを行っても売れなかった理由は、**視聴者を集められなかったから**につきます。買ってくれるお客様がいない場所でいくらテクニックを駆使しても、どうにもならないのです。

百貨店という場所では、百貨店サイドが人を集めてくれます。最上階で催事のイベントを企画して、人を百貨店に呼び込みます。催事目当てのお客様の導線は、まず、エレベーターで最上階に上がり、催事を見た後はエスカレーター、階段、エレベーターを使って階下に降りていきます。これが、百貨店のお客様導線です。そのため、一番人が行き来する一等地は、各階の「エスカレーター周り」と言われています。もしかすると、あなたもエスカレーターの周りで実演販売を見たことがあるのではないでしょうか。

このように、**実演販売のプロは、外から人を集めるテクニックはもち合わせていません**。人が集まっている一等地で販売していたのですから、ライブコマースを行っても人を集められずに売れなかったわけです。

この話を未来のあなたに置き換えてみると、ソーシャルコマースの時代に備えて「あなたのファンをつくっておく」ということが、どれだけ大事かをご理解いただけると思います。

また、現在のライブコマースでもファンであるリピーターが多い人ほど、ライブコマースを見て買ってもらえています。今、ライブコマースで売れるようになっておけば、近い未来、先駆者として企業から引っ張りだこの存在

になります。ぜひ、そこを目指して今からファンづくりを行っていきましょう！

〈ライブコマース〉

　リアルタイムのライブ配信をするなかで商品サービスを販売する。ライブ配信画面に購入ボタンが表示されるアプリやサイトがある。

〈ソーシャルコマース〉

　リアルタイムではない投稿や動画のなかで商品サービスを販売する。近い将来、投稿や動画に購入ボタンが表示されるようになる。

▶ VIDEO

第 6 章

「SNSの掛け合わせ」と
"動画活用"で売上UP！

SNS動画を目的に合わせて活用する具体例

SNSを活用する目的は？

■ 目的別ショート動画をベースにしたSNS活用の具体例

本書では、SNSを活用するなら目的を定め、その目的に合わせて活用することが大事だとお伝えしています。SNS活用の目的がはっきりしていれば、**誰に向けて発信するのか、その相手に何を発信すれば良いのかが明確になり**ます。

ここでは、目的に合わせた「ショート動画をベースにしたSNS活用法」の具体例をご紹介します。

目的❶ 講座への集客

例えば、「マーケティング講座への集客」がSNS活用の目的なら、マーケティングに関する知識やお役立ち情報などの投稿を「マーケティングに興味をもってくれそうな人」に向けて発信していきす。

マーケティングに興味のない人、また、そもそもビジネスをやってない人に向けて一生懸命投稿していてもスルーされてしまい、講座への集客効果は見込めません。起業家やフリーランスなど、ビジネスを行っている人のなかから**ターゲットを絞って投稿**していきましょう。

【具体例】

ショート動画では、マーケティングの必要性やミニ知識、事例、トレンドなどを配信してあなたやビジネスのことを知ってもらい、ロング動画では、**売上を上げる仕組みや集客の方法など、より深く学べる内容を配信して信頼構築**しましょう。

目的❷ 店舗への集客

エステサロンや個人サロンを経営している人が必要なのは、お店という「**場所**」に**集客する**ということです。SNSユーザーに来店してもらえるよう

になるには、あなたの考え方や施術方法を配信し、**共感してもらえることが大事**です。また、あなた自身に信頼を寄せてもらえるようにコメントやDMでの**丁寧なコミュニケーション**を心がけましょう。信頼関係が構築できれば、遠方からの来店も期待できます。

【具体例】

　エステサロンや個人サロンに興味があるのは、美に関する探究心がある人や悩みがある人です。ショート動画ではあなたの考え方、サロンのポリシー、サロンの違いや選び方、綺麗になる方法などを配信し、ロング動画ではこれらをさらに深掘りすると共に、少し長めの美容に関する意識や知識の情報を配信していきましょう。

目的❸ ○○サークルや○○オンラインサロンの仲間を増やす

　SNS活用の目的が○○サークルや○○オンラインサロンのような「仲間づくり」のケースもあると思います。この場合、○○に興味がある人向けの知識やノウハウを配信することも大事ですが、**仲間づくりの楽しさを求めている人**も多いです。「このサークルなら参加したい！」「このオンラインサロンなら学べるかも！」と、**ユーザーが参加したくなる活動内容や雰囲気づくり**も選ばれる要素となります。

【具体例】

　ショート動画では、コミュニティのビジョンや方向性、知識、ノウハウ、活動風景などを配信します。ロング動画ではこれらを深掘りした内容で長尺で配信すれば、サークルやオンラインサロンへの信頼度も増すでしょう。

目的❹ 心理カウンセラーや占いの集客

　SNS活用の目的が心理カウンセラーや占いの集客の場合、興味をもって動画を視聴するユーザーは「心の癒しを求めている人」や「悩みを抱えている人」が多いです。数ある心理カウンセラーや占いのアカウントのなかからあなたを選ぶポイントは、**安心感**や**信頼感**が大きいです。また、**話し方**、**声**、**雰囲気**も選ぶ基準になります。

　この業種の配信動画は、コロナ以降、増加傾向です。それぞれの配信者の工夫や動画のクオリティに差があるので、人気のある配信者の動画をリサーチしてみましょう。

【具体例】

　ショート動画では癒しの言葉や考え方、偉人の言葉、開運情報などの共感できることを配信し、ロング動画では、さらに詳しく生き方や考え方、在り方、運気を上げる方法、実際に鑑定や占いをしている場面などを配信すると良いでしょう。また、占いにおいては、種類によってカードや手相など映し、顔出ししていない動画も多いのが特徴です。

目的❺ 広告収入や企業案件を獲得

　目的①〜④とタイプが違うのが、このケースです。目的①〜④は、すでに自身のビジネスがあって、そのビジネスを発展させるためにSNSを活用するというものです。これに対し、**広告収入や企業案件を狙う**のは、**まだ何もないけれどSNSで収入を得たい人**もできます。

　ですので、自分のビジネスがなくても**好きなこと**、**得意なこと**、**情熱を注げることがある人にお勧め**です。SNSで一つの分野で目立つ存在になり、フォロワー数が伸びれば企業から案件の依頼が届くという流れになります。

【具体例】

　ショート動画で、好きや得意なことのジャンルを楽しく配信します。例えば、本が好きな人は本の紹介、料理が好きな人は調理動画の配信など、好きなこと、得意なこと、情熱を注げることを、あなたの世界観で**楽しく発信**してください。

目的	目的に合わせて活用する
講座への集客	しっかり学べる内容で配信して信頼構築
店舗への集客	考え方や施術方法を配信し、 共感してもらえることが大事
○○サークル ○○オンラインサロン 仲間を増やす	ユーザーが参加したくなる雰囲気づくり、 ビジョンや方向性も大切
心理カウンセラーや 占いの集客	安心感や信頼感、話し方、声、 雰囲気も選ぶ基準になる
広告収入や 企業案件を獲得	好きや得意なことを楽しく配信 SNSで目立つ存在になる フォロワー数を伸ばす必要がある

また、ロング動画では、ショート動画では語りつくせない話や場面などを深掘りして配信すると、人柄や知識の深さなどもアピールできます。

■ SNSの投稿で稼ぐという考え方

　目的⑤の「広告収入や企業案件を獲得」するためにSNSを活用するケースは、YouTube、Instagram、TikTokなどを中心に**誰にでも可能性がある収入UPの方法**です。自分のビジネスがない会社員や主婦の副業としても人気です。これを目指すためには、自分の過去から現在までを振り返って、「好きなこと」「得意なこと」「情熱を注げること」を見つけ出して、アカウントのテーマを決めて、投稿していきます。

　例えば、本が好きな人であれば「本の紹介」を投稿する、映画が好きな人であれば「映画の紹介」を投稿するといったように、**好きだからこそ自分がやっていて楽しいし、得意だからこそ人と違う視点で語れます**。またそれが人の役に立てることなら、続けていきたいと思えるものです。

　しかしながら、「広告収入や企業案件を目指して運用していく」という考え方は、最初はなかなか理解できないかもしれません。「好きなお菓子を紹介している人がいるけど、どうやってお金になるの？」と言われることもしばしばあります。ところが、実際に**お菓子紹介の分野で目立ってくると、製菓会社の広告やコラボ商品の依頼など企業案件が届く**ようになります。

　本書を読んでくださっている人のなかにも、「好きなことや得意なことなんか紹介して、本当にお金になるの？」と思われる人もいらっしゃると思います。ここで実際に広告収入や企業案件を獲得されている人が、どんな投稿をして、どんな案件を獲得しているのかをご紹介します。

　例えば、料理のジャンルも案件が多いです。InstagramやTikTokを見ていると、料理をつくるショート動画を投稿している人をよく見かけます。その料理動画のなかに企業の広告が入っていると言われたのですが、料理の企業案件に詳しくなかった私には、全くわかりませんでした。そこで、本人に動画のどこに企業案件が入っているのか聞いてみました。すると、「**全部が企業案件です**」と答えたのです。私は驚きました。

　全部とは、料理の動画で使用している食材、鍋や包丁などの器具、これらが全て該当するということ。また、新しいメニューの開発という企業案件もあります。**企業案件は最初はお金ではなく、物だけが提供される案件から始**

まり、フォロワーが何万人と伸びてきたらお金ももらえるようになるという流れです。

　料理以外にも、実例はたくさんあります。例えば、中学生向きの教育について動画配信していたら教育教材やアプリの企業案件が届いた。猫の動画を配信していたら掃除機やキャットフードの企業案件が届いた。動画内で「あまり自炊しない」と言っていたら宅配食サービスの企業案件が届いた。DIYの動画配信をしていたら工具の企業案件が届いた。以上のように様々なものが案件として舞い込んできます。

　もちろん、案件を取りやすいジャンルと取りづらいジャンルがあるので、「何を狙ったらいいの？」と思われるかもしれません。まずは、どんなに収入に繋がりやすいジャンルでも、SNSを伸ばすのに最低でも数ヵ月はかかるので、好きじゃないと続けられません。**あなた自身が「好きなこと」「得意なこと」「情熱を注げること」のなかから、世の中に需要があるジャンルに絞り込んでいきましょう。**そして、他の同じジャンルの人で目立っている人をリサーチして、どんな配信をしているか、企業案件はどのようなものがあるのか、自分にもできそうか、継続する意欲が湧くかを考えて、ジャンルを決めていきましょう。

　また、「広告収入や企業案件を目指して運用していく」というSNSの活用なら、**広告や企業案件を依頼する側にアピールすること**も効果的です。

　例えば、企業案件でなかったとしても、企業案件っぽい投稿をしておくのもアピールの一つです。例えば、Instagramで化粧品を見せながら「実際にこれ使っています！」と投稿します。すると、企業は「このアカウントは、こういった商品の紹介をしてくれるんだな」と考えて、企業案件の依頼をしやすくなるのです。また、**プロフィール欄に「お仕事の依頼はDMまで」のように記載**しておけば、「このアカウントは仕事の依頼をしてもいいんだな」と企業に理解され、企業からの依頼が届きやすくなります。ですので、企業案件を狙う場合は、このような工夫をしていきましょう。

　「広告収入や企業案件を目指して運用していく」という目的でSNSを始めても、初めからフォロワーが多い状態ではありません。そのため、企業案件で収入を得るのは難しいと途中で止めてしまう人も多いです。ですが、あなたが「好きなこと」「得意なこと」「情熱を注げること」のテーマで投稿し、多

くのユーザーが「すごく役立つな」と思って見てくれれば、閲覧数は伸びていきます。

　まずは、あなたが投稿するテーマに興味がある人に向けて発信し、そのなかで多くの人を楽しませ、共感してもらい、喜んでもらえることを目指し、あなた自身が配信を楽しんでみてはいかがでしょう。そうしているうちに、あなたのアカウントはどんどん成長していきます。そして、その先に「広告収入」や「企業案件」があるのです。そこを目指してチャレンジを継続していきましょう！

まだ何もない人、SNSで収入を得たい人、
副業や他にビジネスがある人の新しい働き方

VIDEO
2

SNSの選び方6つのポイント

上手く掛け合わせて使い分けすれば効果が上がる

■ SNSの選び方6つのポイント

SNSにはそれぞれに特徴があり、タイプが違います。上手く掛け合わせて使い分ければ効果が上がります。「どのSNSを使ったら良いの?」と迷う人も多いですが、タイプが違うSNSを掛け合わせることで、その効果、手間や労力が違ってきます。それぞれのSNSの特徴を理解して、上手く掛け合わせて活用しましょう。

ここでは、SNSの選び方を大きく6つのポイントに分けたものをご紹介します。どのSNSを選んで掛け合わせるのか、参考にしてください。

SNSの選び方ポイント❶ 双方向と単方向

◎双方向コミュニケーション

双方向コミュニケーションツールとは、**配信者と視聴者が直接チャットやDMなどでやり取りできる**ものです。InstagramやFaebook、Twitterなど、ほとんどのSNSはDM（ダイレクトメール）機能が付いているので該当します。

◎単方向コミュニケーション

単方向コミュニケーションツールとは、**配信者と視聴者とが直接やり取りできない**ものです。SNSのなかでは、YouTubeが挙げられます。YouTubeは他の人にも見えるコメントでのやり取りはできますが、配信者と視聴者が直接やり取りするDM機能がありません。そのため**配信者と連絡をとるために、LINE公式アカウントに登録してもらうなど、外の媒体を使う必要があり**ます。

SNSの選び方ポイント❷ 拡散型と密着型

◎拡散型

SNSのなかには、システム上、**拡散力が魅力のSNS**があります。SNSの全

てが「拡散」に強いわけではなく、拡散力があるSNSは、そうでないものに比べると「知ってもらう（周知）」という場面で活躍します。代表的なものはTwitterとTikTokです。Twitterはリツイートで拡散されていき、TikTokはレコメンドで拡散されていくので、拡散される方法も2つのタイプにわかれます。

なお、InstagramとFacebookもリール機能が付いて拡散力が上がり、また、YouTubeもショート機能が付いて拡散力が上がりました。

◎密着型

SNSのなかには、「拡散」は強くなくても、**発信者とユーザーとの距離を縮める役割を果たしてくれる密着型のSNS**があります。代表的なものは**LINE公式アカウント**です。LINE公式アカウントはクローズドで配信されるので、配信者からすると複数の人に一括でメッセージ送信をしても、受信者からすると自分だけにメッセージが送られてくるように感じます。

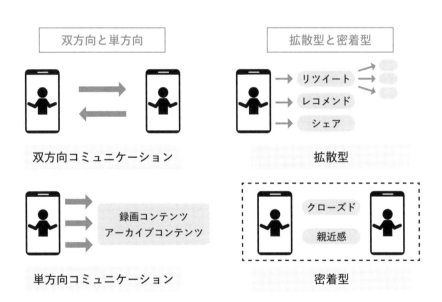

SNSの選び方ポイント❸ フロー型とストック型

◎**フロー型**

コンテンツが蓄積されないSNSをフロー型と呼びます。 もちろん、プロフィールページを見に来てくれれば過去のコンテンツも視聴できますが、ほ

とんどの人は**タイムラインに流れてきた投稿を見る**に留まります。

　フロー型のSNSは投稿が次々と流れていく形式のため、特に「今」を伝えることに向いています。即効性があり、投稿内容についてコメントでユーザーとやり取りします。しかし、投稿が次々と流れていくので、その時間の周辺で投稿を見なかった人には知ってもらいづらく、検索機能を使っても古い投稿はあまり表示されないため、後から見てもらうことはほぼありません。

　多くのSNSがフロー型で、代表的なものはInstagram、TikTok、Facebook、Twitterなどです。

◎**ストック型**

　フロー型とは逆に、**コンテンツが蓄積（ストック）されていくのがストック型**です。リアルタイムでなくても検索に強いので、後から投稿を見てもらえます。検索されて見つけてもらえるので、人気のある投稿は何年でも閲覧されます。しっかりとつくり込むことで**資産構築できるのが特徴**です。

　代表的なものはYouTube、ブログです。

SNSの選び方ポイント❹ プル型とプッシュ型

◎**プル型**

　多くのSNSはプル型と呼ばれるタイプです。プル型とは、**主導権がユーザーにあり、ユーザーが見に来てくれるSNS**です。発信者が投稿しても、ユーザーが積極的に見にいかないと情報が届かなくなります。YouTube、Instagram、TikTok、Facebook、Twitter、ブログなど、ほとんどのSNSがプル型です。特に最近、「Facebookを半年開いてないな」という人も多く、この場合、いくらFacebookに投稿してもその人には見てもらえないということになります。

◎**プッシュ型**

　プッシュ型のSNSはLINE公式アカウントだけです。SNSではないものは、**メールマガジンもプッシュ型**です。個別に行うなら**SNSのDMも該当**します。プッシュ型の**主導権は発信者にあり、登録者宛にこちらから確実に情報を届けることができ**ます。例えば、LINE公式アカウントやメールマガジンでタイミングを見計らって動画を送り、あなたのビジネスをよく知ってもらうことができるのがプッシュ型のメリットです。

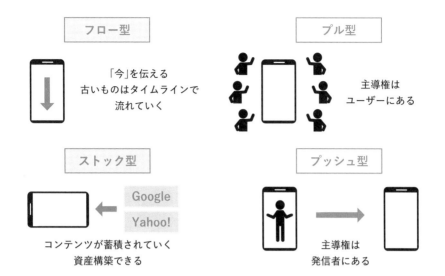

SNSの選び方ポイント⑤ アーカイブとライブ

SNSの特徴でアーカイブ（録画や録音による投稿）とリアルタイムのライブ配信があります。アーカイブ投稿とリアルタイム配信というように、**両方を上手く掛け合わせると効果が格段に上がります。**

◎アーカイブ

録画や録音コンテンツは、日頃の発信で行いましょう。自分を知ってもらい、興味をもってもらうことで認知度が上がり、あなたのビジネスのブランディングに役立ちます。

◎リアルタイム配信

リアルタイム配信は、**ライブ配信**です。ライブ配信はあなたのことを対面に近い形で知ってもらえます。毎日でなくても日頃の発信と合わせて行うことで、投稿だけしかしていない人と差別化できます。リアルタイムにコミュニケーションを取って信頼構築していきましょう。

SNSの選び方ポイント⑥ 視覚と聴覚

SNSには、目で楽しむものと耳で楽しむものがあります。**目で楽しむ代表的なものは動画配信**です。動画コンテンツや動画ライブは目で楽しむもので、特にショート動画はユーザーが見続ける傾向にあります。

耳で楽しむ代表的なものは音声配信です。目で楽しむSNSに対し、耳で楽しむものは、多くの人はラジオのように「ながら聴き」しながら聞き流すスタイルです。

　YouTubeのロング動画に関しては、目で楽しむケースと耳で聞き流すケースと両方を持ち合わせています。

VIDEO

3

新規集客、信頼構築、売上UP
オファーの大切なポイント

新規集客の種を育てていくと売上アップに繋がる

■ 最初は知ってもらうこと、興味をもってもらうこと

新規集客を行う際に最初にやらなければいけないのは、より多くの人にあなたやあなたのビジネスを知ってもらうこと（周知）です。そして、次に興味をもってもらうことです。では、この知ってもらうこと、興味をもってもらうことを、どうしていけば良いのか考えていきましょう。

SNSには様々なものがあり、片っ端から運営していけば、それぞれのSNSユーザーに知ってもらうことはできますが、実際には時間も作業労力も限界があります。そこで、**この知ってもらう、興味をもってもらう段階でお勧めなのが、ショート動画の活用**です。

第4章でもお伝えしましたが、ショート動画は再利用できます。1本の動画をつくったら5つのSNSに投稿できるのです。いろいろなところに露出して知ってもらうことは、新規集客への入口になります。

また、ショート動画はロング動画に比べて制作時間が短く済むので、たくさんつくって毎日のように投稿すれば、それだけあなたやあなたのビジネスを知ってもらい、興味をもってくれる人が増えます。これは、**露出を増やすことでチャンスを増やすというファーストステップ**です。少なくとも拡散力が高いTikTokとInstagramのリール、YouTubeショートの3つは活用するようにしましょう。

■ 信頼構築へと繋いでいこう！

知ってもらい、興味をもってもらえたら、新規集客への次のステップは「信頼構築」です。あなたやあなたのビジネスに興味をもっている人は、近い将来、**あなたのお客様になるかもしれない見込み客**となります。だからこそ、あなたとの信頼関係を構築すれば新規集客へと繋がっていきます。

ここで、「信頼関係はどうやって構築するの？」と立ち止まってしまう人が

いるかもしれません。知ってもらって、興味をもってもらえたその後、何も
せずに待っていてもあなたのことを理解してもらえません。そこで、**少し長
めの動画やライブ配信を活用して、信頼構築を行う**ことをお勧めします。

　ショート動画であなたやあなたのビジネスを知り、興味をもってくれた人
が抱く感情は「もっと深く知りたい！」のはずです。そこで、ショート動画
より少し長めの動画を活用してショート動画では語り尽くせなかった部分を
配信します。また、ライブ配信も時間は長めなので、ショート動画で話せな
かった部分を話したり、やり取りしたりします。

　何より、**ライブ配信ではリアルなあなたの人柄を感じてもらう**ことが肝心
です。とっさに出たアドリブから、あなたの思考や知識の深さなどもアピー
ルできて、「なるほど、勉強になるな」「共感できる」「楽しい」のように感じ
てもらえたら、あなたに対する信頼度も増していきます。このように、あな
たの表面だけではなく、あなた自身を感じてもらうことで信頼関係が構築さ
れていくのです。

■ 売上UPオファーの下地をつくる

　知ってもらった、興味をもってもらった、貢献を続けて信頼構築ができて
きたとなれば、その次のステップはオファーすることです。**オファーとは、
売上に繋がる行動を提案すること**で、例えばセミナー講師ならセミナーへの
参加を呼び掛ける、物販をやっている人なら商品を販売する、エステサロン
などのサービスを提供する店舗なら来店してもらうなどです。言い換えると、
オファーとは必要な人に必要なものを届けるための提案をすることです。

　もし、あなたが「新規集客のやり方がわからない」「新規集客が上手くいか
ない」と悩んでいるなら振り返ってみましょう。もしかすると信頼構築のス
テップを踏まずに集客や売上に繋がるオファーをかけてしまっていないでし
ょうか。

　植物の成長段階に当てはめて考えてみましょう。まず、知ってもらった状
態は植物の種を蒔いた状態です。次に、興味をもってもらった状態は、蒔い
た種が芽を出した状態です。この段階で売上オファーをかけて芽を刈り取っ
てしまったら、実りの収穫はできませんよね。芽が出てから幹を太くして生
長させる状態が、貢献を続けて信頼貯金を貯めている状態です。

　種を蒔き、小さな芽が出て、幹を太くしながら花を咲かせ、そして実がな

ります。そのときが収穫時期であるように、**知ってもらって興味をもっても**
らって、貢献を続けて信頼構築しながら関係性を育てるからオファーしたと
きに売上に繋がるのです。

　もちろん、**オファーする商品やサービスは、価格以上に価値があるもの**で
あることが前提です。そうでなければ、せっかく信頼構築できたのに、一気
に崩れてしまい、お互いに幸せにならないからです。

　では、「どこで売上に繋がるオファーをかけると良いのか」ということをお
伝えすると、私のお勧めは**LINE公式アカウント**です。なぜなら、**LINE公式**
アカウントは多くの人が使っているLINEに対して一括配信や1対1のチャ
ットができ、他のSNSと違ってクローズドのシステムだからです。

　先述の「SNSの選び方ポイント④のプッシュ型」で解説したように、LINE
公式アカウントは、登録者のLINEにこちらから確実に情報を届けることが
できます。LINE公式アカウントであなたの商品の必要性やあなたの考え方
をより深く伝えることにより、**植物の幹を太くしながら花を咲かせ、そして**
実がなる下地をつくっていきます。下地ができたら、売上という実が収穫で
きる状態です。そのため、このタイミングで必要な人に必要なものを届ける
オファーをします。だから、売れるのです。

　相手によってはLINEを使わない人もいるので、その場合は相手に合わせ
てDMなどでオファーします。このように周知から興味関心をもってもら
い、貢献しながら信頼構築をして、そして売上に繋がるオファーをするとい
うステップを踏むことで売上を上げることができます。大切な植物を育てる
ように新しい人との出会いを育てていき、売上UPへと繋げていきましょう。

知ってもらう・興味を持ってもらう

新規集客のチャンスの入り口は、
露出を増やして知ってもらえる窓口を増やすこと

貢献しながら信頼関係を構築する

少し長めの動画やライブ配信を活用して信頼構築を行う
ライブ配信ではリアルなあなたの人柄を感じてもらう

売上に繋がるオファーの下地をつくる

LINE公式アカウントで売上に繋がるオファーをかける下地をつくる

重要なのはやり取りをすること（お問い合わせをもらう）

ユーザーとの接触回数を増やして信頼を構築していく

■ ユーザーとのやり取りを促すアイデアを使う

SNSで人と人との距離が近くなるきっかけは、**投稿への反応**です。代表的なものは**投稿に対するコメントやDMなどを使ったSNS上の会話**です。しかし、知っている人ならともかく、全く知らない人のSNS投稿に、いきなりコメントしたり、発信者にDMを送ったりするのは、躊躇してしまいますよね。そんなときは発信者のあなたから、**ユーザーが反応しやすい投げかけ**を行ってみましょう。

本書では、「**売上を上げるためには、やり取りをすること、お問い合わせをもらうことが重要**」とお伝えしています。ですので、知らない人があなたの投稿を見て、コメントしたり、DMを送りやすいように、あなたからの投げかけも必要です。ここは重要な部分なので、例題をもとに解説します。

●「○○したい人はコメントくださいね！」と呼び掛ける事例

「○○したい人はコメントくださいね！」と、YouTubeの動画で呼びかけているのを見たことはないですか？　または、動画内のテロップの文字で見かけたことがありますよね？　これらも、SNS上での会話を促進する例です。

ただ、YouTubeは、コメントに対してコメントでしか返信できません。やり取りの内容が他のユーザーにも知られてしまうオープンの形です。そのことを嫌がる人もいるので、「○○したい人はコメントくださいね！」とお伝えしつつ、「もしも公開されるのが嫌な人は、LINE公式アカウントに登録してもらうと、チャットで私だけに届きます！」と伝えることで、LINE公式アカウントへの誘導もできるし、コメントに躊躇する人とも気軽に会話するきっかけになります。

また、このコメントを誘導する投げかけは、Instagram、TikTok、Facebook、Twitterでも使えます。例えば、ダイエットを教える講師がFacebookの投稿

で「ダイエットに効果的なヘルシーレシピを作成しました。興味がある人は『興味ある』とコメントください。興味ある方にだけDMでプレゼントします」のように投げかけます。すると、ダイエットに興味がある人は、投げかけに対して「興味ある」とコメントするだけで良いので、コメントしやすいです。

そして、コメントしてくれた人にDMを送り、その後のやり取りに繋げていきます。

● Instagramのストーリーズの機能を使った事例

私は、SNSでユーザーとやり取りをするには、**Instagramのストーリーズがとても優秀**だとお伝えしています。実際に私のクライアントが、Instagramのストーリーズの機能を使って売上を上げた事例がいくつもあります。第4章で「ストーリーズの双方向コミュニケーションが売上に直結する！」とお伝えしたように、ストーリーズのアンケートや質問、クイズや絵文字スライダーの機能は、コミュニケーションが取りやすいのでお勧めです。

SNSでは、営業のようなDMを不特定多数に送ってしまうとスパム扱いになり、制限されたり、ブロックされたり、アカウントが削除されたりする可能性があります。

しかし、ストーリーズのアンケート機能や質問機能を使うことで、誰が回答してくれたのかわかるシステムになっているので、DMで答えてくれたことにお礼を添えつつ、その内容についてのやり取りができます。回答してくれた人は内容に興味をもっている人なので、ほとんど嫌がられることはありません。また、回答してくれた人にプレゼントを用意するというアイデアも有効です。

■ 接触回数が多くなればなるほど、相手に好感を抱く

関係性が薄い人とのやり取りは気を遣うし、遠慮や躊躇も生まれますよね。SNSでも、リアルな人間関係でも同じです。会う回数が多くなるほど緊張せずに話せるようになり、相手に好感を抱くようになります。これは、「**ザイオンス効果**」と呼ばれるもので、**接触回数が多くなるほど、相手に好感を抱くようになるという心理効果**です。

SNSでのやり取りは、このザイオンス効果を活用することになり、リアル

で会えない遠方の人でも、SNSを通じて接触回数を増やすことで親密度が上がり、信頼構築へと繋がっていきます。ぜひ、ユーザーとのやり取りができるように、工夫していきましょう。

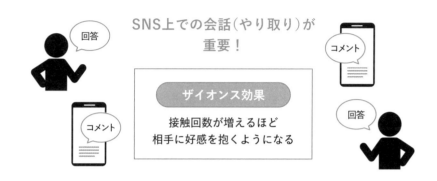

「各種SNS×LINE公式アカウント」SNS掛け合わせ

Instagram・YouTube・TikTok × LINE公式アカウント

■ SNSとLINE公式アカウントの掛け合わせを集客に活用

本書では、SNSで見知らぬ人にあなたやあなたのビジネスを知ってもらい、興味をもってもらう、そして、貢献しながら信頼関係を構築して売上UPのオファーをするというSNS活用の流れが大事だとお伝えしています。

前述したように、「どこで売上に繋がるオファーをかけるのか」は、プッシュ型のLINE公式アカウントです。相手によってはLINEを使わない人もいるので、その場合は相手に合わせてDMでオファーしても良いです。

そのことを踏まえたうえで、SNS動画マーケティングの活用法として「**インスタ動画×LINE公式アカウント**」「**YouTube×LINE公式アカウント**」「**TilTok×LINE公式アカウント**」という順で、SNSとLINE公式アカウントの掛け合わせの例をご紹介します。

■「インスタ動画×LINE公式アカウント」SNS掛け合わせ

ここでは、InstagramとLINE公式アカウントとの掛け合わせの例を解説します。インスタ動画から、主に5つのLINE公式アカウント登録への方法があります。

① **Instagram のストーリーズのリンクスタンプを使って、LINE公式アカウント登録ページを案内する**

「○○をプレゼント中！ LINEでお送りするので受け取ってください」のように投げかけて、LINE公式アカウントに登録してもらいます。ストーリーズから直接LINE公式アカウントに飛んでもらえるので、シンプルで使いやすいです。

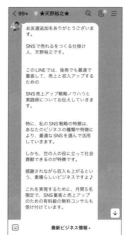

ストーリーズのリンクスタンプを使ってLINE公式アカウントへ誘導

②ストーリーズのアンケート機能を使って、LINE 公式アカウント登録ページを案内する

案内する手順は、ストーリーズのアンケート機能を使い、「○○を作成しました。ご希望の方はいますか？」のように記載して投稿します。

例えば、「SNSの伸ばし方、無料Zoomコンサル希望者はいますか？」や「猫背を矯正する7つのストレッチマニュアル欲しい人いますか？」のようにアンケートをとります。アンケート機能は4択まで選択肢を作成できますが、「希望」「不要」のように簡単に選べる2択で作成すると良いでしょう。アンケート機能には、「希望」や「不要」を選んでくれた人が一覧で表示され、DMを送ることもできます。その機能を使い、LINE公式アカウント登録ページの案内をDMで送信します。

この方法でDMを送る場合、アンケート機能で「希望」を選んだ人だけに送るので、問題なく使えてスパム扱いになりません。

ストーリーズのアンケート機能を使ってLINE公式アカウントへ誘導

③リール動画で DM へ誘導して LINE 公式アカウント登録リンクを 案内する

　リールの動画内で「〇〇をプレゼント中！ご希望の方はDMに『〇〇希望』とメッセージください」のように呼びかけたり、文字で記載したりします。そして、DMでメッセージを送ってくれた人に、プレゼントと共にLINE公式アカウント登録ページを記載して返信します。

リールからDMへ誘導

④ リール動画でプロフィールに記載している LINE 公式アカウント
　　登録リンクを案内する

　プロフィールのウェブサイト欄にLINE公式アカウント登録リンクを記載
しておき、プレゼントなどを付けながら、LINE公式アカウントに登録して
もらいます。

リールからプロフィールへ誘導

⑤ ハイライトで LINE 公式アカウント登録リンクを案内する

　Instagramのプロフィールページには**ハイライト**を設定することができま
す。そのハイライトにストリーズで使ったLINE公式アカウント登録へのリ
ンクスタンプ付きの動画をアップして、そこからLINE公式アカウントに登
録してもらいます。

ハイライトからLINE公式アカウントへ誘導

■「YouTube×LINE公式アカウント」SNS掛け合わせ

ここでは、YouTube動画とLINE公式アカウントとの掛け合わせの例を解説します。YouTubeからLINE公式アカウント登録へと誘導する方法は、ジャンルを問いませんが、特に**教育系のビジネスにピッタリの方法**です。

YouTubeであなたのビジネスに関連する、かつ視聴者が興味をもつテーマの動画を投稿し、説明欄（概要欄）にLINE公式アカウントのURLを記載します。その際、やはり、あなたのビジネスに合うプレゼントを付けるようにしましょう。**動画内では「説明欄（概要欄）をご覧くださいね！」と直接伝えることで、説明欄を見てくれる人が増えます。**

■「TikTok×LINE公式アカウント」SNS掛け合わせ法

他のSNSと同様に、TikTokとLINE公式アカウントを掛け合わせ事例を解説します。TikTokでは、**プロフィールのウェブサイト欄でLINE公式アカウント登録ページを案内します。**

なお、プロフィールのウェブサイト欄にリンクを貼れるのは、現状、**フォロワー数が1,000人以上必要**です。まずは1,000人のフォロワーを目指して投稿していき、1,000人を超えたらリンクを貼っていきましょう。

念のため、注意点としてお伝えすると、現在のTikTokは他のSNSと比較して若年層の割合が多いです。そのため、**コメントやLINE公式アカウントに送られてくるメッセージに率直なものが多く、アンチ的なものも届くと心得ておいてください。**

というのも、発信者のなかには、人の役に立つと思って発信しているのに、誹謗中傷が届いて傷つき、配信をやめてしまう人もいるからです。アンチはいるものと思って気にせずに配信していきましょう。

　そのうえで、一つ活用事例を見ていきましょう。TikTokからLINE公式アカウントに登録してもらう方法の一つとして、TikTokライブから誘導します。**一番自然な誘導はやはり「プレゼント」か「続きはこちら」のパターン**です。

　例えば、恋愛占いを仕事としている発信者が、TikTokライブで占ってほしい人を募集します。そして、コメント欄に星座を記載してもらって、「しし座」の人の今週の恋愛についてお話します。その後、「個別に占ってほしい人は、名前や生年月日など個人情報が必要なので、プロフィールのURLからLINE公式アカウントに登録してメッセージしてください」と伝えます。希望者からLINE公式アカウントにメッセージが届いたら、仕事である恋愛占いをオファーするような流れです。

　他のビジネスでも同様です。**個別相談やプレゼント配布などのためにと理由をお伝えして、プロフィールのLINE公式アカウントに誘導**しましょう。もちろん、良い商品やサービスを提供することが前提ですが、この流れでファンを増やしながら売上を上げていくことができます。各種講座や美容系店舗、飲食店、旅行、コミュニティなど、あらゆる業態に応用できます。

プロフィールのWEBサイト欄からはLINE公式アカウントの友だち追加URLを貼ってもタップで飛ばない場合があります。
その際は、WEBページやブログなどにLINE公式アカウントの友だち追加URLを貼り、そこに誘導しましょう。

例えば、あなたがコンサルタント、コーチ、先生、セミナー講師などの仕事をしていて、その集客をしたいとします。まず、ライブ配信をするなかで、現在の状況や考え方、知識、ノウハウ、体験談、実践法の一部をお話しします。そして、**さらに詳しく習いたい人や相談したい人、実践したい人に向けて、個別相談や体験講座などを開催している旨を伝えて、「希望する人はプロフィールに記載したLINE公式アカウントに登録してください」のように誘導**します。

　また、あなたが商品を販売する物販を行っているなら、ライブ配信をするなかで、メーカーやハンドメイドなら商品作成の場面を見せながら魅力を伝えたり、仕入れ販売なら商品の用途や魅力、特に「その商品を使うことでこんな良いことがある」と伝えたり、食品なら「どんなふうに美味しい」「こんなレシピができる」と伝えたりします。そして、**興味がある人や購入したい人に「期間限定の割引クーポンを配布するのでLINE公式アカウントに登録してください」のように誘導**します。

VIDEO
6

「SNS動画×ライブコマース専用サイト」SNS掛け合わせ

集客と販売の役割を分けて掛け合わせる

■ お互いのデメリットをカバーする掛け合わせ

　ここでは、SNS動画とライブコマース専用サイト（ライブコマースアプリを含む）との掛け合わせの例を解説します。ライブコマース専用サイトは5章で解説したように、**決済システムが装備されている**ので、買いたい人が買いたいタイミングで購入できます。ライブ配信の画面に「購入ボタン」があり、視聴者の質問に回答しながら、その場で購入してもらえるので購入のタイミングを失いません。

　ですが、ライブコマース専用サイトの現状は、まだまだユーザー数が少なく、他のSNSと併用しながら視聴者に見てもらわなければ多くの人に知ってもらえません。

　また、インスタライブはフォロワーが増えれば視聴者も増えますが、**現在のところショッピングカート機能がありません**。そのため、インスタライブで商品を紹介して、外部のショッピングサイトに飛んで購入してもらうようになります。せっかく視聴者が買う気になってくれても、一度インスタライブから抜けてECサイトなどに行かなければならず、商品が見つからなかったり、買い方がわからなかったり、気が変わってしまったりして、ライブを離れることで購入する気持ちが失せてしまうことがあります。

　そこで、**お互いのデメリットをカバーする**のが、インスタライブとライブコマース専用サイトの掛け合わせです。ここでは、インスタライブとの併用の例をご紹介します。

　まずは、前もってインスタライブであなたのファンに「○日○時からライブコマース専用サイトで、ライブ配信します！」と告知やお知らせをしておきます。そして、当日はライブコマースの時間の30分から1時間前から、インスタライブを行い、「この後、○時からライブコマース専用サイトで配信し

ます」とお伝えしながら、当日のライブコマースについてお話しします。

　そして、ライブコマースの配信時間になったらライブコマース専用サイトで配信を開始するのですが、**開始して最初の10分くらいはインスタライブとライブコマース専用サイトで同時に配信する**ようにします。そして、視聴者に「今やっているので、ライブコマース専用サイトに移動してください！」と誘導していきます。

　そして、ライブコマース専用サイトでは、例えば、ハンドメイドのブレスレットをライブで販売していると、視聴者から「ブレスレットの大きさや付けた感じを見たいので、付けてもらって良いですか？」などの要望がコメントに寄せられます。その要望に応えるために、実際につけているところを見せて「こんな感じです！　色違いならこんな感じです！」といったように、視聴者とコメントを通じて会話をしていきます。そして、気に入ってもらえたら、ライブ配信画面に「購入ボタン」があるので、その場で購入してもらえます。

　このように、インスタライブとライブコマース専用サイトの掛け合わせは、多くの人に参加してもらいながら、買いたい人の買う気やタイミングを逃さずに商品を買ってもらえる方法なのです。

集客と販売の役割を分けて掛け合わせる

VIDEO
7

「TikTok×YouTube・Instagram」SNS掛け合わせ

TikTokをYouTube・Instagramと掛け合わせる

■ どちらか一方ではなく、掛け合わせた相乗効果を狙う

TikTokとYouTubeは、ショート動画に強いTikTokとロング動画に強いYouTubeのイメージがあるため、どちらか一方を活用すると考えている人もいらっしゃるかもしれません。ですが、実は**TikTokとYouTubeは相性が良いSNS**です。また、**TikTokとInstagramも同様に相性が良いSNSの掛け合わせ**です。

そのことを踏まえたうえで、SNS掛け合わせの例として「TikTok×YouTube」、「TikTok×Instagram」という順で、SNSの掛け合わせの例をご紹介します。

■ 「TikTok×YouTube」SNS掛け合わせ

ここではTikTokとYouTubeを掛け合わせる活用法として、TikTokからYouTube動画を伸ばす2つの方法をお伝えします。

① TikTokからYouTubeに誘導してチャンネル登録数を増やす

TikTokとYouTubeは相性が良いSNSで、**TikTokからYouTubeに誘導してチャンネル登録数を増やす**ことができます。

現在、YouTubeは他のSNSと比べてライバルが強力で、チャンネル登録者数を伸ばすハードルが高いと言われています。ですが、TikTokを活用することでYouTubeのチャンネル登録者数を伸ばすことができます。実際にこの方法で、YouTubeのチャンネル登録者数を激増させている人は多いです。

手順は、まず認知が容易なTikTokのショート動画を見てもらい、あなたを知って興味をもってもらいます。何度もTikTokのショート動画を視聴してもらえるようになると、「この発信者は何をやっている人だろう？」「TikTok以外にはどんな発信をしているかな？」と興味をもってもらえるようになり

ます。そして、TikTokのプロフィールにはYouTubeチャンネルのURLを貼れるので、そこからYouTubeへと誘導します。

また、YouTubeに投稿したロング動画の内容の「**予告編ショート動画**」を作成し、TikTokに投稿して、「続きはYouTubeにアップしました！」「プロフィールからYouTubeに飛んでね！」や「YouTubeで○○と検索してください」のように誘導します。

やることはシンプルですが、これにより一部の興味をもってくれた人がYouTubeを見てくれて、それに伴ってチャンネル登録者数が増加します。

② TikTokのショート動画をYouTubeに使い回す

2つ目は、TikTokのショート動画を有効活用する方法です。これは、**TikTok用に作成したショート動画をYouTubeショートに再利用する方法**です。

「TikTokを見てもらっているから、YouTubeショートで同じものを見てもらうのは申し訳ない」という声をいただくことがありますが、安心してください。私たちが発信している様々な媒体を全て見ている人は、残念ながらほとんどいません。ですので、再利用するようにしましょう。

さらに、YouTubeショートの項目と重複しますが、同じテーマのTikTokのショート動画を繋ぎ合わせて、ロング動画としてYouTubeに投稿します。

ショート動画とはいえ、作成するために時間をかけているので、できるだけ認知や信頼獲得のために活用していきましょう。

TikTokとYouTubeの組み合わせは相性が良い

TikTok YouTube

TikTokからYouTubeへと誘導してチャンネル登録数増加
同じショート動画を再利用する
ショート動画を組み合わせてロング動画に編集する

■「TikTok × Instagram」SNS掛け合わせ

TikTokとYouTubeの掛け合わせと同様、TikTokとInstagramの相性も良いです。こちらの掛け合わせでも、**TikTokからInstagramのフォロワー数やショート動画の再生数などを伸ばすことができます。**

ここでは、TikTokのショート動画を活用して、Instagramを伸ばす2つの活用法をお伝えします。

① TikTokからInstagramに誘導してフォロワー増加

TikTokはショート動画主体のSNSです。TikTokでビジネスに関する配信をする場合は、**テーマを絞って発信**します。

そして、そのテーマに興味を抱いてくれた視聴者は「この発信者は、普段はどんな人なんだろう?」「静止画も見てみたい!」と思ってくれます。「Instagramをやっているのなら、Instagramの投稿も見てみたい!」と思って、Instagramに訪れてくれるのです。その結果、そのなかの一部の人がInstagramをフォローしてくれます。

また、**TikTokのDMはお互いにフォロー関係にある友達同士でしか送れない設定があるため、「DMや連絡はインスタのDMにお願いします」とプロフィールに記載したり、動画でお伝えしたりすることで、Instagramに誘導する**ことができます。

TikTokからInstagramへの誘導はYouTubeへの誘導と同様にシンプルで、TikTokのプロフィールにInstagramのアカウントを記載して誘導できます。

② TikTokのショート動画をInstagramに再利用する

次に**InstagramのリールやストーリーズにTikTok用に作成した動画を再利用する方法**です。先述のTikTokとYouTubeでショート動画を再利用するのと同じです。

ただし、Instagramはアカウントの世界観統一が重要なので、TikTokとInstagramのテーマが合っていればInstagramのリールで活用し、テーマが異なる場合は、Instagramのストーリーズに活用するというように、Instagramの投稿を使い分けていきましょう。

TikTokとInstagramの掛け合わせも相性が良い

TikTok		Instagram

TikTokからInstagramへと誘導してフォロワー増加
同じショート動画を再利用する

TikTokとInstagramのテーマが合っていればリール
TikTokとInstagramのテーマが合わなければストーリーズ

Instagramはアカウントの世界観統一が重要なので
使い分けること！

第 7 章

LINE公式アカウント
×
動画活用法

LINEとLINE公式アカウントの使い分け

■ 2つのLINEは全く違うアプリ

「LINE」と聞いて、知らない人はいないのではないのかと思うくらい、日本ではLINEが普及しています。その人気はFacebookやTwitterを上回り、国内最大級のユーザー数を誇るSNSです。人気もさることながら、毎日LINEを見る人も多いという、**非常にアクティブ率が高いのが特徴**です。

そんな、子どもからご年配の方まで幅広く使われている「一番身近なSNS」であるLINEの公式ビジネスツールが、LINE公式アカウントです。ところが、あまりにも身近なSNSなので、「LINE公式アカウントをビジネスで活用しましょう！」とお勧めすると、LINEとLINE公式アカウントの区別や使い分けがわからない人が多いので、ここでは2つのLINEについて説明します。

基本的に、LINEはビジネス活用がNGです。ビジネスで活用する場合は「LINE公式アカウント（公式LINEとも呼ぶ）」を利用します。

LINE公式アカウントの開設は、PCの場合は、「LINE for Business」サイトでアカウントを開設し、スマホからはLINE公式アカウントアプリで開設します。

利用料金に関しては、LINE公式アカウントは無料プランと有料プランがあり、予算や無料メッセージを送れる数により、プランを選択することができます。

飲食店やスーパーなどでよく見かける「友だち追加」のQRコードは、お客様にお店のLINE公式アカウントへ友だち追加してもらうQRコードです。**お店側は友だち追加してくれたお客様に、お店のPRやお知らせしたいメッセージを「一括配信」で全員に送信できます。それに対し、お客様はLINEでメッセージを受け取るので、お客様が別途LINE公式アカウントをインス**

トールする必要はありません。

このように、LINEとLINE公式アカウントは全く別のアプリが連結する仕組みになっています。

■ LINEとLINE公式アカウントの使い分け

個人アカウントのLINEは、メッセージで会話を楽しんだり、無料通話をしたりと、よりパーソナルな使い方です。これに対して、**LINE公式アカウントはビジネスで利用しやすい機能がたくさんあります。**

例えば、LINE公式アカウントでは、メルマガのように一括でLINE宛にメッセージを全員に送れるので、友だち追加してくれたお客様にダイレクトにキャンペーンなどのPR情報を届けることができます。

第6章でお伝えしたように、**LINE公式アカウントは「プッシュ型」と呼ばれ、LINE公式アカウントとメールマガジンがこれに該当します。**プッシュ型の主導権は発信者にあり、こちらから確実に情報を届けられるので、ビジネスの教育やオファーに向いています。

また、一括配信だけでなく、**チャット機能**を設定すれば、個別のメッセージも送れるようになります。その際、メッセージは他の人には公開されず1：1での個別のやり取りができ、他のSNSのDMのような使い方になります。この機能を使うことで**クローズドのやり取りができる**ので、お客様に安心してお問い合わせをしてもらえます。

ところが、LINE公式アカウントで一括配信すると、個人アカウントのLINEにメッセージが届くので、LINEの「グループ機能」と混同されるケースがあります。その場合、「返信や問い合わせをすると、メッセージが他の人と共有されてしまうのではないか」と不安に思い、お問い合わせを避けてしまうのです。

このような誤解は商品販売の機会損失に繋がるので、登録してくれる**ユーザーにも「違い」を理解していただくことが大切**です。

LINE公式アカウントに登録してくれる人は、あなたのビジネスに興味をもってくれている、あなたの未来のお客様かもしれない人です。あなた自身がLINEとLINE公式アカウントの使い分けを理解していることも大切ですが、登録してくれるお客様に「違い」を説明できるように整理しておくこと

も重要です。

2つのLINEは全く違うアプリ

LINE ≠ LINE 公式アカウント

LINEとLINE公式アカウントは
全く別のアプリが連結している仕組み

※LINE公式アカウントへの「登録」＝「友だち追加」

VIDEO
2

メルマガよりも
LINE公式アカウントが効果的

「到達率」と「開封率」が集客・売上のカギ

■ 到達率と開封率

前述したように、プッシュ型のSNSが「LINE公式アカウント」、SNSではないけれど、プッシュ型のメール一括配信をできるのが「メールマガジン」（メルマガ）です。そうお伝えすると、「メルマガをやったらいいですか？それともLINE公式アカウントを始めたほうがいいですか？」と、どちらを使えば良いのか迷う人もいます。**私はメルマガよりもLINE公式アカウントをお勧めしています。その理由は、LINE公式アカウントのほうが売上UPに効果的だからです。**

ただし、法人の担当者向けのビジネスの場合、LINEは嫌がられる傾向があるため、メルマガのほうが良いケースもあります。それ以外の個人や事業主、起業家、小規模会社の経営者に向けての配信なら、断然LINE公式アカウントをお勧めします。

私がLINE公式アカウントをお勧めする大きな理由は、**到達率と開封率の高さ**です。**登録者向けに一括配信する場合、「登録者の数」よりも、送信したメッセージが届いた「到達率」と、開封して読んだ「開封率」が、集客や売上に直結します。**

プッシュ型の一括配信をビジネスで活用する場合、そもそも配信したメッセージが登録者に届いているのかどうかが重要で、登録者数がたくさんいたとしても、実際には届いていないというケースがあります。

例えば、メルマガの到達率は良くて30％台で、配信したメッセージや案内が20〜30％の人にしか届きません。その原因は、多くの人が利用しているGmailやYahoo!メールのシステムが、一括配信したメールを迷惑メールフォルダに振り分けてしまうことが大きいです。迷惑メールフォルダに入ってしまうと、そこから見てくれる人はほとんどいません。

さらに、登録されているメールアドレスが今は使っていない古いメールアドレスだったり、登録時のプレゼントだけ欲しくて使い捨てのメールアドレスを登録したりするので、これらが到達率を下げる原因になっています。

　その点、**LINE公式アカウントは、ブロックさえされていなければ到達率100%**です。

　また、こちらも重要なのですが、配信したメッセージが届いたとしても、開封されて読まれない限り、集客や売上には繋がりません。メルマガは歴史が長く、以前から様々な企業や個人が利用していて、ものすごい量のメールが届きます。あなたのメールフォルダを開いてみても、「全部読めていない」というのが実情ではないでしょうか。

　これに対して、LINEは国内最大級のユーザー数を誇るSNSであり、毎日LINEを見る人も多く、非常に高いアクティブ率を誇っています。そして、LINEはアプリを開くと未読マークが付いているので、大多数の人が「既読にしないと気持ち悪い」と感じて、**1日に数回は既読にすることが多い**です。

　ということは、**メルマガよりも読んでもらいやすい**ということです。また、今はスマホに慣れている人が多く、メルマガのような長文が読めなくなっていることも、私がLINE公式アカウントをお勧めする理由の一つです。

　ただし、**メルマガの登録ではメールアドレスのリストが残りますが、LINE公式アカウントの場合は、アカウントが削除されたら登録者のリストがなくなってしまいます。**その点は、もう一つ別のLINE公式アカウントに登録してもらっておくなど、注意が必要です。

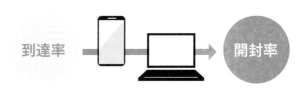

> プッシュ型のSNSは「登録者数」よりも
> 送信したメッセージが届いた「到達率」と
> 開封して読まれた「開封率」が重要！

■ 使い勝手の良さは？

　では、メルマガとLINE公式アカウントの「使い勝手の良さ」について比較してみましょう。私はこの点においてもLINE公式アカウントが勝っていると考えます。

　まず、登録時の使い勝手の良さを比較してみましょう。メルマガは「メールアドレスを登録」するので、これを面倒だと思う人や個人情報を登録することに抵抗がある人には嫌がられます。また、若年層の中にはプライベートでメールを使わない人も増えていて、自分のメールアドレスがわからない人がいることも覚えておきましょう。

　その点、**LINE公式アカウントは多くの人が使っていて、「スマホでタップして登録」できます**。登録時のハードルはメルマガよりも低く、気軽に登録できる分、気軽にブロックもできます。ブロックされないような配信や対策は必要ですが、まずは登録しやすいという点は大きなメリットです。

■ LINE公式アカウントは使える機能が豊富！

　次に、付随する機能について比較します。メルマガの機能では**「ステップメール」が魅力**ですが、これはメルマガのシステムによっては、使えないものや有料サービスのものが多いです。**ステップメールは、あなたの考え方や商品に対する教育に効果的**なので使いたい機能です。

　LINE公式アカウントでは、メルマガと同じく、数に限りはありますが、ステップ配信が可能です。友だち追加したお客様に対して、あらかじめ用意しておいた内容・タイミング・期間でメッセージを自動配信できます。これらを無料で使えるのは、ビジネスを行ううえでとてもありがたいです（月間の［メッセージ数×配信人数］の合計が1,000を超えると有料プランに変更が必要ですが、その頃にはその何倍も売上が上がっているはずなので問題ないでしょう）。

　また、LINE公式アカウントには「**リッチメニュー**」というものがあります。リッチメニューとは、LINEのトーク画面下部に表示されるメニュー機能です。リッチメニューからLINE公式アカウントの各機能やあなたのビジネスのWEBサイト、予約ページ、商品販売ページなどへ**リンクを貼ることができる**ので、興味のあるお客様がそこから各ページに訪れてくれます。

　次に、「**リッチメッセージ**」も使いやすい機能です。リッチメッセージとは、**作成した画像に外部サイトへのリンクやクーポンを設定してメッセージ送信できる機能**です。テキストのみのメッセージよりも視覚的に伝わりやすく、画像を工夫して作成することで、テキストリンクよりもタップしてもらえる確率が上がります。セミナーやイベントなど、特別に誘導したいときに活用しましょう。

次に、「リッチビデオメッセージ」も活用したい機能です。LINE公式アカウントは通常の動画を送信することもできますが、それとは別に、リッチビデオメッセージという機能があります。**リッチビデオメッセージは、通常の動画よりも大きく表示され、特に縦型動画ならトーク画面いっぱいの大きな表示になります。その動画終了後の画面に、リンク付きのボタンを設定できる**のが特徴で、これが大きなメリットです。活用法として、動画全編ではなく途中までの10数秒の短い動画（予告動画など）を送って、「続きはこちら」のようにボタンとリンクを設定して、全編のYouTube動画などに誘導します。また、リッチビデオメッセージで商品案内の動画を見てもらって、あなたの商品やビジネスのWEBサイトなどに誘導すると、売上に直結してきます。

　他にも、LINE公式アカウントは多くの機能があります。LINE上で使用できるクーポンを送れる「**クーポン**」機能や商品購入・来店の特典として付与するポイントをLINE上で発行・管理できる「**ショップカード**」機能もメルマガにはないサービスです。さらに、ギフトカードのような複数のカードをメッセージとして送れる「**カードタイプメッセージ**」や特定の言葉を設定しておくことで自動返信ができる「**自動応答メッセージ**」機能などがあります。

　このように、使える機能のバリエーションから見ても、LINE公式アカウントはお勧めのプッシュ型配信ツールなのです。

LINE公式アカウントは
売上に直結する

バリエーション豊かな機能で売上に繋げる

■ 売上に直結するポイント

LINE公式アカウントは、**ビジネスに活用できる機能のバリエーションが豊富**です。また、ビジネス層のほとんどがLINEを活用していて、その数は9000万と言われています。そのうえ、SNSで唯一のプッシュ型アプローチでビジネスのオファーに最適と、LINE公式アカウントは売上に直結する理由がたくさんあるのです。

ここでは、LINE公式アカウントを売上に直結させるポイントをご紹介します。

Point ❶ 他のSNSより絞ったテーマで友だち追加の募集をする

LINE公式アカウントの友だち追加を募集する際は、**他のSNSよりもテーマを絞り、あなたのビジネスに興味をもってくれる人を募集することで、売上に直結しやすくなります。**

例えば、あなたがインスタ集客を教える講座を行っています。この場合、InstagramやTikTok、YouTubeなどでは「Instagramの使い方全般」のテーマで動画配信を行います。そして、LINE公式アカウントの友だち追加募集のテーマは「Instagramの使い方全般」ではなく、「Instagram集客」に興味ある人を募集します。そうすることで、あなたのビジネスの売上に直結しやすくなります。

その理由は、内容を絞って募集することで「Instagramで集客したい人」がLINE公式アカウントに登録するからです。この場合、登録者が求めているものは「Instagramでの集客法」なので、集客に絞った深い内容を配信すれば、当然、心に響く内容として捉えてもらえるようになります。そして、「この人は良い情報を発信してくれる」と信頼されて、後の売上に繋がっていくというわけです。

他のSNSとLINE公式アカウントの配信のテーマが違うのは、それぞれの活用する目的が違うためです。他のSNSの目的は「あなたとビジネスを知ってもらい、興味をもってもらうこと」なので、テーマを広くとって「Instagramの使い方全般」について発信します。そして、他のSNSの視聴者のなかから、あなたのビジネスに興味のある人にLINE公式アカウントに登録してもらいます。そうすることで、LINE公式アカウントの配信内容も「Instagram集客」に絞り込むことができ、売上に直結するのです。

Point ❷ テーマを絞ったプレゼント企画を行う

友だち追加を募集するときに「プレゼント企画」を用意することも、登録を促す効果的な方法です。前述した例で解説すると、「ビジネスに活かすInstagram集客の秘訣！無料動画プレゼント！」など、用意するプレゼントもテーマに合うものをつくり、「Instagramでの集客法」に興味がある人だけが集まるようにします。このように、あなたのビジネスに興味のある人がLINE公式アカウントに集まるからこそ、信頼獲得や教育の効果が上がり、売上に繋がっていきます。

Point ❸ リマインドを使う

LINE公式アカウントは、**一括配信**と**予約配信**ができます。この2つを組み合わせて使うと、とても便利です。キャンペーン、イベント、セミナーなどの募集の際には、ぜひ使ってみましょう！

キャンペーン、イベント、セミナーなどの募集の時には、「**7・3・1のフォロー**」が効果的と言われています。これは7日前、3日前、1日前にリマインドでお知らせして「思い出してもらう」ものです。誰しも自分事は覚えていても、他人事は忘れてしまうことがあるので、キャンペーン、イベント、セミナーの募集時には、7日前、3日前、1日前のタイミングでリマインドのお知らせをするようにしましょう。

例えば、「12月10日の夕方18時からキャンペーンを開始する」とします。この場合、7日前、3日前の18時に「12月10日の夕方18時からキャンペーンを開始します！限定30個ですのでお忘れなく！」などのメッセージを一括配信します。

そして、前日の18時に「明日10日の18時から○○キャンペーンを開始します！限定30個ですのでお早めに！」と、リマインドのお知らせを一括配信するように設定します。

　このようにリマインドであらかじめお知らせしていると、興味のある人は待ってくれているので、当日17時55分に「今から開始します！」と一括配信します。

　キャンペーンの限定30個を待っていた人が当日の開始メッセージが届くとすぐに申し込み、「開始から10分で一気に売り切れた！」というように、リマインドを上手く使うことで売上を上げることができます。

　では、前日のリマインドや当日の販売開始のお知らせをInstagram、Facebook、Twitterで行うとします。この場合、いつタイムラインに流れていくのかがわからないので、「10分で売り切れ」という状態はつくりにくくなります。

　その点、LINE公式アカウントは配信後すぐにLINEにメッセージが届きます。18時に配信すれば18:01には全員に届くのがLINE公式アカウントの良いところです。

　また、リアルタイムに配信したいと思っても、「販売開始の日の18時に予定が入ってしまってメッセージを配信できない」というケースもあります。他のSNSのメッセージ配信では基本的にできないですが、LINE公式アカウントなら**予約配信ができて**、7日前、3日前、前日のリマインドのお知らせを一括配信と予約配信の組み合わせで設定し、**前もって準備しておくことができて**、とても便利です。

　このように、LINE公式アカウントの一括配信と予約配信の組み合わせはビジネスのオファーに最適なのです。

　LINE公式アカウントをビジネス活用するうえで、売上に直結させるポイントはいくつかありますが、Point③のような一気に申込みが入る流れが理想的な売上の伸ばし方です。

　Point③の状態になるのは、Point①やPoint②でテーマを絞って登録者を増やし、登録者が求めている内容を提供して貢献し、「この人は良い情報を発信してくれる」と信頼貯金が貯まった証です。LINE公式アカウントは、あ

なたのビジネスに興味をもった人があなたを信頼し、キャンペーンなどを心待ちにしている状態をつくれるので、売上に直結するのです。

ビジネス活用で売上に直結させるポイント

LINE
公式アカウント

POINT❶	他のSNSより絞ったテーマで登録してもらう
POINT❷	プレゼント企画もテーマを絞る
POINT❸	リマインドを使う

LINE公式アカウントは、他のSNSと用途が異なります。

他のSNSは自分を知らない人に知ってもらうことから始まります。自分を知ってもらい、興味をもってもらい、信頼してもらうために投稿をしていきます。

これに対し、LINE公式アカウントに登録してもらう人は、他のSNSなどで自分をある程度信頼してくれた人になります。そのなかで、自分のビジネスに興味をもってくれた人だけにLINE公式アカウントに登録してもらうようにします。

あいさつメッセージに
動画を活用する

初めて送るメッセージだからこそ動画で信頼構築を

■ 今、動画の時代なので動画を活用しよう！

LINE公式アカウントでは友だち追加した際に自動的に送られる最初のメッセージを「**あいさつメッセージ**」と呼びます。この「あいさつメッセージ」は、アカウント開設時はデフォルトの定型文になっているので、あなたに合わせて作成しましょう。

そして、**私は「あいさつメッセージ」に動画を活用することをお勧めします**。実は、この「あいさつメッセージ」に動画を活用するやり方は、多くの人がやっていないです。ライバルと差別化できるので、ぜひ活用してください。

動画はテキストよりも情報量が多く、テキストなら「読むのが面倒」だと感じて飛ばしてしまうことも、動画なら「ながら聴き」でも視聴してくれるという利点があります。そして、今は動画の時代なので、動画を活用するだけでも他と違った印象を与え、あたなをよく知ってもらえるきっかけになります。

■ 信頼構築のために動画を活用する

LINE公式アカウントに登録してくれた人と信頼構築できるかどうかで、売上に繋がるかどうかが決まります。SNSからあなたのビジネスに興味をもった人が登録しているので、LINE公式アカウントで配信する内容や対応で**信頼を獲得していくとともに、あなたの商品やサービスの必要性をしっかりと教育すること**が大切です。そして、そこに貢献してくれるのが「動画」なのです。

本書で繰り返しお伝えしているように、動画は情報量が多く、あなたの姿や話し方、声を視聴してもらえるので、テキストよりも明らかに信頼度がUPします。動画は、SNS後発組でも一気に信頼獲得できるツールなのです。

■ あいさつメッセージからスタートする信頼構築

LINE公式アカウントを活用する目的が商品やサービスを販売することなら、**あなたの考え方や商品、サービスの必要性を動画で教育していくことが大切**です。あなたの考え方に共感し、商品やサービスの必要性を感じてもらえたら商品やサービスを欲しいと思い、買いたくなってもらえるのです。

あいさつメッセージは、あなたと登録者の信頼構築の第一歩です。初対面で第一印象が大事なように、このあいさつメッセージを有効に活用するために、動画を作成して配信しましょう。

ただし、注意してほしいことは、LINE公式アカウントを活用する目的が商品やサービスを販売することだとしても、最初から販売してはいけないという点。なぜなら、あなたと登録者の信頼関係がまだ築けていないからです。

まずは、丁寧に信頼関係を築くことが先決です。あいさつメッセージの動画から始まり、1通目、2通目、3通目……と続けて動画を見てもらい、あなたへの信頼度を高めてもらいましょう。焦らなくても、動画からあなたの誠実さは伝わりますし、あなたの想いが伝われば共感してもらえます。商品やサービスの必要性が理解できれば、買いたい気持ち、欲しい気持ちも生まれます。信頼してもらってから販売へと繋げていきましょう。

とはいえ、例外があります。それは単価の低い商品です。**単価の低い商品であれば、あいさつメッセージの動画で商品を販売しても問題ありません。**

例えば、あなたの商品が単価3000円のペットフードだとします。この場合のあいさつメッセージで「この商品はオーガニックで手づくりなのでお勧めですよ！」と話している動画を視聴してもらいます。その際、動画は「リッチビデオメッセージ」で制作して動画にリンクを設定しておき、視聴後に、そのまま設置したリンクでショッピングサイトへ飛んで購入してもらっても良いでしょう。

このケースは、そもそもLINE公式アカウントの友だち追加募集の際にペットに興味のある人に絞って募集しているので、単価3000円のペットフードの情報も登録者がすでに求めているため、この流れが適しています。

信頼構築のために動画を活用する

VIDEO
5

一括配信と個別配信を組み合わせる

.ılll 個別配信のチャット機能は信頼構築を助ける便利な機能

■ 開設時に個別配信ができる設定変更を忘れずに

　LINE公式アカウントといえば一括配信のイメージが強いですが、個別配信も重要です。LINE公式アカウントを開設した時点の設定は「bot（自動応答）」となっていて、そのままの設定ではメッセージを送ってもらっても自動応答で返信してしまいます。**個別対応のチャット機能を使えるようにするために、まずはチャット機能の設定を行ってください。**

　設定がわからなくてそのままにしていると、お客様が問い合わせなどのメッセージを送信したときに「メッセージありがとうございます！　申し訳ありませんが、このアカウントでは個別のお問い合わせを受け付けておりません。次の配信までお待ちください。」と自動応答メッセージが流れてしまいます。このメッセージを受け取ったお客様は「個別対応しない配信者なのか」と残念に思い、気持ちが冷めてしまうので注意しましょう。

■ 一括配信と個別配信を組み合わせる

　基本的に、LINE公式アカウントでは**一括配信**を行います。一括配信では、あなたのビジネスの売上に直結する絞ったテーマで配信して、登録者に貢献していきます。「この人は良い情報を発信してくれる」と信頼されれば、売上に繋がります。そのうえで、個別配信を組み合わせていきます。

　個別対応は信頼獲得には欠かせない双方向のコミュニケーションなので、とても重要です。この対応の一つひとつが、信頼貯金となって貯まっていきます。

　個別対応の主なものは、「挨拶への返信」「質問への回答」「お問い合わせへの返信」「セミナー後のフォロー」「個別セールス」などです。この全てがパーソナルなものなので、全体に一括配信とはいかないものです。ここで「セミナー後のフォロー」の例をお伝えします。

【セミナーのアフターフォローのケース】

　LINE公式アカウントに登録した人が誰なのかは、登録者がチャット機能を利用してくれないとわからないシステムになっています（※外部の有料ツールを使えばわかりますが、本書では外部の有料ツールを使わないものとしています）。

　これを踏まえたうえで、まずはセミナー内で「LINE公式アカウントのチャットで『セミナーに参加した○○です』とメッセージを送ってください！送ってくださった人にはプレゼントを用意しています！」と呼び掛けておきましょう。

　とはいえ、呼び掛けておいても、忘れてしまう人もいます。念のために一括配信の際に「チャットにて、セミナーのアフターフォロー行います。『セミナーに参加した○○です』とメッセージを送ってください！　送ってくださった人にはプレゼントを用意しています！」と再度呼び掛けましょう。

　メッセージを送信してもらえると、誰がセミナーに参加してくれたのか、チャットの相手が誰なのかがわかり、個別の対応がしやすくなります。

　このように、**LINE公式アカウントは匿名性があり、メッセージをもらうまで登録した人が誰なのかがわかりません。**もちろん、誰なのかを明かしたくない人もいるでしょう。ですので、**個別配信には登録者の協力が必要**です。

　このセミナーのアフターフォローのケースのように、個別配信を求めやすいように導線を考えておきましょう。

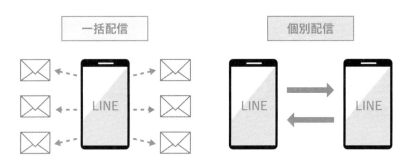

アカウント開設時に
チャット機能の設定を忘れずに

LINE 公式アカウントは
テキストよりも動画を活用

後発組は差別化に取り組もう！

■ みんながやっていることでは目立たない！

最近では、LINE公式アカウントをビジネス活用して売上を伸ばそうと考える人が増えてきました。そのため、**他との差別化**を考えなくてはなりません。テキストだけの配信では、ライバルが皆やっているので目立たず、スルーされてしまいます。そこで、本書では**「LINE公式アカウントの配信にも動画を活用しましょう！」**とお伝えしています。

そして、動画の他にも、LINE公式アカウントの配信で差別化できる機能があります。

ここでは、動画も含めて、私が差別化に活用できると考える、LINE公式アカウントの配信機能をご紹介します。

● 動画を配信

本書で繰り返しお伝えしていますが、動画はあなたの姿や話し方、声と共に多くの情報量を送ることができ、視聴した人が受け取るメッセージはテキスト以上のものがあります。そのため、動画は私のイチオシです。

投稿の中に動画を入れ込むと、サムネイルが表示されます。サムネイルは画像なので、動画が見たくなるように制作するとクリックされやすくなります。

例えば、同じようにメルマガに動画を入れ込む場合、URLを記載してYouTubeやWEBサイトに飛ばすような形になります。実際、URLだけで、動画が見たくなるように魅力を伝えることは難しく、URLをクリックされやすくするにはURLと共に動画のタイトルや説明を文章で伝えるしかありません。

その点、**LINE公式アカウントの配信ではサムネイルが表示されるので、動画との相性が良い**のです。

また、LINE公式アカウントには「リッチビデオメッセージ」という機能があります。リッチビデオメッセージで20秒くらい商品説明の動画をつくっておき、その動画にリンクを設置して「続きはこちら」とショッピングサイトに誘導するということもできます。

　さらに、LINEでは以前のタイムラインが刷新され、2021年に「**LINE VOOM（ラインブーム）**」という、**動画のプラットフォームがリリース**されました。TikTokのように**レコメンドされたおすすめ動画**やフォローしている友だちのコンテンツを楽しめるようになりました。もちろん、LINE公式アカウントからLINE VOOMに投稿ができます。

●ボイスメッセージ（音声）を配信

　LINE公式アカウントでは、**ボイスメッセージとして音声メッセージを配信できます**。音声配信できることを知らない人も多いので、差別化に使えます。

　音声は、動画のように姿や動きは見えませんが、テキストでは伝えにくい内容を配信するのに良いツールです。話し方や声など、聴覚からの情報でテキストとは違った魅力を配信しましょう。

●カードタイプメッセージを配信

　カードタイプメッセージとは、**複数枚のカードを配信できるメッセージフォーマット**で、「プロダクト」「ロケーション」「パーソン」「イメージ」の4種類のカードタイプをもとに情報を入力して配信します。各カードタイプによって見え方が違うので、**届くメッセージの見栄えが良く、インパクトがあります**。また、**リンクを設定してリンク先へ誘導することもできます**。

　配信されたLINEの画面には、横並びに画像が並びます。通常のメッセージが届いたときの動作とは違い、横にスライドさせながら見ていくのでマンネリ化しません。

　私が差別化に活用できると考える3つの投稿タイプをお伝えしましたが、これらをテキスト投稿と併用することで、LINE公式アカウントに登録してくれた人を**飽きさせない投稿**ができます。

　飽きさせない投稿は「スルーされない投稿」となり、登録者との信頼関係

を構築していくうえでプラスに働きます。ぜひ、バリエーション豊かな投稿で登録者を楽しませてください。

飽きさせない、スルーされない投稿

動画配信

音声配信

カードタイプメッセージ

通常のテキストでの配信は大多数のLINE公式アカウント配信者が行っている。そこで、動画、音声、カードタイプメッセージを配信して差を付ける。

LINE公式アカウントで配信できる3通りの動画とは？

「動画を活用して何をしたいのか？」によって使い分ける

■ 後発組の闘い方は「動画配信」で差別化！

本書をご覧の方は、LINE公式アカウントの活用も「後発組」だと想定しています。後発組は、みんながやっている「テキスト投稿」を後追いしたところで、先発組と差別化しづらいです。そのため、**後発組の闘い方は、これからの時代に目を向けて動画を活用**して差別化していきましょう。

LINE公式アカウントで動画を活用する際に知っておきたいことは、3つのタイプの動画配信の方法です。ここでは3つのタイプの動画配信についてお伝えします。

【動画のURLを送る】

YouTubeやVimeoで投稿している動画のURLを、LINE公式アカウントのテキスト配信のなかに入れて配信するタイプです。

これは、LINE公式アカウントの**テキスト配信のなかに動画のURLを記載**すると、届いたテキストメッセージの吹き出しの下に動画のサムネイルが表示され、そこをクリックすると動画が流れるという配信タイプです。

このタイプの動画配信は、YouTubeなどの再生数を伸ばしたいときに効果的です。しかし、リンク先に飛ぶことでLINEの画面から離れてしまいます。一旦離れると戻ってこなくなる人もいるので、**LINE公式アカウントの中で教育を行いたいケースには向いていません。**

【直接動画をアップして送る】

LINE公式アカウントのメッセージ配信では、作成した動画を添付して配信することができます。つくった動画を**LINE公式アカウントにアップロードして配信する方法**です。スマホからでも動画を添付できて操作は簡単です。前述した動画のURLを送るタイプでは、動画を視聴する際にはLINEの

外の動画（例えばYouTubeなど）を視聴しますが、このタイプは**LINEの中で動画を視聴するのでLINEで完結します**。他のSNSやWEBサイトに移動しない分、見てくれる確率が高くなります。

　商品やサービスを紹介して必要性などの教育を行いたいなら、LINEの中で完結する、その場で見てもらえるこのタイプが最適です。

【リッチビデオメッセージで送る】

　3つ目の動画配信のタイプは、リッチビデオメッセージです。リッチビデオメッセージは、使い方を工夫すれば、様々な効果的な使い方ができるのでお勧めしています。

　リッチビデオメッセージの特徴は、動画にリンクを設置できることです。これは、PCでセットしておけばスマホでも配信できます。

　ショート動画で商品の概要を紹介して興味をもってもらい、動画のラストで「続きはこちら」「商品が欲しい方はこちら」として、**ショッピングサイトやYouTubeへのリンクを設置して誘導する**という使い方もできます。YouTubeで投稿した動画の魅力的な部分をショート動画や一部を切り抜き動画に加工して、「今回お届けするのはこんな感じです！　続きはこちらから見てくださいね！」と、YouTubeに誘導するなど、外部のWEBサイトやSNSへの導線になり、**売上に貢献する動画配信タイプ**です。

　LINE公式アカウントで配信できる3つの動画配信タイプは、「その動画を活用して何をしたいのか？」という目的によって使い分けることができます。YouTubeの再生数を伸ばしたいのか、教育をしたいのか、商品サービスを紹介したいのか、ちょっと動画を見てもらって商品サイトへの導線にしたいのかなど、配信の目的に合わせて、より良いタイプを選択しましょう。

動画のURLを送る	URLをクリックすると 他のプラットフォームに投稿した動画へ飛ぶ
直接動画をアップして送る	LINEの中で動画を視聴するので LINEの中で完結する
リッチビデオメッセージで送る	「続きはこちらから」のように動画にリンクが 設置できるので外部のWEBサイトへ誘導する

効果的なステップ配信の シナリオと活用法

事例を基にシナリオをつくってみましょう！

■ ステップ配信で教育と信頼構築を行う

　LINE公式アカウントは、ステップ配信ができます。ステップ配信とは、友だち追加したユーザーに対して、あらかじめ用意しておいたメッセージを1日後、3日後のように設定したタイミングで順番にメッセージを自動配信できる機能です。

　この機能は**一度設定してしまうと自動で配信される**ので、通常の配信と比べると、**配信準備の負担が軽減される便利な機能**です。そのうえ、継続的なコミュニケーションを行うことができ、**商品やサービスの必要性などを教育することに役立ちます**。ステップ配信で繰り返し接点をもつことであなたに対する親近感も沸くようになり、それが信頼へと変わり、売上に直結していきます。

■ ステップ配信のシナリオをつくろう！

　効果的にステップ配信を活用するには、「シナリオ」をつくることが重要です。ステップ配信は決められたメッセージを設定した日時に自動的に配信してくれます。この機能を活用するにあたり、事前に配信する内容、配信の順番、配信の時間、配信の期間などを決めましょう。そして、ステップ配信を読み進める度に、あなたやあなたのビジネスへの関心度、親近感が高まるようにシナリオを組み立てていきましょう。

　ここでは、「LINE公式アカウントを活用して売上倍増！」というストーリーに基づいてシナリオを考えていきます。

①ステップ配信のシナリオの終着地点（ゴール）を決める

　ステップ配信のシナリオをつくる最初の工程は、「シナリオの終着地点」（ゴール）を決めることです。例えば、4回配信予定のシナリオであれば、**4**

回目を配信した際に、ユーザーにどんな行動をしてほしいのかを決定します。今回の事例では「LINE公式アカウントで売上を倍増させる講座への集客」をゴールに設定してシナリオをつくります。

②シナリオと配信スケジュールを決める

　今回のステップ配信は全4回の配信スケジュールでシナリオを組み立てます。以下のように、配信スケジュールのテーマに合わせてストーリーを作成していきます。

【シナリオの配信スケジュール事例】

ステップ配信①のシナリオテーマ：あなた自身をよく知ってもらう

　最初から講座を販売しようとせずに、まずは「あなた自身のことを知ってもらう」というストーリー構成で内容を考えましょう。例えば、次のようにストーリーを構成します。

- 元々メルマガ配信していたのですが、あまり反応がなく困っていた
- LINE公式アカウントを始めたら、なんと、売上が倍増した！
- 私が試した使い方を伝えたら、ビジネスが上手くいく人が増えて、みんなが幸せになると思った！

　このような内容でシナリオを組み立てます。あなたのことを知ってこそ共感し、興味を抱き、親近感が湧いてくるようになります。ステップ配信①は、読んだ人の心をオープンにする第一歩と捉えましょう。

ステップ配信②のシナリオテーマ：実際にどうやっていくのか？

　ステップ配信①であなたのことを知ってもらったので、ステップ配信②では「実際にどうやっていくのか？」という内容で配信します。例えば、次の内容でストーリーを構成します。

- LINE公式アカウントにある、メルマガにはない機能を使って、ユーザーが飽きないように工夫した
- 動画やリッチビデオメッセージなどを試した
- 到達率と開封率がメルマガよりも良かったので、売上が倍増したのだと思った！
- このやり方を他の人にも教えたら、その人の売上も上がった！

このように、「実際にどうやっていくのか」でシナリオをつくり、興味付けをします。

ステップ配信③のシナリオテーマ：「LINE 公式アカウントで売上を倍増させる講座」の開催を告知する

スタップ配信②で実際にどうやっていくのかの概要を伝えて興味付けしているので、ステップ配信③では「『LINE公式アカウントで売上を倍増させる講座』の開催を告知する」という内容で配信します。

例えば、次のような内容です。

- なぜこの講座を開催しようと思ったのか？
- 講座の内容はどんなものか？
- 講座はどんな人に向いているのか？
- 講座に参加することでどうなれるのか？

ステップ配信④のシナリオテーマ：売上を倍増させる講座の募集開始

ステップ配信④では、ステップ配信③で告知した**講座の募集を開始**します。

③ ステップ配信の時間を決める

今回の事例では「LINE公式アカウントで売上を倍増させる講座の集客」がゴールなので、配信時間は講座を開催する時間と同じ時間帯に設定しましょう。例えば、夜に開催するのなら夜に配信が届くようにします。

このように、配信の時間は、ステップ配信する目的に合わせると効果が上がります。

	シナリオのテーマ
ステップ配信のシナリオのゴールを決める	**ステップ配信①** ▼ あなた自身をよく知ってもらう
シナリオと配信スケジュールを決める	**ステップ配信②** ▼ 実際にどうやっていくのか
ステップ配信の時間を決める	**ステップ配信③** ▼ 「LINE公式アカウントで売上を倍増させる講座」の開催を告知する
	ステップ配信④ 売上を倍増させる講座の募集開始

LINE公式アカウント×動画で売上倍増も!

相乗効果で売上倍増も期待できる

■ 友だち追加だけでは信頼貯金が足りない！

　本書をご覧いただいているあなたは、ビジネスを行ううえで、どんどん時代が変化しているのを実感していると思います。SNSの種類も増え、お客様に対するアプローチ法もバリエーション豊かです。意識していなくてもSNSを通じて、良い情報、疑わしい情報も含めて、様々な情報や様々な「人の姿」も見えてくるでしょう。

　消費者側であれば、それを踏まえたうえで**「誰から買えば良いのか？」取捨選択が必要**です。また、ビジネスを提供する側であれば、それを考慮して、**お客様から「どうすれば選ばれるのか？」を考えなければなりません。**そこで重要になるのが「信頼構築」です。

　LINE公式アカウントに登録してくれたユーザーは、第一歩としては「あなたを選んだ」とも言えます。しかし、ここではまだ「あなたを選んだ」のではなく、あくまでも、たくさんある同じようなLINE公式アカウントのなかから「あなたの配信を受け取ることを選んだ」に過ぎません。言い換えると、**まだ信頼貯金が足りない**のです。ユーザーからの「信頼貯金」を貯めていくことを意識して、LINE公式アカウントの配信を充実していきましょう。

　具体的にどういった配信内容が良いのかというと、本書で繰り返しお伝えしているように、ユーザーが「LINE公式アカウントに登録して良かった！」と思える「貢献」を繰り返し、信頼貯金が貯まっていく内容です。

■ 動画を使ったステップ配信で「聞く耳」をもった状態に

　LINE公式アカウントはSNSで唯一のプッシュ型アプローチなので、信頼構築しやすく、教育を行いやすいツールです。そして、LINE公式アカウントの様々な機能のなかでも、信頼貯金を貯めながら、あなたのビジネスの必要性を意識してもらうには、「ステップ配信」が最適です。

その場合、テキスト配信よりも情報量が多く、「信頼構築」と「教育」に強い動画を活用することで、より売上に繋がりやすくなります。

動画を使ったステップ配信が売上UPに繋がる理由に、「ユーザーとの接点の数」「信頼度」「タイミング」が挙げられます。

まず、「ユーザーとの接点」では、ステップ配信するごとにあなたとの接点が増え、その効果として、あなたに対する親近感を抱いてくれるようになります。そのうえ、配信の度にあなたが動画で直接語りかけることにより、あなたに対する信頼度も増していきます。このように**自然な流れで信頼構築できる**のです。これが、売上UPが期待できる理由の「信頼度」です。

そして、あなたとの接点が増え、自然な流れで信頼構築ができてきたユーザーが、動画の中の会話や講義から、**あなたのビジネスの必要性を自分事として捉えるようになっていきます。これが「聞く耳」をもった状態です。**このタイミングで売上に繋がるオファーをかけることで成約率が高まります。これが、売上UPが期待できる理由の「タイミング」です。

前述した「ステップ配信機能の効果的な活用法」で解説したように、ステップ配信ではテーマに合わせてストーリーを組み立てていきます。これが、**ステップ配信が「教育」に強いと言われる理由**です。そこに**信頼構築に強い動画がプラスされることによって、相乗効果を期待できる**のです。

■ 相手に伝わる「わかりやすい」話の構成で配信する

動画を使ったステップ配信も、配信する手順は通常の配信の場合と同じです。動画制作の手間がかかりますが、一度動画配信を設定してしまえば自動で配信されるので、一括配信よりも毎回の配信準備の負担が軽減されて便利です。

また、第4章でご紹介した**「PREP法」を使い、動画のシナリオをつくりましょう。**PREP法は相手に伝わる「わかりやすい」話の構成なので、身振り手振りや表情などで、あなたの想いや熱意を乗せてユーザーに伝えていきましょう。

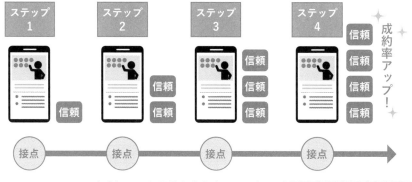

　ステップ配信を行うことで、ユーザーとの接点が多くなり、あなたへの信頼度が上がります。

　特に、あなたの想いや知識、ノウハウ、ビジネスのメリット、ビフォーアフターなどを動画でまとめてステップ配信することで、あなたのビジネスを自分事として興味をもってくれるようになるのです。

▶ VIDEO

第 8 章

SNSオンラインコミュニティと
"動画"を
「組み合わせ」る!

VIDEO
1

オンラインコミュニティで
仲間づくり

コミュニティの在り方が時代の変化と共に変化

■ 時代の変化で「売れ方」が変わってきた

SNSの中心が、いよいよ動画やライブ配信に変わり、**信頼構築が重要な時代**に入っています。つまり、信頼構築できていないSNSや広告で集客をして、ランディングページ（セールス用のホームページ）やホームページから販売する、セミナーを開催して販売するという、**以前のような売り方では売れづらくなってきた**のです。

「売れ方」が変化してきたのには理由があります。SNSが急速に広がり、SNSを通じて様々な情報が入ってきます。その情報から、世の中には「良い商品」「良いサービス」がたくさんあることが知れ渡り、「**良い商品**」「**良いサービス**」というだけでは売れなくなってきたのです。

また、SNSを通じて入ってくる情報は商品やサービスだけではなく、発信している「人」に関する情報もよく見えるようになりました。**ユーザーはSNSで見えてきた「人」の中から、自分と価値観や考え方が合う人を選び、購入時の基準にするようになった**のです。「良い商品」「良いサービス」にプラスして、**売っている人の魅力、売っている人との繋がりから買う**という傾向が強くなっています。

そのため、販売者は動画やライブで発信し、ユーザーに見た目や話し方、雰囲気、身振り手振り、質問回答の様子を何回も見てもらい、興味をもってもらったうえで、「**信頼貯金**」を貯めていくことが鍵になります。

そして、**信頼貯金を貯めていくのに効果的なのが、オンラインコミュニティをつくること**です。ただし、このオンラインコミュニティは、これまでの講座やセミナーの先生と生徒のような「自分が発信し、他の人がそれを聞く」という一方通行のものではありません。あなたがリーダーになってまとめるとしても、「囲い込み」ではなく、**共に創る「共創」のイメージ**で取り組みましょう。

そして、オンラインコミュニティという仲間づくりを通して信頼関係を構築し、そのなかで、必要な人に必要なものが届き、関わった人皆が幸せになれるような商品サービスを販売していくことが、これからの時代に求められています。

■ これからのオンラインコミュニティの在り方

オンラインコミュニティには様々な形があります。有料のものもあれば、無料のものもあります。傾向として、有料のオンラインコミュニティは「お金を払ってでも参加したい！」という人が集まってくるので、繋がりや関心、興味の度合いが無料のオンラインコミュニティよりも濃いです。しかし、有料のオンラインコミュニティの運営を継続することは難しく、上手くいっているところは少ないのが実情です。

私は、オンラインコミュニティは、金額の有無よりも**「何を目的に仲間づくりを行うのか」を基軸にして考えるほうが良い**と考えています。お金を目的にオンラインコミュニティづくりを行うのではなく、**オンラインコミュニティの仲間とお金を生み出すプロジェクトを行う**イメージです。

無料のオンラインコミュニティでも、信頼関係を構築した仲間が増えていけば、いざ自分が「何かをやりたい！」と思ったときに、**オンラインコミュニティのなかから協力者や応援者を募る**ことができます。そして、プロジェクトを**仲間と一緒に創り上げていく**ことが可能になるのです。

例えば、誰かがアイデアを提案したら、そこにメンバーを巻き込んで達成していくような協力・応援し合う仲間づくりをできるのが、理想のオンラインコミュニティです。私自身もSNSで出会って信頼関係を構築した人たちと一緒に「オンラインサロン」や「会社」を設立しています。

以前のオンラインコミュニティは、カリスマ性のあるリーダーが引っ張っていくイメージでした。ですが、今は弱みを見せて応援してもらう人が大きなオンラインコミュニティを形成しているケースもあります。このように、**オンラインコミュニティの在り方が時代の変化と共に変わってきている**のです。

また、私は自分のオンラインコミュニティを運営するだけでなく、**オンラインコミュニティ同士の横の繋がりも大事**にしたいと考えています。参加す

る人が自分に合うオンラインコミュニティを見つけて移動しても良いような、**風通しの良い関係がオンラインコミュニティを継続させるポイント**だと考えているからです。

　そのため、オンラインコミュニティをつくる際には、まずリサーチを行います。どんなオンラインコミュニティをつくったら参加メンバーが喜んでくれて、協力し合ったり、応援し合ったりしやすくなるかをリサーチし、できることならテスト期間を設けて運営すると良いです。リサーチとテストを繰り返し、目的に沿った仲間意識を育てられるオンラインコミュニティをつくることは、これからの未来への可能性を秘めています。

これからのオンラインコミュニティの在り方

共創

オンラインコミュニティのなかから
協力者や応援者を募るプロジェクトを
仲間と一緒に創り上げていく

オンラインコミュニティは動画の活用が効果的

動画であなたの想いを共有して信頼を構築する

■ オンラインコミュニティは動画の活用が効果的

オンラインコミュニティは目的やテーマにもよりますが、**ライブ配信を含む動画配信を活用するのが効果的**です。なぜなら、前述したようにオンラインコミュニティは人との繋がりを強化してくれる場所であり、信頼構築していくことが鍵になってきます。そして、本書で解説しているようにライブ配信や動画配信が信頼構築に大きな影響を与えるからです。

ライブ配信を含む動画配信は、あなたの魅力、すなわち見た目や話し方、雰囲気、身振り手振り、質問回答の様子を繰り返し見てもらえる映像ツールです。映像の情報は視覚と聴覚からのアプローチのため、テキストの視覚からのアプローチだけでは伝わらない情報が、まるで対面で接しているかのように伝わります。

逆に言うと、**ライブ配信は、リアルタイムの映像が配信されるので編集ができず、誤魔化しが効かない**ということです。そのため、あなたの明るさや優しさ、おっちょこちょいなどの性格、話の内容や質問への回答からの専門分野の知識の深さなどがそのまま伝わるのです。ここで他の人に差を付けることができるので、積極的にライブ配信を行っていきましょう。

また、テキストでの配信は、もうすでにみんながやっている方法です。メッセージを受け取る側はテキスト配信だけだとマンネリ感を隠せません。ですので、**テキスト配信だけで差別化するのは難しい**です。

オンラインコミュニティもすでに多くの人が先発組として実践しているので、もし、あなたがこれから始めるなら、先発組が実践している良いところを取り入れながらも、先発組とは違うアプローチ方法で取り組んでいきましょう。

その点、動画は視覚と聴覚の両方からアプローチできるので、何かをしながら「ながら聴き」でも情報を受け取ることができます。

ライブ配信、動画配信を通じて、あなたの魅力を伝え、興味をもってもらい、信頼関係を構築して、ファンになってもらいましょう。

■ 動画はファンづくりのコンテンツに効果的！

　コロナ禍以降、オンラインコミュニティでよく使われるものが、Zoom です。第5章でZoom と YouTube ライブまたは Facebook ライブを連携させて使う方法をお伝えしました。Zoom の有料版であれば、この方法でセミナーやコラボイベントを開催して、YouTube や Facebook に配信することもできます。

　コミュニティのメンバーはそんなあなたを見て、「あなたを応援したい！」「あなたと一緒に何かを創り上げたい！」「あなたに付いていきたい！」と感じて、ファンになってくれる人も出てくるでしょう。

　また、**Zoom のセミナーやコラボライブを収録し、アーカイブ動画として Facebook グループに残すことで、その動画をコンテンツとして活用することも可能です。**その動画をオンラインコミュニティのメンバーに提供すれば、信頼貯金を積み上げていく良いコンテンツになるでしょう。

ライブやコラボで魅力を発信！

あなたを
応援したい！

あなたに
協力したい！

あなたと一緒に
創り上げたい！

信頼

信頼　信頼

信頼

信頼　信頼

動画はファンづくりのコンテンツになる！

Facebookグループの 5つの活用法

Facebookグループでオンラインコミュニティを運営

■ Facebookグループでできること

Facebookグループは、Facebook上でグループのメンバーと交流できる機能です。例えば、**共通の趣味の仲間やビジネスの仲間、企画やプロジェクトのようなグループを作成し、そのなかでコミュニケーションを取ることができます。**

Facebookグループの中で**イベントを追加**したり、**カレンダーでスケジュールを管理**したり、**コンテンツを提供**したり、**ファイルを共有**したりできます。情報共有の方法もバリエーション豊かで使い勝手が良く、**チャット機能**でコミュニケーションを取ることもできるので、コミュニティ運営に役立ちます。

また、Facebookグループには「**公開グループ**」「**プライベートグループ**」の**2つのタイプの公開方法**があるので、オンラインコミュニティをつくる目的によって、使い分けると良いでしょう。

● 公開グループ

公開グループは、Facebook内の検索にヒットし、誰でもグループ内の投稿や参加メンバーなどを閲覧できる、**全てがオープンなグループ**です。グループに参加しなくても閲覧はできますが、公開グループに参加すると投稿の通知がメンバーに届くので、告知グループなど、大きく参加人数を広げたいときに使い勝手の良いグループです。

● プライベートグループ

プライベートグループは、**メンバーにならないとグループのメンバーや投稿を見ることができません。**参加したい場合は、グループに参加リクエストを送り、**管理者あるいはメンバーから承認を受ける必要があります。**参加メ

ンバーを限定したい場合は、質問を設置して、その答えで承認を判断するようにします。

　また、プライベートグループは、Facebook内の検索に表示させるか、させないか、「**検索可能**」「**検索不可**」を選択することができます。グループの存在を一般に知られたくない場合は、「検索不可」を選択しましょう。

Facebookグループ2つのタイプの公開方法

公開グループ
誰でも閲覧できるオープンなグループ

プライベートグループ
メンバーにならないと参加メンバーや
投稿を見られないグループ

■ Facebookグループを活用した5つのコミュニティの例

　オンラインコミュニティやオンラインサロンの多くが、Facebookグループを活用しています。ここでは、オンラインコミュニティでFacebookグループを活用したケースをご紹介します。

活用ケース❶ 無料コミュニティ

　無料のオンラインコミュニティで、**Facebookグループを活用する目的は「広げる」**です。この場合、制限なく誰でも参加OKでメンバーを集めたいなら「公開グループ」、誰でもOKではなく、参加メンバーの友だち繋がりのように、少し制限をかけて集めたいなら「プライベートグループ」というように使い分けます。**どんな人に参加して欲しいのかをイメージしてみましょ**う。

「同じテーマ」で広く仲間を集めたいのなら、例えば「ライブ配信をやったことがない人を対象に『みんなでライブ配信を練習しましょう！』というFacebookグループ」をテーマとして作成し、みんなで応援し合える環境を提

供します。そうすると、同じテーマで活動したい人や仲間づくりを求めている人が参加します。そして、みんなで練習していくことで、お互いの繋がりを強化し、信頼構築することができます。

　このように無料のコミュニティを活用してビジネスのお客様候補を集めて、育てていくことができます。

活用ケース❷　有料オンラインサロン

　有料オンラインサロンとは、**オンライン上の有料の会員制コミュニティで、会費は月額制が一般的**です。

　この場合、お金を支払っていただいた会員の方にグループ内の投稿を見てもらい、メンバーとの交流の場を提供します。会員でない人には、Facebookグループ内の情報を見られないようにするので、「プライベートグループ」に設定して運営します。

活用ケース❸　オンライン講座のサポート

　オンライン講座などのイベントを開催した後、参加者に対してサポートを行うために、「プライベートグループ」に設定してFacebookグループを活用するのも有効です。この場合、**オンライン講座の参加特典として活用することで、講座の価値を高める**ことができます。

活用ケース❹　告知用グループ

　Facebookグループを告知用として活用することもできます。告知用のFacebookグループに参加したい人は、自分のビジネスや趣味などを周知したい人が集まるので、「公開グループ」に設定して活用しましょう。

　ただし、**グループのテーマを決めておく、規約に同意した人のみ参加できる、のように管理者がメンバーや投稿の表示を制御できるようにしておきましょう**。というのも、不特定多数が集まるので、なかには好ましくない告知や詐欺まがいのものが含まれるケースがあり、グループ内の投稿が荒れる傾向にあります。

　例えば、「イベント開催の告知専用」「YouTube動画の告知専用」といったテーマを決めておくことで、それ以外の荒れるような告知をした人には退会させられるようにします。その際、参加規約として「YouTube動画の告知以

外を投稿した場合は退会していただきます」といったルールを明記しておく
ことが大切です。

　メンバーが**気持ち良く参加できるように管理する**と、みんなで応援し合え
る健全なコミュニティ運営ができます。

活用ケース⑤ 期間限定グループ

　期間限定グループは、**プロジェクトを達成するまでの応援グループのよう
なイメージ**です。例えば「書籍の出版応援グループ」というFacebookグルー
プを立ち上げて、書籍が本屋に並ぶまでの経過や出来事を投稿したり、出版
後も書店に並んだ書籍の写真を投稿したり、出版イベントを告知したりしな
がら、応援してもらうというものです。

　書籍出版やクラウドファンディング、イベント開催、プロジェクト企画な
ど、応援してくれる仲間がいればモチベーションが上がるし、目標を達成し
やすくなります。そして、イベントへの集客やプロジェクトの応援など、売
上の見込みが立つようになります。

Facebookグループの5つの活用法

無料コミュニティ

有料
オンラインサロン

オンライン講座の
サポート

告知用グループ

期間限定
グループ

VIDEO
4

Facebookグループは動画やライブがおすすめ

接点の積み重ねが信頼構築や仲間意識を育てる

■ あなたとの接点を増やす

オンラインコミュニティでFacebookグループを活用する際は、**動画投稿やライブ配信を行うことをお勧めします。動画の投稿やライブ配信は、オンラインコミュニティのメンバーとの信頼関係を構築する効果的な方法**です。**アーカイブも残せる**ので、ファンづくりのコンテンツにもなります。

オンラインであっても、リアルの対面であっても、「信頼関係を構築する」のは簡単ではありません。何度も接点をもち、相手が心を開いてくれるきっかけが必要です。

本書をお読みいただいているあなたも、1度より2度、2度より3度と、接点が少ない人より多い人のほうが親近感や安心感をもちますよね。「信頼」は、その延長線上にあるのです。

その点、**配信者の姿や話を見聞きできる動画やライブ配信は「何度も接点をもつ」ことで好感度や信頼度を上げることができます**。特にライブ配信はリアルタイムで実際に会話しているので、より親近感を感じます。何度も繰り返しリアルタイムのあなたと接することで、実際に会っているような感覚さえもつことでしょう。

このような、あなたとの接点の積み重ねが、あなたへの信頼となり、「あなたを応援したい！」「あなたと一緒に何かを創り上げたい！」「あなたに付いていきたい！」という仲間意識を育てていくのです。

■ Facebookグループでの接点の増やし方

ではここで、Facebookグループでの接点の増やし方をご紹介します。Facebookグループでメンバーとの接点を増やし、信頼関係を構築して、ファンを増やしていきましょう。

①フィード投稿に動画を活用する

　フィードにテキストを投稿することは、10年以上前からみんながやっていることです。逆に言うと、情報を受け取るメンバーのなかには、テキスト投稿を連絡事項のように感じて流してしまう人もいます。ですので、動画であなたの人柄と想いを伝えることをお勧めします。

　もちろん、テキストでも、あなたの人柄や想いを伝えることはできますが、実際に動いているあなたを見て、想いの深さや熱量を肌で感じ取ることができます。身振り、手振り、声、姿、話し方に、あなたの想いの深さや熱量を乗せて動画でアプローチしていきましょう。

② Facebook ライブを配信する

　第5章でご紹介した**Zoom と Facebook ライブを連携させて使う方法**があります。Zoomの有料版を使ってコラボイベントを開催することも可能です。

　このようなコラボライブでは、横の繋がりを大切にしているあなたの姿、リーダーシップを発揮しているあなたの姿などが映し出され、そんなあなたの姿を見ることは、仲間意識が芽生えたオンラインコミュニティのメンバーにとって、誇らしくもあり、嬉しいことでもあります。

　また、ライブ配信で重要なポイントは、**リアルタイムでの受け答え**です。質問に答えたり、やり取りしたりして、参加意識を高めていきましょう。

Facebookグループでの接点の増やし方

フィード投稿に 動画を活用する	Facebookライブを 配信する
あなたの想いの深さ、熱量を乗せて 動画でアプローチ！	リアルタイムの受け答えで あなたの実力・魅力をアピール！

インスタ非公開アカウントの活用法

インスタは非公開アカウントでクローズドの配信ができる！

■ 公開アカウントと非公開アカウントを使い分ける

Instagramをビジネスで活用している方は多いですが、非公開アカウントをビジネスで活用している人は少ないでしょう。通常、Instagramをビジネスで利用する目的は、多くの人に知ってもらい、集客やファンを増やすこと、売上に繋げることなので、公開にして周知を広げる使い方をします。

しかし、Instagramの公開アカウントであなたのビジネスのセールスを行うと、それに興味のないフォロワーが離れていってしまいます。そこで、**公開アカウントと非公開アカウントを使い分ける**ことをお勧めします。

■ クローズドにしたいケースは非公開アカウントで

Instagramの非公開アカウントとは、**自分が承認したフォロワーだけが閲覧できるように設定する**、いわゆる「鍵アカ」と呼ばれる使い方です。

非公開アカウントに設定すれば、**フォローが承認制になります**。フォローを依頼するフォローリクエストを承認すればフォローされ、フォローリクエストを拒否すればフォローされることはありません。また、**第三者があなたのフォロワーを知ったり、フォローしたりすることも防げます**。

設定は簡単で、プロフィール画面から非公開アカウントのボタンをオンにして、非公開に切り替えれば完了です。

非公開アカウントは、自分が承認したフォロワーだけにアカウントの情報、投稿、画像、動画、ライブ配信を提供できるので、**クローズドでオンラインコミュニティを運営するときにも使えます**。

例えば、オンライン講座のサポートをするなら、自分が承認したフォロワーだけが閲覧できるようにすることで、**秘匿性の高い情報を外に漏らさず、会員だけに届けることができます**。

無料のオンラインコミュニティであっても、ある程度メンバーを制限した

いケースは、このInstagramの非公開アカウントを使えば、承認した人しかフォローできないように制限できます。

　非公開のアカウントでインスタライブを配信すると、フォロワーしか見ることができないため、**テーマを設定して非公開アカウントを作成し、興味のある人だけを集めてインスタライブや投稿で情報提供し、あなたのビジネスのオファーをかけるという使い方ができます。**

　Facebookグループの活用法でお伝えしたオンラインコミュニティと目的は同じですが、若い世代などFacebookを使うメンバーが少ない場合には、Instagramの非公開アカウントを活用すると良いでしょう。

非公開アカウントでクローズドの配信ができる！

情報が外に漏れず、
クローズドで運営ができる

例　セミナーや講座のサポート
　　有料のオンラインコミュニティ
　　商品サービスのセールス

VIDEO
6

LINEグループとオープンチャットの使い分け

ıllı LINEグループとオープンチャット

■ LINEグループとオープンチャットとは

第7章のなかで、LINEの「グループ」について少し触れましたが、ここではLINEの「**グループ**」と「**オープンチャット**」について解説します。

まず、LINE「グループ」と「オープンチャット」は、LINE公式アカウントのように別のアプリではありません。**LINEの個人アカウントで両方の機能を利用できます。**

この2つの機能の共通点は、「複数人のグループを作成できる」「LINEで参加できる」「参加者同士がトークでやり取りができる」の3つです。

■ どんなときに活用できる？

ここでは、LINEグループとLINEオープンチャットの違いを知って、どんなケースで使い分けができるのかを考えてみましょう。

● LINE グループ

通常のLINEメッセージは、友だちになった相手と1：1でやり取りすることが多いですよね。これに対し、LINEグループは、**複数の友だちと情報を共有するときに「グループ」をつくり、そのなかでメッセージを送ってグループメンバーと共有する**機能です。わざわざ一人ひとり個別に同じメッセージを送らなくても良いので、とても便利な機能です。

LINEグループは、**グループのメンバー同士が個々にLINEで繋がれるシステム**です。グループをつくる際は「**招待制**」で、グループ参加メンバーがLINE友だちとして繋がっていれば、招待できます。よく知った仲間内であれば、LINEグループのメンバー同士が個々に繋がっても問題なく、またそのほうが便利なケースもあります。

そのため、例えば、よく知った職員同士の打ち合わせや会議で利用したり、

少人数のサポートや問い合わせ対応などに適しています。LINEグループは、知人だけの少人数コミュニティとして活用すると良いでしょう。

● LINE オープンチャット

LINEオープンチャットは、LINEグループと同じく、**複数でトークを楽しめる機能**ですが、違いは**LINEで繋がっていない複数の人でグループ化できる**ことです。

オープンチャットは「LINEと異なる名称やアイコンで利用できる」「参加者同士がLINEで繋がれない」「退会時の通知がなく、表示されない」など、**LINEグループと比べると秘匿性が高い**です。「LINEの個人のアカウントを知られたくない」「個別には繋がりたくない」場合は、LINEグループではなく、秘匿性が高いオープンチャットを利用しましょう。

また、**LINEグループは参加後のトークのみ見ることができるシステム**のため、自分が参加する以前の情報がわからず、戸惑うこともあります。その点、**オープンチャットは後から参加した人も過去のトークをさかのぼって見られる**ので、疎外感を感じることがありません。

しかし、**オープンチャットは音声通話やビデオ通話ができないシステム**なので、LINEグループのように通話はできず、コミュニケーションを取る方法が限られています。

その他の違いとして、**LINEグループは招待制のため非公開**で、クローズドのコミュニティのイメージです。**オープンチャットは一般公開と非公開の設定を選択できる**ようになっているので、オープンでもクローズドでも利用できます。

また、**LINEグループは1つのグループの参加可能人数が500人までに対して、オープンチャットは5000人まで参加でき**、より大きなコミュニティ運営ができます。コミュニティが大きくなればなるほど1人で管理することが難しくなりますが、**オープンチャットでは共同管理者を設定できる**ので、数人のスタッフと共に管理しましょう。

このように2つの機能の違いを見ると、**オープンチャットのほうが匿名性が高いシステムになっているため、大きなコミュニティ運営に向いている**と言えます。例えば、花見、遠足、クリスマス会などの「イベント用の一時的

な連絡グループ」、入居者交流会、学校父母会などの「コミュニティ」、スポーツ、趣味、文化などの「サークル活動グループ」などの利用に適しています。

LINEグループとオープンチャットの使い分け

LINEグループ

- グループ参加メンバーがLINEの友だちで繋がっていれば、招待できる
- 招待制で非公開
- グループのメンバー同士が個々にLINEで繋がれる
- LINE個人アカウントの名称やアイコンが表示される
- 音声通話・ビデオ通話ができる
- 退会時の通知が表示される
- グループに参加後のトークのみ見ることができる
- 参加人数は500人まで
- 皆がグループを管理できる

オープンチャット

- LINEで繋がっていない複数の人でグループ化できる
- 一般公開と非公開を選択できる
- 参加者同士がLINEで繋がれない
- LINEと異なる名称やアイコンで利用できる
- 音声通話やビデオ通話ができない
- 退会時の通知がなく、表示されない
- 後から参加した人も過去のトークをさかのぼって見られる
- 参加人数は5000人まで
- 共同管理者を設定できるので、数人のスタッフで管理できる

秘匿性が高い

共通点

◆複数人のグループを作成できる　　◆LINE個人アカウントで参加できる
◆参加者とトークでやり取りができる

VIDEO **7**

オンラインサロンで 売上UPする方法

■ オンラインサロンとは？

オンラインサロンとは、**オンライン上の会員制コミュニティ**です。サロンのテーマを決めて募集し、参加した会員同士がZoomなどでコミュニケーションを取る**オンラインでの交流がメインですが、交流会やイベントを企画してリアルに集まることもあります**。また、会員以外は参加できない**クローズドのグループ**（Facebookグループなど）や会員限定コンテンツがあるのが**特徴**です。

オンラインサロンにはスキルアップを目的にした「**スキルアップ型**」、交流をメインにした「**コミュニティ型**」、一つの目標に向かう「**プロジェクト型**」、著名人のファンが集う「**ファンクラブ型**」があります。目的に応じて、どんなオンラインサロンを運営したいのかをイメージして、提供するコンテンツなどを考えていきましょう。

また、オンラインサロンには**無料のもの**と**有料のもの**があり、有料の場合は月額制が一般的です。活用方法として無料のオンラインサロンから有料のオンラインサロンへと誘導してビジネス化するケースもあります。

■ オンラインサロンの事例

オンラインサロンと一言で言っても、いろいろなジャンルのものがあります。そのなかで特に多いのは**教育系**です。例えば、コンサルタント、カウンセラー、料理、占いなどの教育系ビジネスですが、趣味や楽しみ、一つのプロジェクト達成に向かうものなど、多種多様です。ここでは、オンラインサロンの例をご紹介します。

● 釣具店のケース

釣具店を営んでいる場合、釣り好きが集まる無料のオンラインサロンをつ

くります。無料のオンラインサロンのなかでは「釣具店からのアドバイス」や「釣り情報」のような、釣りに関する投稿や動画コンテンツなどを提供して会員との交流を深めます。

そして、オンラインサロンのなかで「みんなで釣りに行きましょう！」といった、リアルな場での「どうやったら釣れるのかツアー（釣りのレッスン付きツアー）」「船を借りて一緒に釣りに行こうツアー」などの**有料イベントを企画**して集客に活用したり、「○○釣りにはコレ！」のように**お勧めの釣り竿や釣り具を販売**したりできます。

●エステサロンのケース

エステサロンを経営している場合、「キレイになりたい人」が集まる無料のオンラインサロンをつくり、オンラインサロン内では「セルフケアレッスン」など、**美に関する投稿や動画でのレッスンで美意識を高め合います**。そして、Zoomやライブ配信で**「美に関するお悩み相談会」**などを開催し、**会員との交流や信頼構築**を行います。

オンラインサロンで提供した知識を会員に体験をしてもらい、美意識が高まって「もっと美しくなりたい人」に対して、**エステサロンのキャンペーンや施術コースを紹介**して集客します。加えて、**お勧め化粧品などの販売**もできます。

●料理教室のケース

料理教室を運営している場合、みんなで「料理を学びましょう！」「料理を楽しみましょう！」と無料のオンラインサロンをつくり、そのなかで「野菜の切り方で美味しさが変わる！」「料理が苦手な人がやっている3つのNG」など、料理に関する動画コンテンツを配信し、**料理を楽しめる環境を提供**します。

オンラインサロンでは**企業案件の料理グッズを紹介**したり、**農家さんと提携して食材を販売**したりできます。さらに、**有料講座**、例えば「イタリアン料理上達講座」をつくって参加者を募集することもできます。

●占いのケース

YouTube、Instagram、TikTokで占いアカウントやチャンネルを運営し、お

試し占いなどの動画を配信します。無料でお試し占い動画を配信しているので、オンラインサロン内では、さらに**詳細な占いの動画**を会員限定で配信したり、**会員だけが参加できるライブ配信**を行ったりします。

　また、オフラインで「一緒に神社参拝ツアー」などの**イベントを企画**し、会員限定で参加できるようにしたり、**開運手帳、天然石などの商品**を「**会員特別価格」で販売**したりします。また、**セミナー**などは「**先行予約」や「会員割引」といった会員が優遇される特典**を用意し、集客や販売に繋げられます。

目的に応じて「どんなオンラインサロンを運営したいのか？」を
イメージしよう！

スキルアップを
目的にした

スキルアップ
型

一つの
目標に向かう

プロジェクト
型

交流を
メインにした

コミュニティ
型

著名人の
ファンが集う

ファンクラブ
型

■ オンラインサロンで売上UPする3つの方法

　オンラインサロンで売上UPする方法は、大きくわけて3つあります。

　1つ目は、**有料のオンラインサロンで月額課金の収益を得る**ものです。堀江貴文さんや西野亮廣さんのオンラインサロンが有名ですが、一般の方も有料オンラインサロンを運営している人は多いです。この収益はあなたのビジネスの収入の柱の1つになり得ます。

　2つ目はオンラインサロンの会員向けに商品やサービスを提供することです。具体的には、物販やイベント、セミナー、コンサルティングなどです。

　有料オンラインサロンの運営者は、ある程度、メンバーと信頼関係を構築

できているので、**サロンのテーマに沿った商品やサービスを販売すれば**、通常よりも購入率は格段に上がります。

3つ目は、**運営者を含めた会員同士のビジネスマッチング**です。オンラインサロンにはいろいろな業界、業種の人が集まります。なかには高いスキルをもっていたり、各業界の専門家だったりする人もいます。サロンでの交流からメンバーたちとの信頼関係が濃くなり、**新しい展開が生まれることが多々あります**。

例えば、異なるスキルをもったメンバー同士が**ビジネスパートナー**として事業を行うことがよくあります。また、**同じ想いをもったメンバーでクラウドファンディングを行う**こともあります。これらが売上を上げることに繋がるのです。

■ デメリットもあることを知っておこう！

オンラインサロンで売上UPする方法は魅力的ですが、気軽に始めるにはデメリットがあります。例えば、**オンラインサロンに人数が集まらない場合、非常に効率が悪い**です。なぜなら、人数が少なくても手間はあまり変わらないので、収益と労力が見合わないからです。
「有料のオンラインサロン」として一度始めてしまうと、たとえ人数が集まらずに負担を感じても、途中でやめづらいです。

また、会員の中にトラブルメーカーがいたり、会員同士のトラブルがあったりすると、**その対応に疲弊してしまう場合もあります**。

そのため、オンラインサロンを始める際は、このようなデメリットもあることを認識したうえで、**ルールや対応策**を考えておきましょう。

具体的な対策をお伝えすると、有料のオンラインサロンを始める前に、「始めたら参加してくれる人」を集めておきましょう。始めてしまったら途中で放り出せないので、先に「無料オンラインサロン」をつくってメンバーを募ります。そして、「有料オンラインサロンを開始したら参加するか？」アンケートを取ります。そこで参加見込みの人が多ければ有料サロンをつくり、少なければつくらないか、しばらくは無料で運営して、さらに人数が増えてきたらつくるようにすると良いでしょう。

オンラインサロンのデメリット

効率が悪い

一度始めたら
やめづらい

会員同士の
トラブルに
疲弊する

手間がかかり、
収益と労力が
見合わない

運営や継続を
負担に感じる

▼

オンラインサロンを始めるなら
計画的に！

オンラインサロンのつくり方

実際にオンラインサロンをつくってみよう！

■ オンラインサロンのつくり方

　ここでは、オンラインサロンをつくる手順を解説します。オンラインサロンで売上UPを目指す方は、この手順に沿って、あなたらしいオンラインサロンをつくっていきましょう。

ステップ❶ オンラインサロンのコンセプトを決める

　まず、**オンラインサロンのコンセプトを決めましょう**。あなたがどんなオンラインサロンを運営したいかをイメージしてください。前述した「スキルアップ型」「コミュニティ型」「プロジェクト型」「ファンクラブ型」といった種類があります。あなたがビジネスを目的とするなら、**ビジネスに繋がりやすい型を選びましょう**。

　例えば、スキルアップ型で「Instagramを学ぶ」、コミュニティ型で「犬好きや犬を飼っている人の交流の場」、プロジェクト型で「カンボジアに学校を建てる」などです。

　このコンセプトがブレてしまうと、オンラインサロンに合わないメンバーが参加したり、メンバーが違和感を感じてやめてしまったり、途中で継続が困難になることが多いので、最初にしっかりと決めておきましょう。

ステップ❷ オンラインサロンの運営方法を決める

　オンラインサロンのコンセプトが決まったら、オンラインサロンをつくっていきます。オンラインサロンをつくる方法は、大きくわけて2つあります。1つ目は「**プラットフォーム**」**を利用してつくる方法**、2つ目は「**決済だけ**」**用意してつくる方法**です。あなたの思い描くコンセプトで使いやすい方法、運営しやすい方法を選びましょう。ただし、有料オンラインサロンの場合、会費の入金確認に手間がかかるので、決済サービスを利用すると便利です。

①プラットフォームを利用してつくる

オンラインサロンを運営する際に使える様々な機能が備わっているのが、以下の2つのプラットフォームです。**プラットフォームを利用すると、会員募集ページを作成できたり、プラットフォーム内でオンラインサロンを見つけてもらえたり、会員の入会や退会が一覧でわかったりして便利です。**会費の決済手数が高いのが難点ですが、有料オンラインサロンに欠かせない会費の決済サービスがついているので、運営の手間が省けます。

ただし、審査があり、誰もが開設できるわけではありません。

▶DMMオンラインサロン〈https://lounge.dmm.com/〉

日本最大級のオンラインサロンのプラットフォームで、著名人の利用も多いです。

▶CAMPFIRE　Community〈https://community.camp-fire.jp/〉

クラウドファンディングで有名なCAMPFIREをオンラインサロンのプラットフォームとしても利用できます。

②決済だけ用意してつくる

プラットフォームを利用せずにオンラインサロンを運営する場合も、有料のオンラインサロンをつくる際には会費の決済システムの利用が不可欠です。

そのため、ここではプラットフォーム以外で決済に活用できるサービスをご紹介します。

▶Paypal〈https://www.paypal.com/〉

オンライン決済サービスで月額課金もできるので、オンラインサロンにも利用できます。

▶メンバーペイ〈https://memberpay.jp/〉

使い方が簡単で月額課金に使いやすく、オンラインサロンに活用されている決済サービスです。

ステップ❸ SNS やネットで発信

　コンセプト、運営方法、決済方法が決まると、だんだんオンラインサロンを運営する実感が湧いてくるでしょう。

　ここまで決まったら、**先にSNSやネットで告知しておきます**。もっと前にコンセプトを考えているくらいのときに発信しても良いです。オンラインサロンをつくっていることを知ってもらい、興味や関心をもってもらうために、SNSであなたの想いや理想のコミュニティなどについて発信していきましょう。前もって認知して興味をもってもらえれば、いざ募集開始したときに、すぐに参加してもらえます。

ステップ❹ オンラインで交流するグループを作成

　SNSで告知すると、いよいよ実感が湧いてくると思います。次に、会員同士が交流できる場所をつくります。その際、**どのツールを使うと運営しやすいのか、会員同士が交流しやすいのかを考えて選択しましょう**。

🔴 Facebook、Facebook メッセンジャーグループ、LINE オープンチャット、
　　Chatwork（チャットワーク）など。

※Chatwork はビジネスチャットツールです。

ステップ❺ オンラインサロンのルール決定

　オンラインサロンのコンセプトに基づいて、**ルールを決めましょう**。オンラインサロンの目的や活動内容、禁止事項などをきちんと設定しておくことで、**トラブルを未然に防ぐことができます**。

ステップ❻ 会員限定コンテンツの作成

　オンラインサロン内で提供するテキスト、動画、ライブ配信のアーカイブなどを作成します。オンラインサロンの会員が「参加して良かった！」と思えるコンテンツの提供を目指しましょう。

ステップ❼ 募集開始

　ここまで準備ができたら、オンラインサロンメンバーの募集を開始しましょう。**ここで効いてくるのが、SNSなどでの前もって行った告知です**。期待感が高まるなかで、「いよいよ募集開始します！」となるのが理想的です。

■ オンラインサロンができたら

　オンラインサロンをつくる手順を解説しましたが、オンラインサロンの募集を開始してサロン会員が集まってきたら、ここからは**「継続すること」を意識してサロン会員との信頼貯金を貯めていきましょう。**

　どんなコンテンツを提供したら喜んでもらえるのか、どんなイベントを企画したら楽しんでもらえるかなど、サロン会員と一緒につくり上げながら貢献していきましょう。その貢献の積み上げにより、信頼貯金が貯まっていきます。

　あなたとサロン会員の信頼構築をしながら、「あなたのようになりたい！」「あなたに近づきたい！」「あなたから習いたい！」と思ってもらえるような運営を心がけましょう。

オンラインサロンのつくり方

STEP❶	オンラインサロンのコンセプトを決める
STEP❷	オンラインサロンの運営方法を決める
STEP❸	SNSやネットで発信
STEP❹	オンラインで交流するグループを作成
STEP❺	オンラインサロンのルール決定
STEP❻	会員限定コンテンツの作成
STEP❼	募集開始

第 9 章

その他のWEBと"動画"を「組み合わせ」る!

ホームページ×動画

ホームページは見知らぬ人とあなたのビジネスを繋ぐ！

■ ホームページの役割

ホームページは、あなたのビジネスの WEB 上での「看板」です。**ホームページを通して、あなたのビジネスや商品、サービス、会社を知ってもらうことが目的**で、広告や宣伝、集客の役割も果たします。ホームページは、あなたの名刺代わりになり、パンフレットやカタログの役目を果たし、販促、集客などの営業を行い、求人までをも担う WEB ツールです。

また、ホームページ上にネットショップのシステムを取り入れれば、店舗がなくても WEB 上にお店を開き、全国各地に商品サービスを販売することができます。店舗や会社の住所や地図を記載すれば、お客様を案内して連れてきてくれます。よくある質問を Q&A で記載すれば、サポート担当者の代わりに働いてくれます。ホームページは上手に活用することで、**人件費を減らすことができ、あなたのビジネスの認知拡大にも一役買ってくれるお助けツール**です。

このように、あなたのビジネスの様々なサポートを担ってくれるホームページなので、「もっと効率的に活用したい！」と思うものです。その際、本書でお勧めするのが**動画活用**です。なぜなら、**テキストの説明ではわからない、伝わらない情報があり、それを補ってくれるのが動画**だからです。

本書で動画の魅力についてお伝えしてきたように、動画は身振り手振り、表情などのリアルな姿を映し出し、相手の耳に声を届けます。そこにはテキストでは伝わり切らない人としての温度があり、その人としての温度が親近感を与え、視聴者との距離を近づけてくれるのです。ホームページは、見知らぬ人とあなたのビジネスを繋ぐ可能性があるからこそ、**動画で「伝わるように伝える」**ことが効果的です。

■ ホームページ×動画の設置アイデア

　ホームページには様々なページがありますが、ここでは、もっと効果的に
ホームページを活用するための動画設置のアイデアをご紹介します。

● 社長の想いを語る動画

　社長は企業のトップです。その**トップの想いが動画で語られていたら**、働
く社員やお客様、ホームページを訪れた人に、広く、社長の想いが伝わりま
す。**「社長の想いが届く」ということはビジネスにおいて、とても大きな影響
を与えます。**

　会社の理念や創業時の想いなどはテキストで掲げている会社がほとんどで
す。他の会社もやっているから、とりあえずテキストで載せておくと、あり
きたりのように感じられてしまいます。

　これを改善するために、例えば創業時のエピソードなどを交え、社長が熱
く語る動画を掲載しておけば、お客様やホームページに訪れた人に社長の想
いが届きます。

　「三方良し」という言葉があります。これは近江商人の言葉で「売り手によ
し、買い手によし、世間によし」という意味です。社長自らが語りかける動
画をホームページに設置して、この「三方良し」の想いを、動画を通じて伝
えていきましょう。

● 商品を動画で紹介

　メーカー直販や物販を行っている会社では、ホームページで商品を紹介し
ます。**この商品紹介、多くの場合、テキストと画像で行っていますが、動画
を活用することで、より魅力を伝えるができます。**

　お客様から見れば、知っている商品ならテキストと画像だけでわかります
が、よく知らない商品の場合、どんな商品なのか、形や大きさはどのくらい
か、類似商品と比べてメリットは何かなどを知ってから買いたいです。よく
わからないと、せっかくホームページを訪れてくれても、そのまま立ち去っ
てしまいます。これを防ぐために、商品紹介の動画を掲載するのです。

　また、**商品の制作過程を動画で撮影し、それを見てもらえれば、「こうやっ
てつくってるんだ！」という安心感や感動を与えることができます。**

●サービスを動画で解説

　ビジネスのサービス内容をテキストで説明しているホームページがほとんどですが、私はサービス内容も動画で解説したほうが伝わると考えています。なぜなら、**文字で説明しているサービスを読んでも、詳しい内容がわからないことが多々あるから**です。

　特に専門用語が並んでいる文章は、読んでいても理解しづらく、並んでいるサービスの良し悪しや違いがわかりません。あなたのサービスに興味をもって検索してくれた人が、テキストの説明を読み進めようとしても、「理解できない」「わかりづらい」となると、読む気が失せてホームページから離脱してしまいます。

　「サービスの内容が理解できない」「サービスの違いがわからない」という**「伝わらない説明」**を解決できるのは、やはり動画です。

　例えばサービスの違いがテキストの説明文で伝わらないなら、実際に図解や実物を見せて動画で解説することができます。目で見て、声で聞いて、字幕テキストで読めば、テキストだけでは伝わらなかったものでも伝わります。また、店舗や場所がある場合、その中で動画を撮影すれば雰囲気も伝わるし、それを解説しているあなたの魅力も伝わります。

　このように、動画はあなたのサービスを的確に伝えるお助けツールなのです。

●お客様の声を動画で掲載

　お客様の声をホームページに掲載する場合も、テキストと画像で掲載するケースが多いです。お客様の声こそ、やはり「生の声」として聞きたいので、もし可能ならば、**お客様自身が話す「生の声」を動画で掲載**したいです。

　お客様が、あなたの商品やサービスの感想を語る動画は、テキストと画像で掲載されているものよりも**明らかに説得力が増し**、パワーアップした「お客様の生の声」になります。そして、「お客様の生の声」を視聴した人が納得したり共感したりして、「あなたの商品が欲しい！」「サービスを受けたい！」と思うのです。

●スタッフを動画で紹介

　特にスタッフがいる会社では、スタッフや社員の個性は様々で、また担当

している仕事の内容によっても各自の想いは様々にあると思います。お客様から見れば、**それぞれのスタッフの個性を知ること**で、その会社やお店に興味を抱くこともあります。

また、「お客様は人につく」というように、**スタッフは会社やお店の財産**です。ホームページで魅力的なスタッフを紹介する動画を設置すれば、「スタッフに会ってみたい！」と店舗に足を運ぶお客様もいます。

時代の変化で「売れ方」が変わり、良い商品、良いサービスだけでは売れなくなってきた今、**スタッフの魅力を動画で伝え、売り手と買い手の繋がりを強めていきましょう。**

ホームページの利点

見知らぬ人とあなたのビジネスを繋ぐ可能性がある！
だからこそ、動画で「伝わるように伝える」ことが効果的！

ブログ×動画

ブログのPVを伸ばすために「動画」を活用しよう！

■ SEO対策として動画を活用する

ブログには、Amebaブログ、はてなブログ、ライブドアブログなどのブログサービスを利用するケースと独自にワードプレスというツールを使って作成するブログがあります。どの形でも、**ビジネスでブログを活用する共通の目的は「人やビジネスの周知・認知・信頼構築」**です。ブログを通じて、ビジネスを知っていただきたい、そこから集客や売上に繋げたいという思いでブログを運営します。

この周知や認知に関係してくる数字が、**PV（ページビュー）と呼ばれるアクセス数**です。PVが伸びるほど、あなたのブログ記事が多くの人に読まれ、広く存在を知ってもらえます。しかし、その想いとは裏腹に、**ブログを活用している人の多くがPVを伸ばすことに苦労しています。**

ブログのPVを伸ばす方法として、SEO対策があります。SEO対策とは、Googleなどの検索エンジンで、あなたのブログを検索結果の上位に表示させるための対策のことです。検索結果で上位に表示されると、あなたのブログを見つけてもらいやすくなり、ブログへ多くの読者が流入します。その結果、ブログ記事のPVが伸びるというわけです。

私は、この**SEO対策の一つとして、ブログ記事にYouTube動画を埋め込む**ことをお勧めしています。

ブログ記事を書いてもPVが伸びないと悩んでいる人は、ブログ記事の内容に関連したYouTube動画を埋め込むというアイデアを活用してみてください。そうすれば、**YouTubeの再生数も伸びるし、SEO対策にもなります。**というのも、SEO対策の一つに「**滞在時間を長くする**」があります。**ブログ記事にYouTubeの動画を埋め込むと、読者のブログ記事の滞在時間が伸びる**のです。

例えば、ブログ記事に5分のYouTube動画を埋め込んだとします。ブログの読者が動画を再生して最後まで視聴したら、その読者は5分間、ブログ記事に滞在したことになります。テキストだけのブログ記事を読む時間よりも、動画の視聴時間がプラスされるため、滞在時間が長くなるというわけです。

　そして、Googleなどの検索エンジンがブログ記事を評価する際に滞在時間が長いことが、「このブログ記事は良い内容を提供しているので滞在時間が長いのだろう」と評価され、「上位に表示させる」という結果に繋がります。

■ YouTube動画への導線としてのブログ活用

　一方で、ブログをビジネスに活用する際に、その目的の一つを「YouTubeへの導線」と考えるケースもあります。

　例えば、ビジネスでYouTubeを活用したいと取り組んでいて、YouTubeの再生数を伸ばしたいと考えるなら、**ブログはYouTubeチャンネルを知ってもらう認知の拡大**になります。

　また、**YouTubeで収益を得られるようにビジネス化しているケース**でも、同じようにブログは「**YouTubeへの導線**」になります。

　これらのケースでは、ブログの読者がYouTubeの存在に気づき、YouTubeの動画を視聴するという流れをつくりたいので、YouTubeで配信している動画の内容に関連するブログ記事を書き、「動画で見たい人はコチラ」とリンクでYouTubeへと誘導しましょう。

■「文字で読みたい」「映像で見たい」それぞれにプラスに

　最近よく耳にするのが、「文章を読めなくなった人が増えた」ということ。これは、読む能力がないというわけではなく、テキストや動画や音声といった**情報収集の手段が増えた**ことにより、**ユーザーが手段を選べる時代になったことを**表します。読むことが苦手な人は、読まなくても良い動画や音声を選んで情報を収集します。このことを踏まえ、配信者はユーザーが選べるように工夫することが大切です。

　例えば、ブログの読者の中には「動画があるなら、動画を見たい」と思う人もいるし、動画の視聴者にも「テキストがあるんだったら、テキストを読みたい」と思う人もいます。そのため、YouTubeには「文字起こし」機能が

あります。

　ブログに動画を埋め込むのは、「文字で読みたい人」「映像で見たい人」それぞれにプラスになるので、ぜひ活用してほしいやり方です。

動画視聴で滞在時間が延びれば、
SEO対策になる

VIDEO

3

電子書籍×動画

電子書籍をビジネスのコンテンツとして活用する

■ 電子書籍出版する

　近年、スマホやタブレットで本を読む人が急増していることもあり、電子書籍（kindle本など）が増えています。出版に関しても、紙の書籍を出版するのと違い、電子書籍なら誰でも手軽に出版できるので、「自分の知識や経験を言語化して認知拡大、信頼構築する方法」として、ビジネスに活用するケースが増えています。内容も紙の書籍と比べると、**ブログのように流し読みできるシンプルなものも多く、低価格で販売しているのが特徴**です。

　そして、大きく異なる部分は、紙の書籍を出版する場合、著者、編集者、出版社が一丸となって、「本を創る」と「本を売る」に取り組みます。費やす期間も半年から1年以上と長く、出版に至るまでの道のりは簡単ではありません。出版されたとしても、出版社の営業担当者と著者で協力し合い、本が売れるように販売促進を進めます。このような流れのなか、紙の書籍で出版するのは大変と感じる人も多いのです。

　その点、**電子書籍は自分一人でも出版できます**。また電子書籍出版で「出版した人」「著者」というブランディングも手に入れられます。そういった背景もあり、電子書籍出版に踏み切る人が多いのです。

　ただし、その電子書籍が売れるようにすることは、けっこう難しいです。電子書籍は書店に並ばないのでそこからの販路はなく、出版したことを自らSNSなどで発信し、必要な人の目に留まるように露出しなければ売れません。

　もし、SNSでフォロワーがたくさんいる、運営するコミュニティが大きく育っているなど、電子書籍を宣伝できるファンが多い人なら、ある程度の売上が見込めますが、実際はなかなか売れなくて悩んでいる人が多いです。

第9章　その他のWEBと"動画"を「組み合わせ」る！

■ ビジネスのコンテンツの一つとして

　電子書籍の販売が難しいのであれば、**電子書籍をビジネスの一つのコンテンツとして活用する方法**があります。もちろん、電子書籍が売れるに越したことはないのですが、出版したものの、あまり売れないのであれば方針を切り替えて、「**YouTube動画のシナリオにする**」ことで再利用する方法があります。

　元々、YouTubeのシナリオをつくること自体が大変なので、電子書籍の内容を小分けにしてYouTubeのシナリオにつくり替えて動画で配信するようにします。そうすれば、「文字で読みたい人」と「映像で見たい人」それぞれに対応できる形になります。

　例えば、「Instagramの集客法」という1冊の電子書籍を出版したのなら、YouTube動画のシナリオは「①Instagramの始め方」「②Instagramアカウントのつくり方」「Instagramのプロフィール作成」というように、10〜20個のYouTube動画のシナリオに小分けします。

　もしかすると、YouTubeの動画で配信したら電子書籍が売れなくなってしまうと考えるかもしれませんが、そもそも売れていないのなら、**YouTube動画で電子書籍の「つかみの部分」を配信して「続きはこちら」と電子書籍へ誘導する**こともできます。

　このように電子書籍のコンテンツを有効活用することで、「電子書籍を出版した」という事実とYouTube動画のコンテンツ作成の2つを実現できるのです。

電子書籍を小分けにしてYouTubeのシナリオに変換

紙の書籍の出版が難しいなら
電子書籍での出版！

電子書籍のコンテンツを小分けに
してYouTubeのシナリオに変換！

VIDEO
4

プレスリリース×動画

■ プレスリリースとは？

　プレスリリースという言葉を初めて聞く人もいるかもしれません。**プレスリリースとは、お店や企業の情報を「ニュース素材」として新聞やWEBニュースなどのメディアに提供すること**です。プレスリリースをメディアの担当者やプレスリリースサービスに送信します。そして、メディアの担当者の目に留まれば、新聞や雑誌、TVなどのメディアに取り上げてもらえるチャンスがあり、少なくともネットニュースには掲載してもらえます。

　メディアに掲載されれば注目されて、それが呼び水になり、ビジネスの周知や認知拡大が加速します。そして、その後の集客や売上にも繋がっていきます。そのため、多くの企業やお店、ビジネスパーソンがこのチャンスを狙っています。

　しかしながら、メディア担当者は送られてきた膨大な量のプレスリリース全てを取り上げるわけではなく、その一部にだけ目を通し、「ニュースにすべきか否か」を選別します。その選別に費やす時間は約1分と言われるほど、即座にジャッジします。ですので、プレスリリースをつくる際は、瞬時にメディア担当者の目に留まるような資料づくりが求められるのです。

　例えば、プレスリリースのニュース素材として使う資料は、ほとんどがテキストと画像です。このテキストと画像だけで、メディア担当者がプレスリリースの内容をイメージしやすいような資料をつくるには限界があります。そのため、ここに「動画」を掲載したいところですが、資料に掲載できるのはYouTube動画のURLやQRコードぐらいです。

　少ないチャンスではありますが、メディア担当者が興味をもってくれてYouTube動画を視聴してくれたなら、より詳しくプレスリリースの内容を理解してもらえて、「ニュースにしても良いかな」と思ってくれるかもしれません。

■WEBサイトに掲載するプレスリリース

　最近ではお店や会社のホームページ、自社サイトにもプレスリリースを掲載するケースが増えています。この場合、**誰もが閲覧できるように広く公開している**ので、メディア関係者のみならず、プレスリリースの内容に関心のある企業、お客様や見込み客の一般消費者などへの情報発信になります。**ホームページや自社サイトにプレスリリースを掲載すると、メディア掲載や業務提携のきっかけづくりになり、売上や集客への効果も期待できます。**

　このホームページや自社サイトにプレスリリースを掲載するケースでは、先述したメディア担当者にプレスリリースを送るケースよりも、**YouTube動画を視聴してもらえるチャンスがあります。**

　また、メディア関係者以外では、**プレスリリースの内容に関心のある企業や個人がYouTube動画を視聴するケースがあります。**この場合、そのサービスに興味をもってもらえれば、売上に繋がることもあります。

　動画を視聴してもらうことで、あなたのサービスの詳細が伝わりやすくなるので、プレスリリースを活用する場合には、動画を使えるように工夫しましょう。

プレスリリースにも動画を活用しよう！

プレスリリースには動画を投稿したり、
埋め込んだりできないので、YouTubeに
動画をアップして、そのURLを記載する。

VIDEO 5

クラウドファンディング×動画

クラウドファンディングは、熱く想いを語ろう！

■ クラウドファンディングとは？

　クラウドファンディングとは、**インターネットを介して不特定多数の支援者を募り、資金を調達する仕組みのこと**です。一般的には、銀行からの融資や出資によって資金調達を行うのですが、クラウドファンディングはインターネット上であなたの想いや夢、活動を発信して、**その想いに賛同した人・応援したいと思った人から資金を募る**のです。

　特に、ここ数年でクラウドファンディングが人気となり、世に役立つ新しい商品開発プロジェクト、実現したい夢を応援するプロジェクト、イベント開催プロジェクト、困っている人の救済プロジェクトといった様々なケースでクラウドファンディングが行われています。

　例えば、私の知人が行ったクラウドファンディングには、新商品の開発、マジックショーの舞台開催、子ども食堂の出店、モデルとして海外のコレクションへの出場、伝統文化の育成など、多種多様なプロジェクトがあります。

　クラウドファンディングは、起案者がプロジェクトを立ち上げて、多くの支援者（個人）からお金を集めるわけです。そこで大事なのが、**起案者がプロジェクトの目標と計画をしっかりと立てたうえで、支援者へのリターン（特典）を用意して開催すること**。

　そして、クラウドファンディングはクラウドファンディングサービスを活用して行うのですが、どこを選ぶかで成果が変わるので、それぞれのクラウドファンディングサービスの特徴を押さえることが大切です。代表的なクラウドファンディングサービスを挙げておくので、クラウドファンディングを行う際は、内容を確認して相性の良いところを選ぶようにしましょう。

▶マクアケ（Makuake）〈https://www.makuake.com/〉
　IT企業のサイバーエージェントの子会社が運営しており、ソニーやシャー

プなどの有名企業も活用しているクラウドファンディングサービスがマクアケです。

▶キャンプファイヤー（CAMPFIRE）〈https://camp-fire.jp/〉

　CAMPFIREは個人やクリエイター、企業、NPO、大学、地方自治体など、様々な挑戦を後押ししている国内最大のクラウドファンディングサービスです。

▶レディーフォー（READYFOR）〈https://readyfor.jp/〉

　READYFORは充実したサポートで業界最高水準の達成率を誇るクラウドファンディングサービスです。医療、研究、地域、文化など、既存の仕組みでは浸透しづらい領域の取り組みをサポートしています。

■ クラウドファンディングの実情

　クラウドファンディングは、実現したい夢やプロジェクトがある人には魅力的な資金調達の方法ですが、現状を見ると**「全然資金が集まらない人」**と**「たくさん資金が集まる人」**とに二極化しています。

　クラウドファンディングの内容を見ると「商品が斬新でたくさん資金が集まる」というケースもありますが、これは少数です。通常は自分のプロジェクトを応援してもらうために、SNSやリアルな場で発信して応援者を募っていきます。そのなかで、「なぜそのプロジェクトを行うに至ったのか」「誰（何）のためなのか」「どんな意義があるのか」などを熱い想いと共に伝えて「人の心に訴えかける」ものがないと、結局は知り合いや友達に協力してもらうしか方法がなくなります。

　そのために、日頃からSNSのアカウントを育て、そのSNSで動画やライブを活用します。**特に、ライブコマースでクラウドファンディングの意義や内容を、熱い想いと共に伝えながら資金を募っていくのが効果的です。**

　また、コミュニティをもっている人は応援してくれる仲間やファンがすでにいるので、**動画やライブ配信で熱く想いを語り、クラウドファンディングを広めてくれる協力者を増やして、より多くの人の心に訴えかけていきましょう。**あなたのクラウドファンディングの存在を知ってもらい、熱い想いが伝われば、資金は集まります。

クラウドファンディングは、熱く想いを語ろう！

動画や
ライブ配信で
想いを語る

人の心に
訴えかける

**大きな資金が集まる人は
熱い想いを語っている**

　クラウドファンディングは閲覧者の心を動かさなければ、なかなか支援されません。起案者の熱い想いやクラウドファンディングに至った経緯、どんな人の役に立てるのか、どんな協力者がいるのか、現在どんな活動をしているのかなどを、動画やライブ配信で伝えていきましょう。

その他（NFT、メタバース、ピンタレスト）×動画

最新技術と動画を組み合わせる

■ 最新技術NFTとメタバース

　様々なもののデジタル化がどんどん進み、「NFT」や「メタバース」といった最新技術が紹介され、「なんだかよくわからないし、難しそう…」と敬遠している人も多いかもしれません。しかし、だからこそ、今、理解できたら「後発組」のような出遅れムードを感じないで済むようになります。

　本書で「NFT」や「メタバース」の詳しい解説はしませんが、本書が最新技術を知るきっかけになれば嬉しいです。

　ここでは、「NFT」や「メタバース」と動画を組み合わせたら、どんな使い方があるのかを少し考えてみましょう。

● NFT×動画

　NFT（Non-Fungible Tokenの略）は、日本語にすると「非代替性トークン」と訳されます。これだけでは意味がわからないですよね。非代替性は「替えが利かない、オンリーワン」、トークンは「データや通貨、モノ、証明」といった意味です。仮想通貨に使われているブロックチェーンの技術が使用され、**デジタルコンテンツ**などに**データを紐づける**ことで、**世界で1つしかないものであると証明**することができます。

「非代替性のもの」の例は、直筆サイン入りホームランボールやオリジナルの絵画などがありますが、NFTでどんなことができるのかという一例を絵画のケースで解説します。

　通常では、あなたが描いた絵画をAさんに100万円で販売すれば、あなたは100万円の収益を得て絵画を引き渡し、それで終わりです。たとえその後、AさんがBさんにその絵画を300万円で転売しても、あなたにはその転売から得る収入はありません。

　しかし、絵画をNFT化して**「二次流通時に作品が売れた際、売れた金額の**

10％が創作者に入る」と設定しておけば、転売された際にも創作者は利益を得ることができるのです。

　これを絵画ではなく、動画で行うこともできます。あなたが制作した動画を同じように設定してNFT化すれば、二次流通時に収益を得ることができます。

　また、絵画を創作する過程を撮影して動画にし、その過程の動画をNFT化する方法もあります。創作風景を見たい人の需要は多く、**プロセスを売るという視点で動画を制作すると良い**でしょう。このように、**NFTと動画は相性が良い**のです。

●メタバース×動画

　Facebook社が社名を「Meta」に変えたことで話題になったメタバースですが、これはSNSが主力事業だったFacebook社が、これからはメタバースに力を入れるという事業展開の方向性を示したものです。**近未来にはメタバースが身近なものになってくる**でしょう。

　メタバースとは「仮想空間」のことを意味します。**バーチャル空間やVR（仮想現実空間）が仮想空間**です。アバターと呼ばれる自分の分身を介して、インターネット上に構成される3次元の世界に入り、アバターを動かして会議に参加したり、コンサートやライブを行ったりと、WEB上の空間で社会生活を送ることができます。

　まだ「近未来のもの」として、メタバースという言葉を耳にする段階のように感じますが、実は以前から私たちの身近にメタバースのようなものがありました。例えば、コロナ禍のステイホームで賑わったゲーム「あつまれどうぶつの森（あつ森）」、映画「マトリックス」「アバター」、人気TVアニメ「ソードアート・オンライン」などです。

　そんなメタバースの空間で動画を活用するなら、**ライブ配信**です。ライブ配信は自分が出演するのではなく、代わりにアバターが出演して話しているイメージになるでしょう。同様に、メタバース版のライブセミナーやライブコマースも行えるようになります。**人の代わりにアバターが商品やサービスを販売するライブ配信を行うイメージ**です。

　まだ、実際にどうなるかわかりませんが、今のうちからライブ配信に慣れ

ておくと、メタバース時代がやってきても強みになるでしょう。

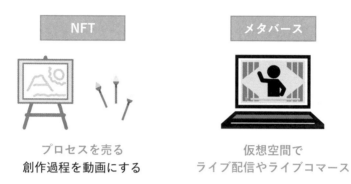

最新技術と動画を組み合わせる

NFT

プロセスを売る
創作過程を動画にする

メタバース

仮想空間で
ライブ配信やライブコマース

■ ピンタレストを活用してアクセスアップ！

● ピンタレスト×動画

　Pinterestはレシピやインテリア、ファッションなど、暮らしを彩るアイデアなど、あらゆるものを画像で探索するツールです。自分や他人のものにかかわらず、SNSやブログ、ホームページなどから、気に入った画像や動画を集めることができます。集めた画像や動画はそれぞれPinterest内のページとなり、その元のURLが表示されます。

　そして、ピンタレストは動画をアップロードすることもできます。ここでのメリットは、アップロードした動画のページにタイトルを付けられるため、GoogleやYahoo!などの検索結果に表示され、SEO対策にもなることです。

第 10 章

高単価商品は"動画"だから
売上が伸びる!

VIDEO

1

商品の価格とその決め方とは?

売れ行きが大きく変わる「値決め（価格の決め方）」

■ ビジネスの売れ行きを左右する「価格の決め方」

個人事業主やフリーランス、小規模会社の経営者など、ビジネスを展開する人にとって、独自の商品やサービスを販売する場合、**悩ましいのが「価格」**です。なぜなら、商品やサービスを販売する際に価格をいくらにするかで、**売れ行きが大きく変わるからです**。私の尊敬する京セラの創業者、稲盛和夫氏も「値決めは経営」と言っているほど、「価格」は非常に重要です。

この**価格を決める際にポイントになるのが価値です**。商品やサービスを提供する私たちが価値があると思っている商品やサービスであっても、それを購入して受け取るお客様が価値を感じなければ、いくら「価値のある商品やサービスですよ」とアピールしても売れません。

また、もし売れたとしても、**お客様が感じる価値と価格がイコール、またはそれ以上に感じなければ、お客様の満足度は上がりません**。そうなると、商品やサービスを利用したお客様から紹介してもらえるようなオプションを得られなくなります。

ですので、商品やサービスを販売する私たちは、お客様の期待を上回る価値を提供することが大切です。

■ 3つの値決め（価格の決め方）

ここでは、商品やサービスの価格を決める際の「値決め（価格の決め方）」を、大きく3つにわけて解説します。

① 原価から決める

原価から価格を決めるケースは、**仕入れ販売などの物販に多い価格の決め方**です。商品作成から販売完了までにかかる費用の合計を計算し、それに利益をどれだけ乗せるかで価格を決定します。

計算式にすると、**原価＋利益＝販売価格**となります。

例えば、原価が6,000円で利益を3,000円得ようと考えるなら、販売価格は9,000円となります。その際、原価には、仕入れ価格、販売手数料、梱包材費、配送費、人件費、家賃、光熱費など全ての費用を含めて計算します。

②相場（競合）から決める

相場（競合）から価格を決めるケースは、昔ながらの慣習がある、付加価値を付けづらい、差別化できない、どこでも仕入れられる商品などの場合、**相場や競合の価格を基に販売価格を決定**します。

商品によっては、価格の相場が決まっているものもあり、その場合は、競合の価格と同程度に設定するか、少し高く設定するか、少し低く設定するかで価格を決めます。例えば、ペットボトルの飲料や書籍、ガムなどの商品がこれに該当します。

③提供価値で決める

提供価値で価格を決めるケースは、**自分の商品やサービスが提供する価値によって、価格を決定する方法**です。言ってしまえば、「言い値」です。その際のポイントは、**どれだけ価値があるかで販売価格を決定**するということです。

他と差別化できる商品サービス、付加価値を付けられる商品サービスなら、提供価値で価格を自由に決められます。例えば、ブランド力がある、ファンが付いている、技術力がある、他にない商品などです。物品ならブランド力やファンが多いルイヴィトン、シャネル、Appleの商品が、これに該当します。

また、絵画や写真、陶芸などの芸術に関する商品も価格を自由に決定できます。似たような絵に見えても「一方は100万円で売れて、もう一方は5,000円でも売れない…」なんていうことはよくありますよね。

そして、**物品でない無形商品も提供価値で価格を決める**ことができます。例えば、各種講座や教室、コンサルティング、コーチングなどです。これらは、主催者の知名度や人気、教える内容やサポートなどから付加価値を付けやすく、価値に合わせて価格を自由に決められます。もちろん、売れるか売れないかは、お客様から見た価値次第になります。

3つの値決め（価格の決め方）方法

原価から 決める	相場（競合）から 決める	提供価値で 決める
原価＋利益 ＝販売価格	相場や競合の価格を基に 販売価格を決定	どれだけ価値があるかで 販売価格を決定
仕入れ販売などの 物販に多い価格の決め方	〈例〉 ペットボトルの飲料や書籍、 ガムなどの商品	〈例〉 ブランド、芸術、スキルや 独自サービスの提供

　もし、これからビジネスを始めたり、別に新規事業をスタートしたりする場合、提供価値で価格を決められるビジネスに参入することをお勧めします。というのも、価格を原価や相場から決めるビジネスは大手企業との価格競争になりやすく、体力のない個人や小規模な企業は戦えないからです。

　現代はSNSと動画の浸透によって、好きなことや得意なことを仕事にできる時代になりました。例えば、○○講座や○○教室、○○コンサルティングなどのように、原価がかからず、提供価値で価格を決められる無形商品で収益を得ることができるのです。

なぜ動画だとSNSから高単価商品が売れるのか？

高単価商品が売れる流れのつくり方

■ 高単価商品とは？

　高単価商品とは、文字通り「単価が高い商品」です。ただし、「単価が高い商品」という表現では解説がアバウトになるので、ここでは「1年以内に1人のお客様からいただく金額が20万円以上の商品」と設定して解説します。

　この条件だと、クルマや家、高級バッグ、高級時計なども当てはまります。しかし、本書の対象は有名企業やブランド力の高い商品を扱っている人を想定しておらず、個人事業主やフリーランス、小規模会社の経営者の方を想定しています。そのため、「1年以内に1人のお客様からいただく金額が20万円以上の商品」との設定ですと、**販売する商品は物品ではなく、講座や教室、コンサルティング、エステサロン、会員制サービスなどの無形商品が多いです**。ここでは、これらの「無形の高単価商品」に絞ってお伝えします。

■ SNSで無形の高単価商品が売れる条件

　もしかすると、あなたは「SNSで無形の高単価商品が売れるの？」と疑問に思っていませんか？　実は、**かなり売れています**。

　しかし、例えばInstagramやFacebookでただ投稿するだけでは、高単価商品が売れることはありません。なぜなら、**SNSで高単価商品が売れるには条件がある**からです。

　その条件とは、**すでにユーザーとの信頼関係が構築されている、投稿者が有名人でファンが付いている、講座等の知名度が高い**、といったケースです。このような条件が付けば、InstagramやFacebookの投稿だけで売れる場合もありますが、そうでなければ、通常は単に投稿するだけでは売れません。

　では、「SNSで無形の高単価商品は、かなり売れています」とお伝えした根拠をもう少し詳しく解説します。

　まずは、高単価商品が売れるかどうかは、次ページの3つの条件がそろっ

たときです。

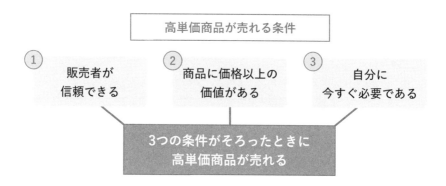

　高単価商品が売れるようになる重要な要素は、「信頼関係の構築」です。しかし、無形商品のなかには、購入前はユーザーに魅力的に映ったとしても、価格が高い割に価値のない商品がたくさん存在します。

　私自身、これまで70個のビジネス講座やコンサルティングを受講し、4200万円以上の自己投資をしてきました。そのなかには、数十万円お支払いして、3億円以上の売上に繋がる価値の高い講座もありました。

　その逆で、300万円以上をお支払いしても、質問にたまに答えてくれるだけで他に何もない酷（ひど）いコンサルティングもありました。つまり、無形の高単価商品を購入する際、良いものに当たったときの喜びは大きいけれど、外れたときのショックはさらに大きいのです。特に、人の心理には得するよりも損をしたくないという「損失回避の法則」が働きます。

　そのため、価格ほどの価値がないのではないか？　という疑問が生まれます。その**価格と価値のギャップ（大きなズレ）**を埋めるためには、信頼関係を構築することが最適です。言い換えると、**信頼貯金を貯めることで価格と価値のギャップは埋められます。**そして、ユーザーとの信頼構築ができる順番は次の通りになります。

　もちろん、価格以上に価値が高い商品やサービスを提供することが大前提です。

　文字＜写真＜音声＜動画(録画)＜動画(ライブ)＜リアル対面

このことから、リアル対面を除くと、SNSやオンラインで信頼関係を構築しやすい方法が動画になります。だからこそ、本書では動画を有効活用することをお勧めしているのです。

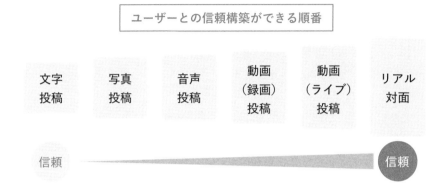

ユーザーとの信頼構築ができる順番

| 文字投稿 | 写真投稿 | 音声投稿 | 動画（録画）投稿 | 動画（ライブ）投稿 | リアル対面 |

信頼 → 信頼

■動画を活用すればSNSで無形の高単価商品が売れる！

　無形の高単価商品が売れるようになる大事な要素は、「信頼関係の構築」とお伝えしました。また、本書では、繰り返し「動画は信頼関係を構築しやすい」とお伝えしています。

　再度繰り返すと、動画は文字や写真よりも商品の特徴や魅力を詳しく、わかりやすく伝えられ、価値を理解してもらえます。さらに、「なぜ自分に必要なのか」「今必要なのか」を、あなたの想いと共に伝えることができるのです。そのため、動画を活用することで、無形の高単価商品が売れやすくなります。

　しかし、動画を活用することで売れやすくなるというのは、「**信頼構築の度合い**」によって変わります。ただ単にInstagramやFacebookの動画で無形の高単価商品を紹介しても、よほど深い信頼構築ができていない限り売れません。

　そこで、SNSで動画を活用し、無形の高単価商品が売れる状態にするために、次は「ユーザーと深く信頼構築する」ということに着目していきましょう。

■ LINE公式アカウントの活用

「ユーザーと深く信頼構築する」ことに取り組むには、LINE公式アカウントの活用がお勧めです。特に高単価商品を販売するのに有効なツールと言えます。なぜなら、LINE公式アカウントはFacebookやInstagramと大きく異なる特徴があるからです。

それが、第7章でお伝えしたように、配信者から設定した日時にメッセージを届けられること。さらに、ステップ配信の機能があり、1通目、2通目、3通目とメッセージを順番通りに送ることができるのも信頼構築するために効果が高いです。

そして、LINE公式アカウントは動画を配信できるので、順番に動画を見てもらうことによって、**しっかりと信頼構築し、商品に価格以上の価値があり、自分に今すぐ必要と感じてもらえれば、高単価商品も売れるようになり**ます。

■ ライブ動画の活用

LINE公式アカウントと動画を組み合わせることで、高単価商品が売れるようになるとお伝えしました。特に講座や教室、コンサルティングなどの無形商品の場合、**ユーザーに「リアル感」を感じてもらうと、売れ行きが良くなる傾向**があります。

「リアル感」でいえば、一番効果的なのは、実際にお会いするリアルのセミナーやイベントですが、これを除くと、リアルタイムで配信するライブ動画が一番です。ここでいうライブ動画には、YouTubeやInstagram、FacebookなどのSNSを活用したライブ配信やZoomを活用したセミナーが含まれます。

特に、Zoomセミナーの場合、参加者もカメラオンにして、質問を投げ掛けてもらい回答していくというように、**直接会話ができる**ので、臨場感があります。だからこそ、信頼関係をより構築できるのです。

また、商品の特徴や魅力を直接伝えることで、価値をしっかり把握してもらえ、なぜ自分に必要なのか、今必要なのかを感じてもらえるようになります。そのため、高単価商品がより売れる流れになります。これを図に表すと次ページのようになります。

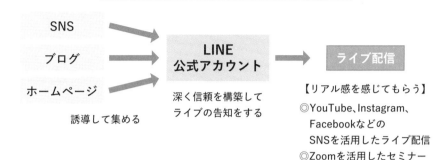

高単価商品がより売れやすくなる流れ

SNS
ブログ
ホームページ

誘導して集める

LINE
公式アカウント

深く信頼を構築して
ライブの告知をする

ライブ配信

【リアル感を感じてもらう】
◎YouTube、Instagram、
　Facebookなどの
　SNSを活用したライブ配信
◎Zoomを活用したセミナー

　高単価商品を販売するためには、とにかくユーザーに信頼してもらうことと、商品を手に入れた後のベネフィットを感じてもらうことがポイントです。そして、その商品が価格よりも価値が高いと感じてもらえれば購入に繋がります。

　そのために、各SNSからLINE公式アカウントに登録してくれた人に、動画メッセージを送ったり、ライブ配信をしたり、Zoomでセミナーを開催したり、リアル会場でセミナーや体験会を開催したりします。

VIDEO
3

価値提供と差別化が重要!

■ 普段の情報発信から気を付けておきたい3つのこと

ビジネスでSNSを活用する際に「売れるケース」と「売れないケース」があります。その違いを分析すると、**普段の情報発信で差が付く**ことがわかります。特に高単価商品を売りたいのなら、普段の情報発信が大切です。ここでは価値提供を行う情報発信で、普段から気を付けておきたい3つのことについて解説します。

① 情報の質

高単価商品が売れるかどうかは、**普段からどれだけ価値提供しているかで大きく差がつきます**。価値提供とはユーザーに喜んでもらえる、**有益な情報発信をすること**です。有名人やインフルエンサーなど、ファンが多い人なら、何を発信しても喜ばれるかもしれませんが、私も含めて有名でない一般人が発信するなら、**「有益さ」は必須**です。

「有益な情報発信」とは、視聴者が「なるほど」「気づきがある」「共感できる」「面白い」「かわいい」「癒される」など、視聴して良かったと感じられる発信です。これは、情報の「質」に当たります。

② 情報の量

有益な情報発信には「量」も大切で、あなたの発信を頻繁に見てもらうことがポイントになります。これは、第2章でお伝えした「ザイオンス効果」の働きにより、何度も繰り返し見てもらうことで印象や好感度が上がり、配信者への関心が高まるからです。

インターネット社会になり、世の中には情報がたくさん溢れています。その過剰過ぎる情報のなかから、あなたの価値提供である発信を繰り返し見てもらい、あなたを好きになってもらうことが非常に大切です。そのため、情

報発信の「量」も不可欠です。

③情報の差別化

　もう一つ重要なのが「差別化」です。差別化とは、**あなたやあなたの商品サービスが他のものと何が違うのか、それはユーザーにとってどんなメリットになるのかを知ってもらうこと**です。特に、他と比べてユーザーにどんな**メリット（商品の売り、特徴、利点）やベネフィット（お客様が商品を手にした後の変化、歓び、利益）**があるのかを伝えること、さらに、**あなたがどんな想いやストーリーのもとに現在に至ったのか**、これらを伝えることが重要です。

　そうすることで、ユーザーはあなたに興味をもち、発信を見れば見るほど好きになり、信頼してくれるようになります。普段から情報発信する際には、**価値提供と差別化**を意識するようにしましょう。

　「質」を重視すれば「量」は減らしても良いと考えている人も見受けられますが、解説した通り、**「質」「量」「差別化」はどれも不可欠**です。

　例えば、「量」に関して言えば、一番労力と時間がかかるので減らしたい気持ちも理解できます。しかし、だからこそ発信を頻繁に見てもらうために、労力を惜しまず「量」を投稿し続けるあなたの姿は、ユーザーの目に「信頼できる人」と映るのです。

　このように普段から価値提供としての情報発信を繰り返すと、ユーザーは必ず評価してくれます。そう思って、コツコツと信頼貯金を貯めていきましょう。

普段の情報発信から気を付けておきたい3つのこと

情報の質	情報の質	情報の差別化
有益な情報発信	ザイオンス効果	メリット・ベネフィット

どれも不可欠！

**ユーザーが評価して
高単価商品が売れる**

有形と無形、高単価商品の売り方の違い

高単価商品の売り方は「お客様の立場に立って考える」

■ 有形商品と無形商品

　高単価商品の中には、**有形商品**と**無形商品**があります。有形商品とは「形がある物品」で、**手に触れることができる商品**を指します。例えば、家具、冷蔵庫、美容家電、クルマ、家などが有形の高単価商品として挙げられます。

　これに対し、無形商品とは「形がなく、手に触れることもできない商品」で、**一般的にサービス**と言われるものです。例えば、各種講座やコンサルティング、カウンセリング、コーチング、エステサロン、美容整形などが無形の高単価商品として挙げられます。

　このように、**形ある有形商品と形がない無形商品を販売する際は、売り方に違いがあります**。その違いについては、自分が一消費者としてお客様の立場に立って考えるとわかりやすいです。特に高単価商品になればなるほど、この「**お客様の立場に立って考える**」が、差が付くポイントになります。

■ お客様の立場に立って考える

　安価商品であれば、商品を買ってみて「失敗した」と思ったとしても諦めがつくかもしれません。しかし、高単価商品は「試し買い」には躊躇します。価格が高ければ高いほど「試し買い」は不可能で、お客様は「商品を買って良かった！」と思える要素を商品やサービスから探したいと思うものです。それが**消費者の心理**です。

　例えば、有形の商品なら、お客様は商品を目で見て確認し、手に取り、触れて品質を判断できるでしょう。これに対し、無形商品は形がありません。商品を目で見て確認し、手に取り、触れて品質を判断することはできないのです。それゆえに、商品を購入するときは不安を抱え、**有形商品を購入するときよりも慎重になります**。

　お客様の立場に立って考えるとは、この商品購入時の「不安」をできるだ

け取り除くように「情報」「信頼関係」「イメージ」などから、「安心」をいか
に提供できるかを考えるということです。

■ 安心できる情報を提供して購入後をイメージしてもらう

有形商品の場合、お客様は実際に商品を目で見て確認し、商品を手に取り、
触れて品質を判断します。そこに機能や使い道、他の商品よりも優位性があ
ること、お客様にとっての必要性などを感じ取れれば、購入後のイメージが
ハッキリしているので、すんなり購入してもらえます

これに対して、無形商品の場合は、形がない商品なので目で見て確認し、
商品を手に取り、触れて品質を判断することはできません。

そのため、例えばコンサルティングを購入して受ける場合、**誰がコンサル
するのか**、**何をしてくれるのか**、そして、**受けることでどうなるのかとい
うイメージで判断します**。特に、受けたらどうなるのか、ビフォーアフタ
ーの差が重要です。

このビフォーアフターの差を「あなただから実現してくれる」と、お客様
から信頼を得られれば購入してもらえるようになります。

また、これらのことを伝える際、文字や写真ではなく、動画やライブを活
用すると、よりお客様に伝わりやすくなり、購入への近道になるのです。

有形商品と無形商品の売り方

有形商品	お客様の立場に立って考える	無形商品
形のある商品 洋服、化粧品、食べ物、皿、テレビ、パソコン、机、ベッド、車、家など		形がない商品 各種講座、コンサルティング、カウンセリング、コーチング、エステサロン、美容整形　など
商品を目で見て確認し、商品を手に取り、触れて品質を 判断できる	情報　信頼関係　イメージ	商品を目で見て確認し、商品を手に取り、触れて品質を 判断できない

高単価商品の売上を上げる①「売上の公式」

「商品単価」「集客数」「成約率」

■ 売上の公式

　ここでは、高単価商品で売上を上げるために、何をすれば良いのかを考えていきます。まず、売上の公式から見ていきましょう。

　例えば、Zoomセミナーで「〇〇ビジネス講座」（〇〇はあなたのビジネスと想定してください）という高単価商品を販売して売上を上げるとします。

　その場合の売上の計算式は、**売上＝商品単価×（集客数×成約率）** となります。

「商品単価」はビジネス講座の価格、「集客数」はZoomセミナーの参加人数、「成約率」は参加者のうち何%がビジネス講座を購入するかです。

　例えば、商品単価が30万円、集客数が10人、成約率が20%だとすると、**売上＝30万円×（10人×20%）** という計算式になり、**売上は60万円** となります。

　こう考えると、売上を上げるためには「商品単価」「集客数」「成約率」のうち、どれか1つでも上げられれば良いとわかります。

　では、この3つのうち、初めにどれを上げることを考えれば良いでしょうか？

● 商品単価

　まず、一番簡単に上げられるのは「商品単価」、つまり、価格ですよね。価格は自分で決められるものだからです。

　ですが、価格をむやみに引き上げると、売れ行きが悪くなってしまうので、もし価格を上げたいと考えるなら、**価格を上げても売れる根拠が必要** です。もちろん、この根拠は「なんとなくの感覚」のようなあやふやなものではなく、**「売れている」という実績が必要** になります。この「売れている」という実績を基に、価格を上げるようにします。

つまり、最初に価格を上げてはいけないということです。

●集客数

次に、「集客数」を見てみましょう。「○○ビジネス講座」を販売するために、SNSや公式LINEでセミナーの開催を告知し、セミナーに参加してくれた人数が「集客数」になります。**多くの人が、セミナー開催時、たくさんの人に参加してほしいと考えますが、実はこの考え方は危険です。**

というのは、SNSなどで思い切り頑張って告知して、たくさんの人がセミナーに参加したはずなのに、いざ「○○ビジネス講座」を販売してみたら、全然売れなかったということがよくあります。これは、**成約率が低いことが原因**です。つまり、成約率が低い段階で、セミナーの集客数を思い切り上げようとしてはいけないのです。

●成約率

次に、「成約率」について考えていきましょう。**結論を言えば、最初に上げる努力をするべきは、「成約率」です。**

成約率とは、「○○ビジネス講座」を販売するためにセミナーを開催し、そのセミナー参加者のうちの何%が「○○ビジネス講座」を購入するかという割合のことです。10人がセミナーに参加し、3人が「○○ビジネス講座」を購入してくれたら成約率は30%、8人が購入してくれたら成約率は80%となります。

成約率を上げることができれば、「○○ビジネス講座」を購入したい人の割合が多いということなので、ここで初めて価格を上げることを視野に入れられる状態になります。また、成約率を上げることができれば、セミナーの集客数を増やせば増やすほど売上が上がります。

ただし、**セミナーの参加人数が多くなると、案内する講座の成約率が下がる傾向にあります。**そのため、セミナーの回数を増やして、**1回のセミナーの参加人数を分散させると成約率が上がって効果的です。**

このように、「商品単価」「集客数」「成約率」のうち、売上を上げるために最初に考えるべきなのは、「**成約率を上げること**」です。

成約率を上げるためには、ターゲットを絞ってセミナーに集客し、セミナ

ーの内容を充実させ、組み立てを考え、セミナー参加者の満足度と期待感を高めていきましょう。また、講師とは別に司会進行役をたてて、セミナーが始まる前に、参加者が講師に対して興味や信頼が向上するように講師を**ティーアップ（相手を少し持ち上げるコミュニケーションのテクニック）**するのも効果的です。

　このように、成約率を上げることができたら、集客数を増やし、価格を上げることも視野に入れるといった順番で考えていきましょう。

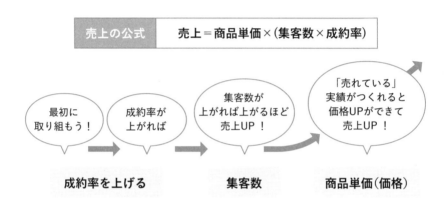

この順番で売上を上げていきましょう！

高単価商品の売上を上げる② 「LTV」

LTV（ライフタイムバリュー）とは

■ 新規のお客様をリピーターに変えていく

前項では、売上の公式を使い、1回のセミナーで売上を上げるために必要なこと、その順番についてお伝えしました。ここでは、**LTV（ライフタイムバリュー）**について触れておきたいと思います。

LTVとは、顧客生涯価値と呼ばれ、1人のお客様が生涯を通じてどれだけの利益をもたらしてくれるかを表す指標です。

通常、**新規のお客様を獲得するには、リピーターよりも5倍のコストがかかる**とされています。しかし、売上に困っている人ほど、新規のお客様を獲得しようとしがちです。ですので、新規のお客様を1人でも獲得したのなら、今度はそのお客様を複数回購入してくれるリピーターに変えることを考えていきましょう。そのほうが**新規のお客様を獲得するより、かけるコストが低くなり、効率が良くなる**のです。

では、一度でも商品を購入してくれたお客様に複数回購入してくださるリピーターになっていただくには、どうしたら良いでしょうか。それは、**お客様の満足度を上げること**です。ここが、とても大事なポイントです。

例えば、30万円の「○○ビジネス講座」を購入してくれたお客様に向けて、講座終了後、「○○ビジネス講座 上級編」のような上位版を50万円で販売します。このとき、30万円の「○○ビジネス講座」を受講したお客様が、「この講座は30万円以上の価値があった！」と感じていれば、次の上位版の購入率も上がります。

このときに大切なことは、30万円の「○○ビジネス講座」を受講したお客様が、講座終了時に感じている満足度の度合いです。「この講座は30万円以上の価値があった」と感じていることが大前提で、「だからきっと、ビジネス講座上級編は50万円以上の価値があるだろう」と期待できるメリットやベネフィットを提供し、講座終了時までに、サービス提供者とより深く信頼関

係を築けるように心がけましょう。

　このように、新規のお客様がリピーターに変わるには、**お客様の高い満足度と次のステップへの期待感が必須**になります。

■ サブスクリプションモデルではLTVが超重要！

　また、LTVはサブスクリプションモデルのケースで、とても重要になります。**サブスクリプションモデルとは、売り切り型でなく、月額定額制の継続的なビジネスモデルのことです。**

　サブスクリプションモデルには月額3,000円程度のコミュニティやオンラインサロンと呼ばれるものが多いですが、**高単価商品のコミュニティやオンラインサロンの場合、価格が高い分、よりLTVの考え方が重要になります。**

　例えば、月額2万円のビジネスコミュニティだとすると、初月の内容に満足しなければすぐに解約されてしまいます。何ヵ月か継続しても、不要だと判断されれば、やはり解約されてしまいます。

　解約を防ぐために、ビジネスコミュニティ内で提供するコンテンツを良くしたり、サポートを充実させたり、楽しい企画を開催したり、参加者同士が仲良くなってもらえるようにしたり、工夫していくことが大切です。

　サブスクリプションモデルのケースでは、商品を販売することに力を注ぐだけではなく、**継続していただけるように力を注ぐと、結果的にトータルの売上UPに繋がります。**お客様の満足度を上げる意識がとても重要なのです。

LTV（ライフタイムバリュー）
1人のお客様が生涯を通じてどれだけの利益をもたらしてくれるか

新規獲得は5倍のコストがかかる **新規のお客様を獲得する** **リピーターに変える** お客様をリピーターに変えるほうが コストが低く効率が良い	サブスクリプションモデル **コミュニティ** **オンラインサロン** 解約せずに継続する 結果的にトータルの売上UP

どちらのケースでも大事なことは「お客様の満足度を上げる」こと

3段階で売る!フリー、フロントエンド、バックエンド

📶 高単価商品は、3段階で時間をかけて販売する

■ 高単価商品を購入してもらうのは、年々ハードルが高くなっている

　ここでは、高単価商品を販売する方法を考えていきましょう。高単価商品は、SNSなどで「購入しませんか？」と提案しても、簡単に購入されるものではありません。そのため、本書のテーマである動画を活用して認知拡大し、興味関心をもってもらい、貢献しながら信頼関係を構築し、商品の価値やベネフィットを伝えて販売します。ただし、それでも高単価商品を購入してもらうことは、年々ハードルが高くなっています。

　第8章でお伝えしたように、昨今では以前のような売り方では売れづらくなってきています。SNSが急速に広がり、今ではSNSを通じて様々な情報が入ってくるので、「売れ方」に変化が表れているのです。**特に高単価商品の購入を検討する人は、以前より慎重になっています。**

　そのため、特にあなたから初めて購入する人に高単価商品を販売する際は、丁寧に相手との信頼関係を築いていく必要があります。いきなり高単価商品を販売するのではなく、**フリー（無料のもの）、フロントエンド（低額商品）、バックエンド（高単価商品）という3段階で販売する**と良いでしょう。

■ 3段階で販売する

　では、フリー（無料のもの）、フロントエンド（低額商品）、バックエンド（高単価商品）という3段階で販売する方法を考えてみましょう。

　例えば、WEBデザイナーになりたい人向けに、「基礎WEBデザインの無料動画講座」をプレゼントします。これがフリーで、無料で提供するものになります。次に、この無料講座を見て、「良かった」「勉強になった」と思えば、一部の人がフロントエンドの3,000円の「WEBデザイン体験セミナー」に参加してくれます。

さらに、WEBデザイン体験セミナーのなかで、本気でWEBデザイナーとして収入を得たい人向けに30万円の「WEBデザイナー養成ビジネス講座」をオファーします。そうすると、やはり、WEBデザイナーとして収入を得たい人の一部が購入してくれるという流れになります。**段階を踏むことで信頼構築ができて、高単価商品が売れやすくなる**のです。

　この3段階のなかで、消費者はまず、フリー（無料のもの）の動画を視聴して、あなたが自分の欲しいものを提供してくれる人なのかどうか、考え方や価値観が合うのかどうか、身振り手振りや話し方などに嫌なところはないか、などをチェックしています。

　そして、あなたと同じようなテーマで、無料のものを提供している人もいるので、他の人との違いもチェックします。このフリーの段階で、「この人が言うことなら、もう少し聞いてみたいな」と思えば、次の段階であるフロントエンド（低額商品）に進みます。

　このとき、消費者心理として、フロントエンドは安価な商品なので、軽い気持ちで試すことができます。ここで「たった3,000円でこんなに学べるのか！」と満足度が高ければ、「本気でこの人から学びたい！」と、30万円のバックエンド（高単価商品）「WEBデザイナー養成ビジネス講座」の受講を検討し始めます。ただし、即決で申し込む人は少ないかもしれません。**即決で申し込まなかった人も興味がなくなったわけではなく、慎重に時間をかけて、SNSであなたの投稿を引き続きチェックしているケースもあります。**ですので、即決しないからといって相手との信頼関係を築くことをやめてしまわないように気を付けましょう。

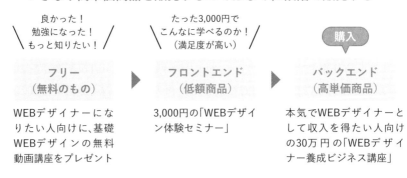

いきなり高単価商品を販売するのではなく、3段階で販売する

フリー （無料のもの）	フロントエンド （低額商品）	バックエンド （高単価商品）
良かった！ 勉強になった！ もっと知りたい！	たった3,000円で こんなに学べるのか！ （満足度が高い）	購入
WEBデザイナーになりたい人向けに、基礎WEBデザインの無料動画講座をプレゼント	3,000円の「WEBデザイン体験セミナー」	本気でWEBデザイナーとして収入を得たい人向けの30万円の「WEBデザイナー養成ビジネス講座」

第 11 章

SNS 動画マーケティングで
最後に伝えたいこと

VIDEO

1

これからSNSを伸ばすコツ

新しい時代の波をキャッチする

■ SNS後発組が、動画で先発組を抜く可能性は無限大！

　ここまで本書をご覧いただいたあなたは、SNSを伸ばして売上を上げるイメージが湧いて、楽しみになってきたのではないでしょうか。

　時代の流れはとても早く、売り方もツールもどんどん変化して、そのスピードに「ついていくのに必死なんだけど…」と感じる人もいるかもしれません。

　しかし、**だからこそ、SNS後発組には**チャンスなのです。なぜなら、この時代の流れの変化の波は、後発組だけにでなく、先発組にも押し寄せているからです。

　先発組には、これまでSNSのアカウントを育てることも、ユーザーとの信頼関係を構築することも、自分のビジネスの集客や売上に繋げることも先に取り組み、時間や労力をかけてきました。

　しかし、**先発組だからこそ、「まだ今までのやり方でも通用するかもしれない」**と、従来のやり方に固執してしまいがちです。そして、**新しい時代の波をキャッチするタイミングを逃す可能性がある**のです。

　一方、SNS後発組には、このような足かせはなく、新しいSNS動画マーケティングを素直に受け入れることができます。例えば、「TikTok売れ」で商品やサービスが売れていると知れば、「まだ取り組む人数が少ないから、TikTokにチャレンジしてみよう！」というように**素直に新しい分野にチャレンジできる**のです。

　そのため、私は本書でお伝えしてきた「**SNSの掛け合わせ**」と「**効果的な動画の活用**」で、**後発組は先発組をどんどん抜いていける**と考えています。

■ 後発組は新しいやり方で最速で伸ばす！

　SNS後発組が先発組を抜いていく可能性の鍵は、前述したように"動画"です。ですが、"動画"と聞くと「大変そう」「難しそう」「自分にできるのだろうか？」と不安に思う人もいるでしょう。

　例えば、Instagramでは、「テキスト投稿や画像投稿ならできるけど、リールのショート動画投稿と言われたら、難しそうだから躊躇してしまう」といった声をよく聞きます。このケースで言えば、Instagramのテキスト投稿、画像投稿は先発組が築いてきたライバルが多く、頭打ちの分野になります。これに対して、**ショート動画のリールのやライブ配信は、これからさらに伸びる分野**になります。

　振り返ってみれば、Instagramが流行り始めた頃は画像投稿がメインで、当時は「インスタ映えする写真を撮るなんて難しい」という声を聞きました。その後、「文字を画像にして投稿する」という方法が流行り、そのときは「文字を画像にして投稿するなんて邪道」という声もありました。

　そんななか、先発組で結果を残している人たちは、「今、この投稿方法を取り入れたほうがインスタを伸ばせる」と考え、**時代に合った投稿を取り入れて**、Instagramを伸ばし、自分のビジネスの集客や売上に繋げることに時間や労力を注いできたのです。

　そして、その姿勢や成果に憧れた人たちが真似て投稿し、その分野のライバルが増加し、抜きんでることが難しくなりました。これは、先発組が残したSNSのレガシー（先代から次世代に受け継ぐもの）だと言えます。

　そして、**これからのSNS、ソーシャルコマースといった未来に向けて、後発組が今から慣れておくべきなのが**「動画」と「ライブ」なのです。「動画」と聞くと億劫になってしまう人も、これからを見据えて動画とライブに慣れていくようにしましょう。これこそ、後発組が最速で伸ばす方法であり、先発組を抜いていく未来になります。

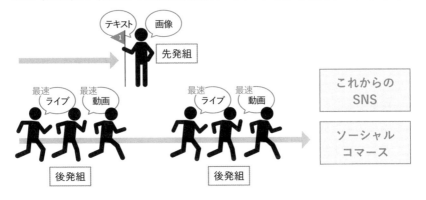

SNS後発組が、動画で先発組を抜いていく可能性は大いにある！

テキスト　画像

先発組

最速　ライブ　最速　動画

最速　ライブ　最速　動画

これからの
SNS

ソーシャル
コマース

後発組　　　　後発組

■「動画」と「ライブ」でソーシャルコマースに備えておく

　私が、「近い未来にソーシャルコマースの時代が来る！と考えているのは、夢や希望ではなく、おおよそそうなると決まっている予測です」と、第5章でお伝えした通り、**もう間もなく、SNSで直に商品サービスを販売できるソーシャルコマースの時代が到来するでしょう。**これは、実際にInstagramやTikTokの動きから導き出した未来予想図です。

　ですので、特に後発組は、「ソーシャルコマースの時代が来る」と意識しながら、今から動画やライブ配信に慣れておきましょう。**いざ、日本でソーシャルコマースが本格化したときに、最速で結果を出せる可能性が高まるからです。**そして、これが、後発組が新しい時代の波をキャッチするタイミングです。

　「動画は難しそう」と思う人は、ぜひ、ショート動画からチャレンジしてみてください。「難しい」と感じるのは、きっと、やったことがない初めてのことに対する不安からです。実際にやってみたら、思ったよりも簡単だと気づくはずです。動画制作の手順は、回数を重ねていけばいくほど慣れていくし、動画制作のスキルも身に付いていきます。

　そして、ショート動画に慣れてきたら、次はロング動画にチャレンジしてください。ショート動画から始めてロング動画に進んでいくことで動画制作にも慣れていき、動画配信を楽しめるようになります。楽しみながら未来への可能性を広げていきましょう。

ライブ配信も同じです。初めは緊張するかもしれませんが、慣れてくるとハプニングも楽しめるようになります。また、**ハプニングも上手く処理できる自分に自信もついてきます。**

　そして、ライブ配信でのあなたと参加者とのやり取りを見て、あなたを評価してくれたり、ファンになってくれたりする人が現れます。何よりも、ライブ配信を始めてみると、わからないことを参加者が教えてくれたりするので、参加者の優しさに気づくことでしょう。これもライブ配信の魅力です。ぜひ、楽しみながらライブ配信をしていきましょう。

　このように、努力と労力を「慣れること」で楽しみに変え、従来のやり方で結果を残してきたのがSNS先発組です。そして、今度は本書をお読みのあなたが、これからのSNS、ソーシャルコマースの時代を牽引していく番です。**ソーシャルコマースが日本で本格化する時には、新しい時代の波に乗って最速で成果を上げていきましょう。**

「動画」と「ライブ」でソーシャルコマースの時代に備えておく

ビジネスで売上を上げるために

VIDEO 2

|ıllll ビジネスで売上を上げるために大事なこと

■ 目的とゴールを明確にしよう！

　本書では、SNS動画マーケティングについて様々な解説を行い、ビジネス
で売上を上げる方法をお伝えしてきました。本書に記載した「ビジネスで売
上を上げるやり方」は種類が結構多いです。そのため、全部やる余裕はない
という人もいると思います。もちろん、全部を行う必要はありません。**あな
たのビジネスに合わせて、有効活用できるやり方を取り入れていただけたら
嬉しいです。**

　ではここで、少し整理していきましょう。ビジネスで売上を上げるために
大事なことは、まず、**目的をもって取り組むこと**です。ここでいう目的とは、
あなたが目指す到達点です。目的を決めたら、次にそのゴールはどこなのか
を設定しましょう。**ゴールとは、目的を達成するための具体的な指標**です。

　SNSを活用する目的が「有名になりたい」なら、その「有名になりたい」
のゴールはどこにあるのでしょうか。この**ゴールの違いによって、アプロー
チ方法、成果、規模が変わってきます。**

　例えば、あなたのビジネスを多くの人に知ってもらい、集客や売上に繋げ
るために有名になりたいのか、企業から広告案件をもらえるようになるため
に有名になりたいのか、本の出版やTV出演を実現するために有名になりた
いのかなど、同じ「有名になりたい」でも「なぜ有名になりたいのか」を深
掘りすると、それぞれ違いがあることに気づきます。

　このように、同じ目的でも多様なゴールが設定でき、その選択でアプロー
チ方法、成果、規模などが変わってきます。ここで再度、あなたがビジネス
でSNSを活用する目的とゴールを明確にしましょう。

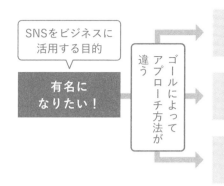

SNSをビジネスに活用する目的

有名になりたい！

ゴールによってアプローチ方法が違う

ビジネスを多くの人に知ってもらい、集客や売上に繋げる

企業から広告案件をもらえるようになる

本の出版やTV出演を実現する

■ SNSを掛け合わせて、動画を活用する

　本書の第6章から第9章まで、様々な「掛け合わせ」や「組み合わせ」についてお伝えしました。その理由は、**ビジネスで売上を上げるためには、SNSを単独で活用するよりも、複数を掛け合わせたり、動画と組み合わせたりすることが効果的だから**です。

　本書をお読みいただいている方のなかには、「Facebookはやっている」「Instagramはやっている」といったように、いくつかのプラットフォームを単独で運営している人もいると思います。そして、「いろいろやったらいいのは知っているけど、時間も労力もかかるので全ては無理だ」と感じている人も多いでしょう。

　実際に、全てのSNSを同時進行で運営するのには無理があります。ですが、**それぞれのプラットフォームには違ったユーザーがいて、そこにアプローチできれば、より多くの人に知ってもらえる**のも事実です。そこで、本書では「SNSの掛け合わせ」「ショート動画の再利用」「効果的な動画活用」をお勧めしています。これは、ビジネスで売上を上げるためのポイントになります。

　また、それぞれのSNSは特色が違います。周知できるもの、教育に効果的なもの、信頼構築に優れているもの、仲間づくりに強いものといったように、**その特色を理解し、上手く活用することで売上を上げることができます。**

　例えば、第6章のSNSマーケティングと動画を組み合わせることで、**売り込みをしなくても売れていく状態をつくれる**のです。ですので、ぜひ、SNSを掛け合わせ、動画を組み合わせて活用してください。

第7章のLINE公式アカウントと動画の組み合わせを行えば、ユーザーとあなたの距離が近くなり、あなたのビジネスへの興味も深くなります。それゆえ、**ビジネスのオファーをしやすい状態がつくれて、成約率が上がる**のです。

第8章のオンラインコミュニティと動画の組み合わせを行えば、あなたの想いに共感した仲間が増えていきます。この**仲間づくりから、新たなビジネスチャンスが広がっていきます。**そして、新たなビジネスチャンスを活かして売上をアップさせてください。

第9章のブログやホームページなどのWEBと動画を組み合わせることで、商品やサービスの内容をわかりやすく伝えられると共に、あなたの想いも伝わりやすくなるため、**信頼関係を構築しやすい状態をつくれます。**ぜひ、様々なWEBで動画との組み合わせをお試しください。

このように、ビジネスで売上を上げるためには、SNSと動画を組み合わせて活用することがポイントで、動画やライブ配信が売上を上げる鍵になります。本書をご覧のあなたには、ぜひ実践してほしいやり方です。

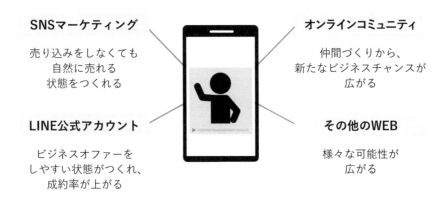

VIDEO
3

大事なことは
楽しみながら継続!

まずは、あなたが楽しむ!

■ 後発組が最速で結果を出すために

　SNSの進化と発展により、動画とライブが欠かせない時代になりました。そして、**ビジネスで売上を上げるためにも、この動画とライブが鍵になってきます**。先述したようにSNS後発組にとって、これはチャンスです。本書では後発組が最速で結果を出す方法をお伝えしてきました。できるだけ早く、やれるところから始めてほしいと思います。

　例えば、あなたがお客様の立場なら、見知らぬ人を知り、特徴を認識し、興味をもち、その人のお客様に対する姿勢（貢献）から人柄を推し量ります。その繰り返しを経て、「この人は信頼できる！」と心を開きます。そして、信頼貯金が貯まってくると商品やサービスを購入してくれます。これが、**ビジネスの本質的な伸ばし方**です。

　逆に、あなたがビジネスを行う立場になったとき、この「お客様の立場で感じたこと」を忘れずに大切にしてください。第1章でお伝えした「信頼貯金を貯める5つのステップ」は、オンライン上だけでなく、対面のコミュニケーションでも同じです。この「信頼貯金を貯める5つのステップ」は、ビジネスを行ううえでの基本姿勢です。ぜひ、SNSで「貢献する」ことを楽しみながら実践してください。

■ あなた自身が楽しんでやれば、その雰囲気が伝わる

　SNSで動画を継続するコツは、「**あなた自身が楽しんでやる**」です。苦痛に感じながらやっても継続できません。仮に無理して継続したとしても視聴者に良いものを届けられないでしょう。

　さらに、「あなた自身が楽しんでやっている」ことは、自然とユーザーに伝わります。思い浮かべてみてください。SNSで人気のある人は、楽しみながらやっていますよね。

「どんな投稿をしたら、視聴者が喜んでくれるだろう？」と企画を考え、撮影し、投稿します。このように視聴者に喜んでもらえることを楽しみながらSNSに取り組んでいきましょう。そうすることで、**引き付けられるように人が集まり、次の投稿を楽しみに待っていてくれるようになります。**そして、その期待に応えていくという流れが、結果、ビジネスを伸ばしてくれるのです。

　本書では、繰り返し「貢献することが大事」とお伝えしていますが、「貢献しなければ…」とプレッシャーに感じてしまうと継続できません。あなたが投稿した動画をユーザーが視聴して、「見て良かった！」「勉強になった！」と喜んでくれる、楽しんでくれることを、あなたが楽しんでください。貢献を楽しみながら継続して、信頼貯金を貯めていきましょうね！

あなた自身が楽しんでやっていれば、その雰囲気は伝わる！

どんな投稿をしたら
喜んでくれるかな？

次はどんな企画に
しようかな？

**貢献を楽しんで継続し、
「信頼貯金」を貯めていく**

　最後までお読みいただき、ありがとうございます。

　いかがでしたでしょうか? 本書では、SNSの掛け合わせや動画の活用法、ショート動画やライブ配信、LINE公式アカウント×動画、高単価商品の販売、SNSから集客と売上に繋げていくやり方など、あらゆるノウハウやテクニックを実践的にお伝えしてきました。

　最後の最後にお伝えしたいのは、ビジネスとは必要な人に必要なものを届ける活動であり、提供する商品やサービスの価値が価格を上回ることが大切ということです。

　そして、SNSのビジネス活用で最も重要なのは、「ユーザーに貢献しながら信頼貯金を貯めていく」こと。

　そのやり方が、各種ノウハウやテクニックです。

　特に、SNSに出遅れてしまった後発組の方は、動画とライブを中心に活用していきましょう。

　なぜなら、本書で繰り返しお伝えしましたが、あなたを知ってもらい、興味をもってもらい、貢献しながら信頼関係を構築するスピードが早いからです。

　今の時代、どんなに良い商品やサービスでもつくるだけでは売れません。

　商品やサービスを買いたいという需要よりも、売りたいという供給のほうが多くなっていて、この流れはますます加速していきます。

　だからこそ、SNSの動画やライブを活用し、ビジネスの売上を上げたり、収入源を増やしたりする必要があるのです。

　本書は、秘匿性の高い内容を含めコンテンツがとても多く、一度お読みになっただけでは記憶に残らないかもしれません。

　そのため、「はじめに」でお伝えしたように、「1回目は流し読みし、2回目には必要な箇所を確認しながら実践」してみてください。

本書のノウハウやテクニックの一部でも習得して実践で使えるようになれば、SNSを伸ばしながら、売上UPに繋げられるでしょう。

本書を読み終えたら、本棚にしまっておくのではなく、いつでもテキスト代わりに活用してください。

そして、SNSが伸びない人、SNSをビジネスに活用したい人がいらっしゃったら、本書を勧めてあげてください。

周りの方に声をかけて、「今日は本書の125ページをやってみましょう！」のように一緒に実践していただくと、習得スピードが早くなるとともに、新しいアイデアが生まれてくるかもしれません。

私のミッションはSNSで公言している通り、「周りを幸せにできる仲間を増やすこと」です。あなたのビジネスが成長発展し、あなたもあなたの周りの人も幸せになっていかれることを心からお祈りしています。

最後に、出版の機会を与えてくださった日本実業出版社の中尾淳編集長、ご協力いただいた上平薫里さん、麻生さいかさん、本書にご登場いただいたソラコマ株式会社の日本一バズってる元教師すぎやまさん、migramさん、さらに本書に携わっていただいた皆様にこの場をお借りしてお礼申し上げます。

2022年11月

天野裕之

◆本書は2022年11月現在の情報に基づきます。その後の変化による最新情報やプレゼント情報はこちらで発信しているので、ご確認ください。
http://tanurl.net/t/amyosyo
◆本書に基づくご質問や講演・企業研修のご依頼などは、こちらのお問い合わせフォームからご連絡ください。
http://tanurl.net/t/otoi

http://tanurl.net/t/amyosyo

http://tanurl.net/t/otoi

天野 裕之（あまの　ひろゆき）

MUB株式会社及びソラコマ株式会社 代表取締役。
埼玉県戸田市出身。1995年3月、慶応義塾大学法学部政治学科卒
業。埼玉県の市役所に11年間勤務した後、2007年にWEB広告業で
起業。現在、東京六本木にて「売れるをつくる仕掛け人」として、SNS
マーケティング会社を15期経営（2022年11月現在）。これまでに、
WEB広告、物販、オウンドメディア、飲食店経営、ソフト開発販売、
SNS集客、WEBマーケティング、そして、コンサルティング業務を行う。
起業初期は好調だったものの、事業拡大のタイミングで、コンセプトづ
くりや集客、売上アップの仕組みをつくる効果的なマーケティングがわ
からず、徐々に売上が減少。「このままでは社員やクライアントに貢献
できない」と危機を感じ、SNSやマーケティングなどのビジネス塾及び
コンサルティングに70以上、トータル4,200万円以上の自己投資を行う。
現在も学びながら実践し、独自のノウハウを生み出し続けている。特
に、業界の垣根を超える再現性の高さに定評があり、価値を高めて
安く売らない「高価値マーケティング」で、270以上の個人事業主や企
業の年商1,200万円〜1.8億円増加を実現している。
また、2022年1月、ソーシャルコマースの学校及び企業支援を行うソラ
コマ株式会社の代表取締役に就任。ミッションは自身のSNSでも公言
している通り、「周りを幸せにできる仲間を増やすこと」。

最速で結果を出す「SNS動画マーケティング」実践講座

2022年12月1日　初版発行

著　者　天野裕之 ©H.Amano 2022
発行者　杉本淳一

発行所　株式会社日本実業出版社　東京都新宿区市谷本村町3-29 〒162-0845
　　　　編集部 ☎03-3268-5651
　　　　営業部 ☎03-3268-5161　振　替　00170-1-25349
　　　　　　　　　　　　　　　　 https://www.njg.co.jp/

印 刷・製 本／中央精版印刷

ISBN 978-4-534-05964-2　Printed in JAPAN

下記の価格は消費税（10%）を含む金額です。

担当になったら知っておきたい 「プロジェクトマネジメント」 実践講座

目標を自ら設定し、期限内に自らコントロールして達成する活動（プロジェクト）する能力【プロジェクトマネジメント】は注目度が高い。本書は具体的知識とツールを、「目標設定」「計画」「実行」の3つの視点で解説する。ISO21500：2012に準拠！

伊藤大輔・著
定価 2420 円(税込)

会議の成果を最大化する 「ファシリテーション」 実践講座

リピート率9割の「すごい会議」公式コーチが本番の冒頭5分、意見の引き出し・まとめ・決定、クロージングを進行に沿って解説。事前準備を詳しく、会議間のブリーフィング、進捗会議の重要性、さらにグラフィック技術、オンライン会議等も説明する！

大野栄一・著
定価 2200 円(税込)

成果に直結する 「仮説提案営業」 実践講座

本書は BtoB 営業・マーケティングで強力な武器となる「仮説提案力」を解説。仮説の立て方、仮説提案資料の作成、商談トークへの落とし込み、オンライン商談のプレゼン術等を、豊富な図150点も用いて説明。IT業界を始め BtoB 営業全般に使える！

城野えん・著
定価 1980 円(税込)

定価変更の場合はご了承ください。